세계화와 사회문제

김정규 지음

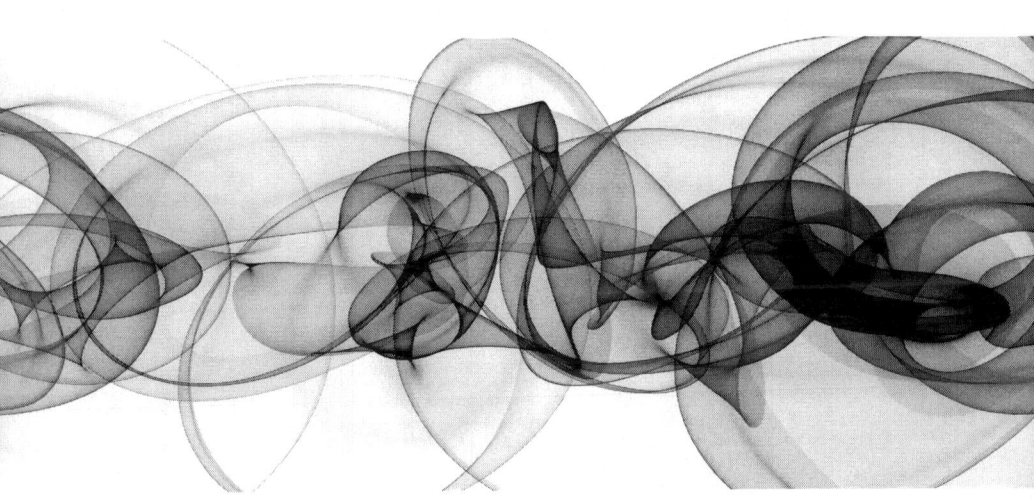

에듀컨텐츠·휴피아
CH Educontents·Huspia

머리말

'세계화'라는 단어가 우리에게 다가온 지도 벌써 오래전 일이다. 이제는 거의 식상할 정도로 여겨진다. 그럼에도 여전히 '세계화'와 '글로벌'이라는 단어는 가장 흔하게 주변에서 들을 수 있는 말이다. 기업, 정부, 대학교 할 것 없이 세계화와 글로벌이라는 목표를 내세우지 않은 곳이 없을 지경이다. 그렇게 세계화는 우리 주변에서 일어나고 있는 현실이면서 동시에 추구하는 바라고 할 수 있다. 세계화는 정치, 경제, 사회, 문화를 비롯한 모든 영역에서 국가의 범위를 넘어 관계가 강화되는 것을 말한다. 그 관계는 사회의 기본적인 구조를 비롯하여 개인의 삶의 방식에 이르기까지 미치지 않는 곳이 없다. 그 결과 세계는 그물망처럼 엮여서 의도하든 그렇지 않든 상관없이 서로 의존하고 영향력을 주고받는다.

세계화시대의 사회문제도 이와 다르지 않다. 세계화 이전 시대에는 사회문제가 발생하면 그 파급효과와 영향력이 문제가 발생한 지역을 중심으로 공간적으로 제한된 영역 안에서 나타났다. 그러나 세계화가 진행되면서 어떤 지역에서 사회문제가 발생하면 국경을 초월하여 순식간에 세계적인 차원으로 확대될 여지가 커졌다. 사회문제의 발생 공간이 크면 클수록 더 심각한 문제로 발전되고 해결책도 찾기 어렵다. 또 한 나라의 문제가 금방 이웃나라의 문제로 바뀌게 된다. 한 국가의 노력만으로 더 이상 해결하기 힘든 사회문제들이 세계 곳곳에서 급증하고 있다. 세계화로 인해 탈영토화, 탈공간화 된 사회문제는 그 문제의 발생 국가와 이웃국가들에만 영향을 미치는 것이 아니라 세계 전체 공동체에 동시 다발적으로 영향을 미칠 수 있기에 더욱 심각하다. 이 책은 바로 세계화와 더불어 나타나는 전 지구적 차원에서의 사회문제를 바르게 이해하고 파악해 보는 것에 그 목적을 두고 있다. 특히 세계화의 구조를 파악하고 세계화가 사회문제들에 미친 영향은 어떠한지, 그리고 세계가 함께 겪고 있는 사회문제의 원인과 실체는 무엇인지 비판적으로 살펴보고자 하였다.

이 책은 모두 9개의 장으로 구성되어 있다. 1장에서는 사회문제의 개념을 설명하고 세계화가 어떻게 진행되고 있는지 살펴보았다. 그리고 그것을 바탕으로 세계화와 사회문제는 글로벌 차원에서 어떻게 연결되고 있는지 다루고 있다. 2장에서는 경제적 불평등의 문제에 초점을 맞추었다. 세계화가 경제적 불평등의 문제와 연결되어 있는 구조에 초점을 두고 설명하였다. 사회계급이 존재하는 것과 같이 세계 국가들 사이에서도 계급이 실재하고 있음을 밝히고, 세계체제이론을 중심으로 선진국과 저개발국, 중심부와 주변부 국가들의 경제구조의 차이점을 살펴보았다. 더 나아가 근대 역사 속에서 경제 질서가 어떤 방식으로 구축되었는지, 선진국과 주변부 국가들의 형성을 중심으로 국가차원의 불평등 문제에 대해서 논의하였다. 3장은 세계화와 빈곤

문제를 다루었다. 신식민주의의 이론적 시각, 그리고 세계화 과정에서 개인의 역할의 중요성과 저개발국가들이 가질 수 있는 새로운 기회, 지구적 차원에서 빈곤과 불평등 문제를 살펴보았다.

 4장과 5장은 인구문제와 인구이동에 관련된 사회문제를 다루었다. 세계인구의 동향, 인구구조와 인구변화가 사회문제와 사회발전에 어떠한 영향을 미치는지 논의하였다. 또한 인구의 국내이동, 국제 이동과 관련하여 나타나는 다양한 사회문제와 경제적 영향, 그리고 범죄 문제에 이르기까지 폭넓은 논의를 시도하였다. 더 나아가 불법이민자와 난민문제도 함께 논의하였다. 6장에서는 전쟁과 테러 그리고 세계 안보에 관해서 논의하였다. 전쟁, 테러, 안보의 문제는 한 국가의 문제라기보다는 다른 국가나 집단이 반드시 개입하는 문제이기 때문에 국제성을 띨 수밖에 없는 문제이다. 세계화와 관련하여 국제적인 갈등 문제를 파악하였다.

 7장과 8장은 인권문제를 다루었다. 인권은 세계적 차원에서 어떻게 규정되는지, 그리고 세계화는 인권의 확립에 어떠한 영향력을 미쳤는지를 중심으로 살펴보았다. 특히 사회적 약자라고 할 수 있는 여성과 아동의 인권문제가 세계적 차원에서 나타나는 실태를 파악하고 국가적 협력과 해결노력에 대해서 살펴보았다. 마지막 9장에서는 환경문제를 다루었다. 환경문제야 말로 국경을 초월하는 대표적인 사회문제이다. 환경의 보존과 개발은 동시에 가능한 것인지, 선진국과 저개발국들이 경제 발전과정에서 환경정의 실현은 가능한 것인지에 초점을 맞추었다. 수자원의 보존, 대기오염과 기후변화의 현실을 파악하고 국제적인 차원에서의 대응 노력은 어떻게 진행되어 왔는지도 살펴보았다. 세계화와 더불어 떼어 놓을 수 없는 기술의 발전이 지구의 환경문제와 어떠한 상호관계를 가지는지 구체적인 예시를 통하여 설명하였다.

이 책에서 다루어진 사회문제보다 훨씬 더 다양한 사회문제가 세계적 차원에서 발생하고 있다. 그러나 모든 사회문제를 한꺼번에 다루기에는 역부족이기도 하거니와 제한점도 많다. 하지만 한편으로 사회문제들이 독립적으로 존재하는 것이 아니라 문제의 원인과 발생과정에서 여러 문제들이 서로 연결되어 있기도 하다. 그래서 주요한 사회문제를 중심으로 분석적으로 고찰해 본다면 사회문제 전반에 대해서도 이해할 수 있는 능력이 생길 수 있다고 확신한다. 따라서 세계화와 가장 밀접하게 관련된 사회문제를 중심으로 책을 구성하게 된 것이다. 이 책을 통하여 전 지구적 차원에서 지금 현재도 발생하고 있는 사회문제를 비판적으로 이해하고 바라볼 수 있는 시각을 읽는 이들이 가질 수 있다면 이 책의 목적은 달성하였다고 할 것이다.

끝으로 이 책의 발간을 위해 많은 도움을 준 에듀컨텐츠휴피아 출판사의 임직원 여러분께 감사의 말을 전한다.

2017년 6월

저자 김 정 구

차 례

1. 사회문제와 세계화　3
    1) 사회문제란 무엇인가?　■ 3
    2) 세계화는 어떻게 진행되는가?　■ 6
    3) 세계화와 글로벌 사회문제　■ 13

2. 세계화와 경제적 불평등 문제　21
    1) 세계화는 경제적 불평등을 강화하는가?　■ 21
    2) 선진국과 저개발국가의 계층화　■ 24
    3) 중심부와 주변부 국가의 발생　■ 28
    4) 식민지 체제　■ 31
    5) 브레튼우즈 체제와 새로운 경제 질서　■ 35
    6) 냉전체제와 주변부 국가　■ 40
    7) 저개발국들의 성장한계　■ 44

3. 세계화와 빈곤문제　49
    1) 신식민주의(Neocolonialism)　■ 49
    2) 평평해지는 세계　■ 52
    3) 빈곤과 불평등　■ 55
    4) 세계화는 빈곤에 영향을 끼치는가?　■ 70

4. 세계화와 인구문제　75
    1) 세계 인구의 동향　■ 75

2) 인구구조와 사회문제 ■ 84
   3) 인구 증가와 사회발전 ■ 93

5. 이주와 사회문제　101
   1) 인구의 국내이동 ■ 101
   2) 인구의 국제이동 ■ 105
   3) 이민과 사회문제 ■ 108
   4) 이민자와 경제적 영향 ■ 112
   5) 이민자와 범죄문제 ■ 114
   6) 불법이민자 ■ 120
   7) 국제인구 이동의 추세와 난민문제 ■ 123

6. 전쟁과 테러　129
   1) 전쟁과 무기 확산 ■ 129
   2) 핵 확산 금지 노력 ■ 136
   3) 무기 축적 비용과 삶의 질 ■ 140
   4) 테러리즘 ■ 144

7. 세계화와 인권문제　151
   1) 인권이란?: 세계인권선언 ■ 151
   2) 세계화와 세계인권 ■ 159
   3) 인권 억압의 감시와 이행 ■ 163

8. 여성과 아동의 인권문제　171
   1) 가부장제의 확산과 유엔의 역할 ■ 171
   2) 성차별에서 성평등으로 ■ 175
   3) 아동의 인권 - 빈곤 ■ 181

4) 아동의 인권 - 아동노동 ■ 184
   5) 아동의 인권 - 아동 성매매 ■ 189
   6) 아동의 인권 - 무력분쟁과 아동학대 ■ 195
   7) 아동문제 해결을 위한 노력 ■ 199

9. 세계화와 환경문제   205
   1) 인간과 환경 ■ 205
   2) 지속가능한 개발을 위한 노력 ■ 209
   3) 세계 경제 변화와 환경정의 ■ 214
   4) 수자원 보존과 수질 오염 ■ 219
   5) 대기오염과 기후변화 ■ 221
   6) 온실가스 감축과 기후변화 대응 노력 ■ 231
   7) 기술과 환경 ■ 237

참고문헌   243

세계화와 사회문제

김정규 지음

에듀컨텐츠·휴피아
CH Educontents Huepia

Chapter 1. 사회문제와 세계화

1) 사회문제란 무엇인가?

 사회문제란 인간 사회의 행복과 안녕에 해를 가하는 사회적 조건들을 의미한다. 그렇지만 일률적으로 어떠한 조건이 사회문제로 규정되는지는 정해져 있지 않다. 다만 사람들이 지닌 가치와 인지 정도에 따라 어떠한 이슈는 사회문제가 되기도 하고, 그렇지 않기도 하다. 또한 어떤 특정시기에는 사회문제라고 여겨지던 것이 일정한 시간이 지난 후에는 전혀 사회문제가 아닌 것으로 바뀌기도 한다. 따라서 사회문제를 정의 내리는 것은 객관화된 과학적 분석으로 이루어지는 것은 아니다. 그것보다는 사회문제가 일어난 사회 안에 머물고 있는 사람들이 무엇이 옳은 것인지 혹은 그른 것인지 판단을 내리는 기준에 따라 특정 현상이나 사건이 사회문제인지 아닌지가 결정된다. 다시 말하면 사회문제는 극히 주관적으로 결정될 가능성이 크다. 그럼에도 불구하고 사회문제라고 규정되기 위해서는 일반적으로 몇 가지 요소가 충족되어야 한다(Spector & Kitsuse,

1987; Miller & Holstein, 1993).

첫째, 사회문제는 개인의 삶과 사회의 안녕에 물리적으로 또는 정신적으로 피해를 주는 것이어야 한다. 아무리 큰 사회적 이슈라고 할지라도 사회문제는 직간접적으로 개인과 사회에 부정적인 영향을 줄 때만이 사회문제로 규정된다. 사회문제로 규정되기 위해서는 특정 개인의 판단과 인식에 의해서 규정되는 것이 아니라 집단적인 염려와 인식에 바탕을 두고 있어야 한다. 예를 들어 어느 한 개인이 직장을 갖지 못했을 때 개인의 실업 문제는 당사자에게는 경제적인 어려움을 가져다주는 심각한 문제가 될 수 있지만 그것을 사회문제라고 보지는 않는다. 그러나 어떤 국가나 도시에서 많은 젊은이들이 일자리를 찾지 못하는 일이 지속적으로 벌어진다면 그것은 한 개인의 문제라기보다는 집단적인 문제가 되고, 개인뿐만 아니라 집단에 속한 많은 사람들에게 영향을 미치기 때문에 실업이 사회문제로 규정될 수 있다.

둘째, 사회문제는 기존의 사회질서와 핵심적 문화가치를 공격하는 것이어야 한다. 모든 사회는 다양한 집단과 계층, 그리고 거기에 따른 하위문화들이 존재한다. 그러나 그 중에서 사회의 주된 질서와 문화를 유지하는 핵심적인 가치가 존재하는데 그 가치를 위반하거나 도전하게 될 때 사회문제로 인식된다. 특히 이러한 핵심적 가치는 그 사회의 지배집단에 의해 규정되는 경우가 대부분이기 때문에 사회 구성원 전체의 질서와 가치보다는 지배집단이 규정한 질서와 가치에 도전하는 행위가 사회문제로 규정되는 경향이 강하다.

셋째, 사회문제는 일정한 기간 동안 지속적으로 일어나는 것이어야 한다. 일회성의 사고나 행위는 사회문제가 될 수 없다. 예를 들어 대형 비행기 사고가 나서 수 백 명의 탑승자가 사망하고 탑승자들 중 이름난 정치지도자, 유명인들이 끼어 있으며, 많은 재산적 손실이 있다고 해서 그것을 사회문제라 규정하지 않는다. 왜냐하면

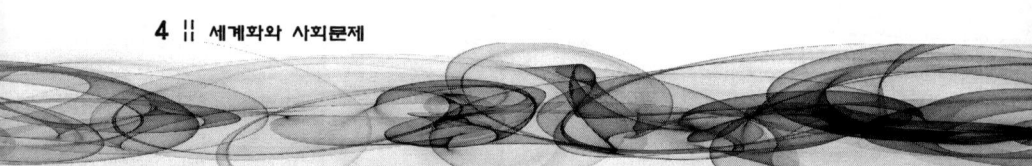

사고피해 정도와는 상관없이 1회성으로 일어난 사건이기 때문이다. 사회문제는 문제를 발생시키는 요인이 일정한 기간 동안 지속적이고 반복적으로 일어나야 한다. 사회문제가 지속적이고 반복적으로 일어나는 이유는 다양하다. 그러나 가장 눈에 띄는 이유는 특정 개인이나 집단이 사회문제로 인해 지속적으로 이익을 보고 있다는 것이다. 예컨대 가부장제가 여성의 인권 억압이라는 지속적인 사회문제로 존속하는 것은 그것으로 인해 이익을 얻는 남성들이 있다는 것에 기인한다. 환경오염 문제가 그치지 않고 지속되는 것도 오염물질을 배출하고 그것으로 인해 이익을 얻는 기업들이 존재하기 때문이다.

넷째, 사회문제는 해결가능하거나 노력하면 해결할 수 있다는 믿음을 줄 수 있는 문제에 국한된다. 사회문제가 나타나면 그 문제를 해결하기 위해서 다양한 방법과 해법이 제시된다. 개인과 집단이 속한 사회적 상황과 구조에 따라 사회문제를 보는 시각이 다를 수 있고 따라서 그 해결책도 다르게 제시될 수 있다. 그리고 지금 당장은 그 문제를 해결할 수 없을지라도 시간과 노력을 투자하면 언젠가는 해결할 수 있거나 사회문제의 부정적인 영향을 줄일 수 있다는 믿음을 주어야 한다. 인간의 노력으로 해결 가능성이 없는 문제는 사회문제라고 볼 수 없다. 예를 들어 거대한 태풍이 발생해서 막대한 피해를 준다고 해도, 또 심각한 지진이 일어나서 사람들에게 물질적 정신적 피해를 준다고 해도 그 자체를 사회문제라고 하지는 않는다. 그것은 자연재해라고 부르는 것이 옳을 것이다. 사람의 힘으로 아무리 노력해도 그 문제 발생 자체를 막기 힘든 것은 사회문제라고 할 수 없다.

앞서 열거한 사회문제의 구성 요건에 미루어 보면 사회문제는 단순히 개인적 어려움을 가져다주는 문제들과는 달리 공공적인 이슈를 던져주는 것을 말한다. 물론 사회문제로 인해 개인이 어려움을 겪을 수 있지만 그 문제의 뿌리는 사회 생활전반에 뻗쳐 있다. 특히 영향력 있는 집단이 그들의 가치를 위협하는 사회적 조건을 접하게 될 때, 그리고 그 사회적 조건이 많은 사람들에게 영향력을 미칠 수 있을 때, 더 나아가 그 사회적 조건이 집합적 행동으로 고쳐질 수 있을 때, 그 사회적 조건은 사회문제로 규정된다. 따라서 사회문제는 사회집단 또는 국가 안에 존재하는 권력의 문제와 아주 밀접한 관련이 있다. 그리고 사회전반의 운영과 구조적인 것에 사회문제의 주된 원인이 있기 때문에 그 해결책도 개인적 노력에 의해서가 아니라 사회 전체와 국가 차원의 노력을 통해서 해결될 수 있다.

2) 세계화는 어떻게 진행되는가?

세계화란 정치, 경제, 사회, 문화 각 영역에서 국경을 초월하여 이루어지는 관계가 강화되는 것을 의미 한다. 세계화는 사회의 기본적인 구조에서부터 개인생활에 이르기까지 사회의 모든 부분에서 전방위적으로 이루어진다. 예를 들어 일상적으로 입고 다니는 청바지는 세계화된 패션 중 하나이다. 한국에서도 미국의 프로야구 팀의 로고가 새겨진 옷과 모자는 그리 낯선 것이 더 이상 아니다. 미국식 햄버거 가게, 스타벅스와 같은 커피전문점들을 우리 주변에 쉽게 찾아 볼 수 있는 것도 세계화의 결과이다.

세계화는 개인의 일상 소비생활에만 영향을 미치는 것이 아니다. 삶 자체가 세계화 과정에서 영향을 받을 수 있다. 여러 언론매체에서 기사화된 적이 있는 성공한 한국인의 예는 개인의 삶이 세계화 속에서 어떻게 직접적으로 실현되는 것인지를 잘 보여 준다. 기억나는 기사의 요점은 이러하다.

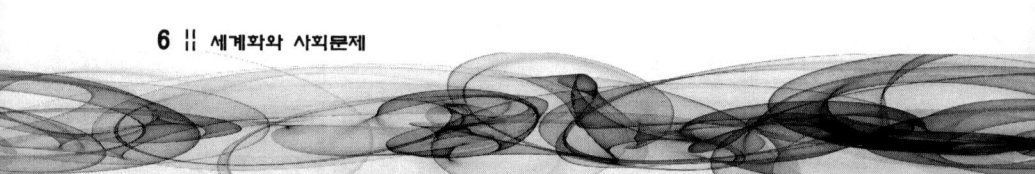

한국에서 지역의 한 대학을 졸업하고 직장을 찾아 일하던 평범한 회사원이 조금 더 자아실현을 할 수 있는 직장을 찾기로 마음을 먹었다. 그는 다니던 회사를 그만두고 일본으로 건너간다. 일본에서 몇 군데 직장을 다니던 그는 좋은 실적을 바탕으로 일본에 있는 미국 기업인 구글(Google)의 지사에 입사하게 된다. 입사 후 열심히 노력한 결과 우수사원으로 선정되어 더 좋은 조건으로 미국 구글 본사로 가게 되었다는 것이 그 기사의 요지이다. 한국의 변두리 지역에 살던 사람이 일본에 있는 회사로 그리고 다시 미국으로 가서 세계적인 기업에서 일하는 것은 개인의 단순한 성공담을 넘는 이야기이다. 그의 삶의 터전과 일자리가 모두 국경을 초월하여 이루어졌기 때문이다. 다시 말하면 세계화가 개인의 성공과 그것을 넘어 삶 전체에 크게 영향을 미쳤다는 것을 보여주고 있다.

이러한 세계화를 진전시키는 추동력은 무엇보다 기술의 발달에 있다. 특히 커뮤니케이션 영역에서의 기술의 발달은 정보 네트워크를 확장시킴으로써 세계화의 첨병 역할을 하였다. 대표적인 것이 인터넷망의 확장과 소셜네트워크(SNS) 시스템의 구축이다. 이러한 기술의 발달은 공간적 거리가 가져다주는 제약을 한순간 다 무너뜨렸다. 커뮤니케이션에서 공간의 제약이 없다는 것은 바로 개인의 생각이나 의견이 동시에 그리고 다발적으로 지구 정반대에 있는 사람까지 시간적 간격 없이 즉각적으로 전달될 수 있음을 의미 한다.

특히 이러한 커뮤니케이션은 서로가 친분이 있는 관계망을 넘어 내가 알지 못하는, 나와는 인종과 민족적인 배경이 다른, 나와 문화적으로도 전혀 공통점이 존재하지 않는 사람일지라도 누구에게나 무제한적으로 전달될 뿐만 아니라, 그 관계의 지속성도 계속 유지될 수 있다. 데이터와 정보의 교환은 일방적인 한방향이 아니라 쌍방향으로 이루어지고 데이터와 정보의 중요성, 가치, 흥미에 따라 개인의 힘이 즉각적으로 지구 전체에 걸쳐 영향력을 미칠 수 있게

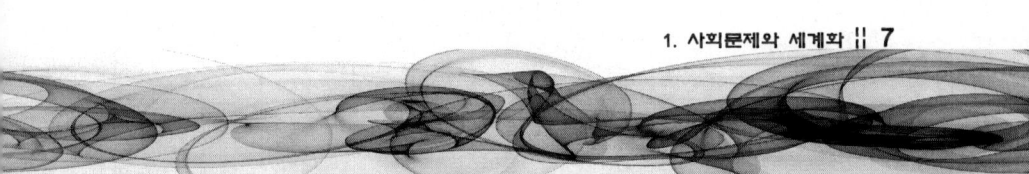

된 것이다.

 예를 들어, 지구의 한쪽 끝에서 등장한 한국인 가수 싸이의 '강남스타일'은 유튜브(YouTube)에서 최고의 페이지 뷰를 기록하면서 세계 곳곳에 삽시간에 퍼져 그를 일약 세계적인 스타로 만들었다. 유튜브와 같은 인터넷을 기반으로 하는 커뮤니케이션 기술이 없었다고 가정해 보자. 싸이는 그의 노래와 춤을 담은 뮤직비디오를 만들어서 그것을 알리기 위해 방송매체를 이용했을 것이다. 뮤직비디오가 방송되기 위해서는 담당 음악 피디를 비롯하여 여러 관련자들의 단계를 차례로 거쳐야 한다. 주요 방송 담당자의 눈에 들지 않으면 아무리 좋은 뮤직비디오라고 하더라도 방송되기는 어렵다. 그 단계를 다 거쳐서 방송이 되었더라도 제한된 시간에 그 방송을 본 아주 제한적인 사람들에게만 노출된다. 한국에서 뮤직비디오가 좋은 반응을 얻었더라도 세계무대에 나가기 위해서는 더 큰 어려움들이 따른다. 어느 나라 어느 방송국에 뮤직비디오를 보낼 것인가? 싸이의 뮤직비디오가 다른 나라에서 방영되려면 똑같은 절차를 다시 밟아야 한다. 세계적으로 전혀 알려지지 않은 가수가 한국어 가사로 된 노래와 춤으로 세계 어느 나라에서 히트를 칠 수 있을 것인가.

 싸이가 속한 기획사가 한 일은 뮤직비디오를 열심히 만들어 유튜브에 몇 번의 클릭으로 동영상을 올린 것뿐이다. 그것이 인터넷 공간에서 일파만파 알려져 수십억 뷰를 기록하게 되었고 싸이는 일약 세계적 스타가 되었다. 인터넷 기술의 발전에 힘입은 커뮤니케이션 영역이 탈공간화 되지 않았다면 이루어지지 않았을 일이다.

 인터넷뿐만 아니라 산업의 다양한 영역에서의 기술의 발달은 세계화의 급속한 진전을 위해서 필수적인 역할을 하고 있다. 예컨대 우리 손에 들고 있는 휴대폰을 만들기 위한 기술을 한 국가가 완전히 독점하고 있는 것은 아니다. 통신기술, 액정 화면, 케이스, 반도체, 소프트웨어 프로그램 등 휴대폰은 복잡다단한 기술들의 총합으

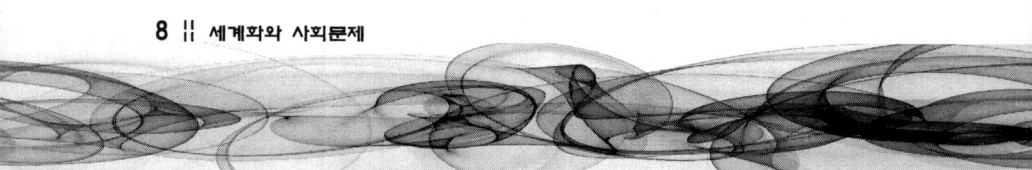

로 이루어져 있다. 그리고 그 기술은 세계 여러 나라의 여러 회사에서 나누어 가지고 있다. 그러므로 국가나 기업의 경계선을 넘는 것은 물론이고 경쟁기업들끼리도 서로 기술적 도움을 주고받지 않으면 안 되는 것이다. 한국의 삼성 갤럭시 휴대폰은 미국 구글의 안드로이드 운영체제를 쓰고 있지만, 구글은 자신들의 휴대폰도 만들어 삼성과 경쟁한다. 애플의 아이폰은 삼성의 갤럭시 폰과 경쟁하고 있지만 아이폰의 부품에는 삼성의 액정과 반도체 칩이 들어가는 한편, 휴대폰의 본체는 타이완의 폭스콘(Foxcon) 등에서 제조한다. 휴대폰을 구성하는 수많은 부품은 다양한 나라에서 공급받아 만들어진다.

이와 같이 상품의 연구와 개발, 그리고 제조와 판매, 최종적으로 사후 관리까지 여러 국가에 걸쳐서 다수의 기업이 비교우위에 있는 기술들을 중심으로 유기적으로 협력함으로써 생산품을 제조하여 가장 부가가치가 높은 제품을 만들어 내고 있다. 말하자면 기업 활동의 전 과정이 세계적 차원에서 이루어지고 있는 것이다. 국경을 넘어 기업들이 서로 간에 비교우위 기술을 바탕으로 사슬처럼 얽혀 있는 것을 글로벌 가치사슬(Global Value Chain)이라고 부른다. 이러한 사슬에서는 서로 협력을 통해 최상의 가치를 창출할 수 있다는 장점이 있지만, 또 다른 한편으로 사슬의 한쪽이 끊어지거나 약해지면 모든 관련 기업들이 심각한 피해를 입을 수도 있다. 서로가 얽혀 있는 사슬고리는 적과 동지의 구분조차 모호하게 만들어서 경쟁자가 동업자가 되고 동업자가 곧 경쟁자로 나타나는 복잡한 모습을 띠고 있다.

세계화 과정에서 나타나는 또 하나의 특징은 세계무대가 한편으로는 평등화되어 가고 있으면서도, 또 한편으로는 강대국, 혹은 권력을 많이 소유한 집단을 중심으로 무대가 재편되는 양상도 동시에 보이고 있다는 것이다. 세계무대가 평등화되어 가고 있나는 것은 경제적 평등을 말하는 것이 아니라 개인들이 글로벌 차원에서 의미 있는 새로운 힘으로 등장하게 되었다는 것을 말한다(Friedman, 2005: 10). 세계화가 이루어지기 이전에는 개인의 힘은 공간적인 틀의 제약으로 인해 아주 제한적일 수밖에 없었다. 아무리 뛰어난 개인이 있다고 하더라도 그의 능력을 펼치기 위해서는 수많은 관문을 통과하여야 했다. 개인이 살고 있는 지역에서 보다 큰 국가의 중심으로 등장해야 하고 더 나아가 국가의 경계를 넘어서는 단계적인 과정을 거쳐야 했기 때문이다.

그러나 세계화는 가난한 국가든 강대국이든 영향력 있는 개인이 언제나 등장할 수 있는 무대를 만들었다. 아무도 관심 갖지 않는 분쟁지역에서 페이스북이나 유튜브에 올린 한 소년의 메시지와 사진이 온 세계 사람들의 심금을 울리는 힘을 가질 수도 있다. 이전까지는 연예계에서나 가수로서 성공하기 위해서는 큰 자본의 힘을 바탕으로 하는 기획사 출신이 되지 않으면 힘들었다. 그러나 유튜브에 올린 몇 개의 영상만으로 아무도 알아주지 않던 보잘 것 없던 개인이 세계인의 주목을 받을 수 있게 되는 기회를 보다 쉽게 가질 수 있는 것, 이것은 바로 세계화로 나타난 평등화에 기인한다. 미국의 마이크로소프트사(Microsoft) 프로그래머가 낮 동안 만들던 소프트웨어 프로그램을 퇴근하면서 인도에 위치한 마이크로소프트사 프로그래머에게 넘겨서 나머지 프로그램을 완성하도록 할 수도 있다. 미국과 같은 선진국에 있든 인도처럼 개발도상국에 있든 개인의 능력이 뛰어나면 세계 어떤 나라 사람들과도 협업을 아무런 제한 없이 할 수 있어서 지금까지는 상상하지 못했던 성과물들을 만들어 내고 있다. 이와 같이 세계화로 인한 평등화는 단 한명의 개인이라도 막강한 영향력을 끼칠 수 있게 하는 무대를 제공한다는 측면에서 의미가 있다.

하지만 이러한 평등화에도 불구하고 여전히 정보와 데이터의 주된 방향은 권력이 큰 곳에서 작은 곳으로, 강대국에서 약소국으로, 중심부에서 주변부로 흘러가고 있다는 사실을 부정할 수는 없다. 세계화가 진행되면서 정보와 데이터를 많이 가진 집단이나 국가, 그리고 기술적 발전이 크게 앞선 강대국들의 영향력은 점점 더 커지고 있다. 그것은 정보와 데이터 기술에 대한 접근의 기회가 강대국과 약소국에서 크게 차이가 나기 때문이다. 예컨대, 미국의 대중음악은 세계 구석구석까지 실시간으로 퍼져가고 있고, 서울 시내 젊은이들은 LA 다저스와 뉴욕 양키스의 야구 모자를 거침없이 쓰고 다닌다. 헐리우드 영화가 이미 세계 영화관의 박스오피스 상단을 장식한지 오래되었다. 우리 주변의 패션과 문화가 미국 문화의 영향아래 놓이지 않은 것이 없다.

간혹 미국적인 것이 아닌 것이 있다면 우리의 표준은 유럽을 향한다. 유럽의 것은 무엇이든 고상하고, 전통이 배여 있으며, 품위 있는 것으로 상징화된다. 한국 여성들이 언제부터 루이비통(Louis Vuitton)과 샤넬(Channel)과 구찌(Gucci)와 프라다(Prada)를 알았던가. 거리에는 진짜든 가짜든 이들 브랜드와 로고가 찍힌 핸드백들이 한국 여성들의 팔에 줄줄이 걸려있다. 상표는 상징이다. 그래서 명품 브랜드의 옷을 입고 핸드백을 들면 엘레강스, 고상함으로 거듭나는 제2의 삶이 탄생하는 듯 우린 마비된다. 이렇듯 강대국의 문화와 권력자의 상징은 진공청소기처럼 사람들을 빨아들인다.

법적, 정치적 영역에서의 세계화에서도 이와 유사한 현상을 볼 수 있다. 세계화가 진전되어 사람, 기술 그리고 자본이 국경을 초월하여 확산되고 국가들 간의 관계가 더욱 밀접해질수록 특정지역의 이슈가 다른 국가 또는 지구전체로의 확산은 훨씬 용이하게 이루어진다. 한 국가 안에서의 정치적 이슈는 이내 주변국에 그리고 전 세계적인 영향을 미치게 된다. 법과 제도 그리고 인권에 대한 문제도 국제적 기준에 따르도록 국가적 압력을 받는다. 세계화가 진행되면서 정치적 영역에서도 국제 사회에서 공통적으로 인정하는 제도, 가치, 관행 등을 수용해야만 한다. 왜냐하면 국제적인 협력 없이 하나의 고립된 국가로 제대로 살아남을 수는 없는 시대가 되었기 때문이다. 이 과정에서 다른 나라와의 조약이나 협약 등이 필수적으로 따르게 되는데 만약 국내법이 국제적인 기준이나 국제법과 상치된다면 법과 제도의 정비를 통해 대처하지 않으면 안 된다. 예컨대 지적소유권에 관한 법률이 국제적 기준으로 정해져 있다면 국내법의 기준이 그것과 다르다고 할지라도 국제적 기준에 맞추어 국내법을 새롭게 정비해야 하는 것이다.

특히 국경을 넘어 유입되는 외국인에게 어떠한 법적 지위를 부여할 것인지, 그들의 인권과 기본권의 문제는 어떻게 해결해야 할 것인지에 대한 문제도 여러 국가들에서 새롭게 논의되고 있는 문제이다. 더구나 분쟁지역에서 탈출하는 난민문제는 외국인에 대한 기본권의 문제와 결부되어 심각한 사회문제로 제기되기도 한다. 예컨대, 시리아 내전으로 말미암아 탈출한 난민들은 유럽 여러 국가들로 몰려들게 되었고, EU로 통합된 유럽 국가들의 활짝 열린 국경으로 말미암아 각 국들은 국경을 넘어 온 난민들을 적절하게 통제할 수 없게 되었다. 시리아 난민문제는 EU에 속한 여러 국가들의 가장 시급한 현안들 중 하나가 되었고 급기야 영국이 EU에서 탈퇴하게 되는 브렉시트(Brexit)의 빌미를 제공하였다.

세계화의 영향이 가장 뚜렷하게 드러나는 영역은 무엇보다 경제적 영역이다. 노동과 자본시장이 국경을 초월하여 급속하게 확산되고 있고, 관세의 장벽도 낮아져 자유무역의 열풍이 분지도 오래이다. 금융시장은 세계 경제가 실제로 연결되어 있는 것 보다 더 민감하게 연결되어 서로 영향을 주고받는다. 물론 세계화가 본격적으로 시작되기 이전에도 국가의 경계를 넘어 사람들이 왕래하고 무역을 하며 자본이 넘나들었다. 그런데 문제는 속도와 양이다. 세계화

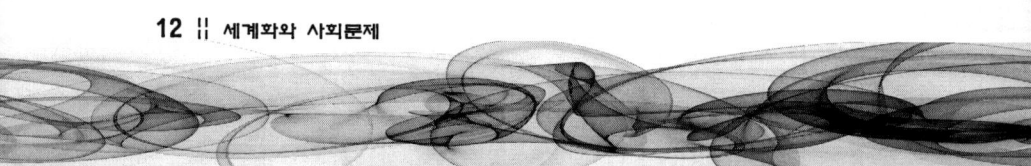

의 본격적인 시작으로 국경을 초월한 경제적 주체들 간의 커뮤니케이션, 노동력과 자본의 이동, 상품과 서비스의 거래의 속도와 양이 걷잡을 수 없을 정도로 커지게 되었다.

관세 및 무역에 관한 일반 협정(GATT)에 의해 제2차 세계대전 이후 유지되던 세계경제질서는 우루과이 라운드 타결 이후 세계무역기구(WTO)가 1995년 출범하게 되면서 새로운 전기를 맞게 된다. 교역대상에 농산물, 서비스, 지적 소유권이 확대되어 들어갔고 그 생산과정에서의 근로조건과 환경 요인도 함께 포함되었다. 세계무역기구는 한편으로는 국제 교역의 질서를 광범위하고 강력하게 규제하면서도 특정국에 대한 차별적 대우를 할 수 없게 함으로써 자국 산업에 대한 국가의 영향력을 제한하고 각 국의 이념과 체제를 뛰어넘는 무한 경쟁의 시장으로 세계 시장을 바꾸어 놓았다.

살펴본 바와 같이 세계화는 개인의 삶이 국가적 단위에서 제한 받던 것에서 지구촌 전체로 확대되는 것을 의미 한다. 다시 말하면 자신의 삶의 영역이 여러 국가에 걸쳐서 펼쳐져 있고, 개인의 영향력도 그 만큼 확대된다. 동시에 개인의 삶은 하나의 국가를 넘어 동시에 여러 국가 더 나아가 지구촌 전체를 통해 영향을 받는다. 노동력과 정보, 그리고 자본과 상품의 자유로운 이동은 국경의 존재를 희미하게 만든다. 기술이 발달되고 혁신될수록 지식과 정보의 처리와 전달 속도는 빨라지고 지구촌은 하나의 공동체로 나아가게 된다.

3) 세계화와 글로벌 사회문제

세계화로 인한 상호의존의 증가, 기술발달, 노동력과 자본의 자유로운 이동 등이 사회와 문화, 정치, 경제 등 각 영역에서 중요한 영향을 미치게 된 것과 같이 사회문제도 이와 크게 다르지 않다. 앞서 살펴보았듯이 사회문제는 이미 개인적 차원의 문제를 넘어선 것이다. 세계화가 본격적으로 진행되기 이전에는 지역, 국가 단위에서 사회문제가 발생하고 또 해결할 수 있는 기본적 공간도 그곳이었다. 물론 가난과 기근, 전염병, 전쟁과 분쟁 등 관련한 사회문제가 국경을 초월하여 나타나기도 하였지만 빈도와 영향력에서는 제한적이었다.

그러나 세계화가 진행되면서 사회문제가 공간적으로 특정지역, 사회, 국가를 넘어 세계적인 차원으로 확산되는 빈도와 파급력은 훨씬 커졌다. 사회문제의 파급효과가 개인적 영역에서 최종적으로 나타난다고 할지라도 그 문제가 발생하고 지속되며 확대되는 현상이 공간적으로 국가 단위를 넘어서게 되는 현상이 급증하고 있다는 것이다. 사회문제가 발생하는 공간이 크면 클수록 사회문제의 심각성은 더 커지고 그 해결책도 찾기 어려워진다. 다시 말하면 어느 지역에 한정되어 사회문제가 발생하면 지역문제가 되고, 지역을 넘어 국가 전체에 까지 퍼지면 국가적 문제가 된다. 그렇지만 한 국가의 노력만으로 해결되지 않는 사회문제가 나타나면 문제 해결을 위해서는 국가적 노력뿐만 아니라 그 문제와 관련된 여러 국가들이 함께 노력하지 않으면 그 해결점을 찾을 수가 없다. 말하자면 탈공간화 또는 탈영토화 된 사회문제는 세계 공동체 전체에 영향을 미칠 수가 있기 때문에 더욱 심각한 것이고, 결국에는 공간적으로 어디에서 사회문제가 발생하는 것과 관계없이 개인의 삶과 행동은 사회문제의 영향력 아래 있게 된다.

사회문제의 탈공간화는 일반적으로 두 가지 방향으로 나타난다. 첫째 특정 집단 혹은 국가 내부에서 발생하여 그 집단과 국가 전체의 문제로 확장되고 국경을 넘어 다른 국가나 세계 전체에 영향을 미치게 되는 경우이다. 둘째, 국가 외부에서 발생된 사회문제가 국가 안으로 파급되어 사회집단들뿐만 아니라 개인의 삶에까지 심각하게 영향을 미치게 되는 경우이다. 말하자면 우리의 문제가 다른 국가 사회의 문제로 영향을 끼치기도 하고 반대로 다른 나라의 문제가 곧 우리의 문제로 즉각적으로 다가 온다는 것이다. 그 방향이 어느 쪽이 되든지 사회문제의 탈공간화는 세계화의 확산과 더불어 일어난다.

예를 들어, 시리아 내전과 같이 한 국가 안에서 분쟁이 일어났지만 그 분쟁으로 인한 난민들은 주변의 여러 국가들에게 동시에 영향을 준다. 난민의 유입은 유입된 국가에게 경제적 부담을 지우는 것은 물론이지만, 사실 이것 보다 더 심각한 것은 난민 유입에 대한 자국민들의 입장이 찬성과 반대로 나누어져 서로 갈등하게 된다는 점이다. 말하자면 자신들과 전혀 관계없는 외부의 문제가 그 사회의 가장 중요한 갈등의 요인으로 등장한다. 다른 예로 2015년과 2016년에 걸쳐 그리스가 겪게 된 경제적 위기, 국가 부채의 문제는 EU를 구성하는 전체 국가 뿐만 아니라 동아시아를 포함하여 세계 경제 전체에 심각한 영향력을 끼쳐서 그리스와 전혀 관계가 없는 삶을 살아가고 있던 사람들의 생활에까지 문제의 여파가 미치게 되었다.

세계화와 사회문제는 어떻게 연결되어 가는지 좀 더 자세히 살펴보자. 세계 각 나라들은 서로 다른 자원을 지니고 있다. 자원은 천연자원, 물적인 자원 그리고 인적자원을 모두 포함한다. 세계 시장은 서로 연결되어 있어서 한 국가는 또 다른 국가에게 자신의 나라가 비교우위에 있는 자원을 팔고 또 그 나라에 필요한 자원을 사들이는 국가 간의 거래를 하면서 세계 시장의 일원으로 참여하게 된다. 그 자원의 정도에 따라 가난한 나라와 부유한 나라로 나누어진다.

흔히 가난한 국가들의 인구 성장률이 높다. 높은 인구 성장률에 기인한 많은 젊은이들은 가난한 자신들의 나라에서 충분한 일자리를 제공받지 못하게 된다. 더구나 젊은 노동력의 과다로 인해 임금은 점점 싸질 수밖에 없다. 설사 일자리를 잡았다 해도 개인이 가져가는 이익은 점점 줄어들 수밖에 없다. 반면 이들을 고용하는 대규모 공장은 아주 값싼 노동력을 제공 받을 수 있다. 그런데 가난한 국가에서는 노동자들을 대규모로 고용할 정도의 산업이 발달되어 있지도 않고 그러한 기업이 존재하지도 않는다. 그렇기 때문에 가난한 국가는 최대의 이익을 노리고 값싼 노동력을 찾고 있는 선진국 초국적 대기업들의 주된 타겟이 되어 그들의 생산기지로 전락하게 된다. 이 과정에서 가난한 국가의 노동자들은 선진국의 동일한 조건에서 일하는 노동자들과 비교해서 임금과 복지 수준에서 형편없는 대우를 받는다. 반면 기업의 이익은 그 만큼 커질 수밖에 없다. 특히 대부분의 초국적 기업은 선진국들의 기업이므로 기업이 벌어들인 수입과 국가에 납부한 세금 등으로 말미암아 선진국들의 국민들은 큰 노력을 들이지 않고도 가난한 국가의 국민들에 비해 사회복지 등 상대적으로 더 큰 이익을 얻게 된다. 이러한 형태의 선진국과 후진국간 거래가 세계화 과정에서 지속될수록 선진국들의 이익은 점점 더 커지는 반면, 후진국은 상대적으로 불리한 위치에 놓일 수밖에 없다. 그 결과 후진국 국민들에게 끼치는 선진국의 영향력은 점점 더 커진다.

또 한편, 후진국은 선진국의 생산기지 역할을 할 뿐만 아니라 동시에 선진국들의 시장 역할도 한다. 그리고 동일한 영역에서 선진국과 후진국이 서로 경쟁을 하는 경우에는 승리의 여신은 언제나 선진국 편에 선다. 한 예를 들어보자. 후진국들의 주된 산업은 주로 1차 산업이다. 그런데 1차 산업 부분에서 조차 세계화로 인해 선진국 보다는 후진국 노동자와 국민들이 더 큰 어려움에 처하게 된다.

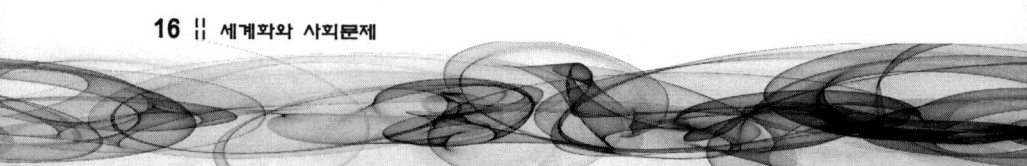

후진국이나 선진국 할 것 없이 농업은 중요한 산업이다. 돈 많은 선진국들 특히 유럽이나 미국의 경우 1차 산업인 농업 부문에 국가가 많은 지원을 하고 있어서 농업에 종사하는 노동자들이 최대의 이익을 얻을 수 있도록 노력하고 있다. 반면 후진국의 경우 선진국보다 비율적으로 더 많은 사람들이 농업부문에 종사하지만 정부의 지원은 아주 미약하다. 그 결과 선진국의 농산물은 후진국의 농산물에 비해 상대적으로 싼 값에 생산할 수 있게 되어 강력한 경쟁력을 가질 수 있다. 세계화가 진행되면서 농산물의 거래가 국제간에 자유롭게 되면, 선진국에서 생산된 값싼 농산물이 후진국에서 생산된 농산물과 경쟁하게 되고 가격 경쟁력에서 뛰어난 선진국의 농산물 때문에 후진국의 농산물은 잘 팔리지 않게 된다. 게다가 후진국은 선진국보다 비율적으로 더 많은 사람들이 농업에 종사하고 있다. 따라서 생산한 농산물까지 제값을 받지 못하는 어려움에 처한 후진국의 경제력은 선진국과의 차이가 점점 더 커지게 된다. 시간이 갈수록 후진국에서 농사에 종사하는 사람들의 형편이 어려워지고 빈곤의 문제에 직면하게 되는 것은 자명하다.

　세계화로 인한 또 다른 문제는 후진국의 두뇌유출이다. 두뇌유출 현상은 후진국의 뛰어난 인재가 자신의 나라를 떠나 더 부유한 선진국으로 이주하는 것을 말한다. 의도하지 않더라도 후진국은 가장 뛰어난 인재를 선진국으로 공급하는 공급처의 역할을 하게 된다. 후진국 출신 인재들은 보다 나은 교육, 일자리, 삶의 질을 누리기 위해 그러한 것을 제공하는 선진국으로 이주하길 원한다. 세계화 이전에는 후진국의 인재들이 다른 나라로 이주하는 것이 제한적이었다. 그러나 세계화로 인해 정보와 인적 교류가 활성화 되고 세계 무대가 평등화 되자 자신들의 능력을 마음껏 펼치고 거기에 걸 맞는 보상을 받을 수 있는 곳으로의 이주가 용이해 졌다. 후진국들은 자기 나라의 인재를 붙잡을 만한 자원도 일자리도 부족하기 때문에 많은 인재들이 자신들의 나라를 떠나서 보다 나은 삶을 추구하기 시작했다. 특히 후진국의 기초과학, 공학, IT 관련 전공자들의 유출은 자국의 산업 발전을 위한 자원을 모두 잃게 만드는 주된 원인이 되었다. 하지만 그것은 선진국의 입장에서는 자국의 기업과 산업 발전의 원동력이 되는 인재들의 유입으로 작용하였다. 그 결과 선진국과 후진국의 격차는 점점 더 커질 수밖에 없었다.

세계화는 후진국들의 두뇌유출을 넘어 이주의 패턴에도 중요한 영향을 미친다. 합법적으로든 아니면 불법적으로든 국경을 넘어 수많은 사람들이 이주하는 현상은 이주자들의 법적인 지위와는 관계없이 다양한 사회문제를 낳는다. 외국인 이주자들이 몰리게 되면 노동시장에서 일자리 경쟁이 심화되고 이주자와 토착시민들 사이에 갈등이 일어나게 된다. 예컨대 미국과 멕시코와의 관계에서 많은 멕시칸들이 미국으로 건너가자 미국의 노동자들은 이들을 반가운 시선으로 보지 않았다. 그 이유는 첫째, 이주한 멕시칸과의 사이에 일자리 경쟁이 나타난다고 믿기 때문이다. 둘째, 주로 가난한 멕시칸 이주자들이 복지와 같은 사회적 자원을 많이 소모한다고 생각하기 때문이다. 셋째, 이질적인 사람들과 문화가 자신들의 삶속에 직간접적으로 유입되는 것이 그리 달가울 리는 없다. 하지만 멕시칸 이주자들이 미국 사회에 경제적으로 기여하는 부분은 쉽게 무시된다. 따라서 멕시칸들의 이주를 막기 위한 여러 가지 정책적 시도들이 미국 내에서 지속적으로 재개되고 있다. 심지어 미국과 멕시코 사이에 국경선을 따라 장벽을 설치하여 불법이주자를 줄여야 한다고 하는 주장까지 제기되고 있고, 실제로 미국 대통령이 된 도널드 트럼프의 선거 공약 중 하나가 되기도 하였다.

유럽의 경우에도 시리아 난민들을 비롯하여 수많은 이주자들이 국경을 넘게 되자 터키를 비롯하여 인근의 국가들 그리고 EU를 구성하는 많은 국가들에게 큰 부담으로 다가 오게 되었다. 이러한 난민들의 문제는 급기야 영국이 EU에서 탈퇴하는 브렉시트(Brexit)가 일어나게 한 중요한 원인 중 하나가 되었다. 이주자들의 유입은 이주한 국가의 국민들의 삶에도 영향을 미치지만 이주자들에 대한 반감으로 말미암아 이주자들은 차별과 폭력의 주된 대상이 된다. 그리고 그 사회의 모든 문제를 이주자들에게 돌림으로써 희생양의 역할을 톡톡히 하게 된다. 그럼에도 불구하고 세계화로 인해 국경을 넘나드는 사람들의 수는 기하급수적으로 늘어가고 있다.

전 지구에 걸쳐서 일어나는 사람들의 이동은 경제적, 문화적, 정치적 영역뿐만 아니라 사람들의 건강과 보건의 문제에 까지 영향을 미친다. 조류독감으로 불리는 H5N1이나 신종 인플루엔자 H1N1 등은 사람들의 국경을 넘는 이동으로 말미암아 국가와 지역을 넘어 순식간에 다수의 사람들에게 전염된다. 예전에는 중동지역과 같이 특정지역에서만 소규모로 일어났던 메르스(MERS)와 같은 전염병도 사람들의 잦은 이동으로 말미암아 전염병이 발생한 나라와는 거리적으로 상당히 떨어진 나라에서도 쉽게 발생하게 되었다. 예컨대 2015년 한국에 사는 사람들에게 메르스가 순식간에 전염되어 큰 국가적인 문제로 나타난 것은 더 이상 물리적 위치가 전염병의 확산에 대한 안전을 보장해주지 못한다는 것을 잘 보여준 현상이라고 할 수 있다.

그런데 세계화로 인한 이슈들이 모든 사람들에게 다 같은 사회문제로 나타나는 것은 아니다. 주어진 환경과 상황에 따라 어떤 이에게는 심각한 사회문제의 형태로 나타나는 반면, 또 다른 이에게는 같은 이슈가 아무런 문제가 아닐 수가 있다. 세계화와 관련하여 선진국들이 후진국의 값싼 노동력을 이용하게 될 때 후진국의 시민들에게는 부정적인 영향을 가져오지만 선진국의 소비자들은 값싸게 상품을 구입할 수 있게 되어 큰 이익을 보게 된다. 예를 들어 미국의 소비자가 값싼 의류를 구매할 수 있는 것은 방글라데시와 같은 후진국 노동자들이 값싼 임금으로 노동력을 제공한 덕이다. 첨단 IT 산업도 마찬가지이다. 아이폰을 선진국 시민들이 적절한 가격에 구입할 수 있는 것은 타이완이나 중국의 아이폰 공장 노동자들이 값싼 노동력과 열악한 노동환경으로 고통 받은 덕택이다. 이같이 세계화로 일어나는 사회문제가 경제적인 영역에서는 주로 선진국 국민들보다 후진국 국민들에게 더 심각한 문제로 나타난다.

그러나 또 한편으로 세계화가 후진국 국민들에게 일방적으로 어려움을 가져다주는 것만도 아니다. 말하자면 세계화는 후진국 국민들에게 중요한 경제적 기회를 가져다주어서 그들의 경제적 지위를 상승시키는 효과가 있다. 비록 후진국이 선진국의 공장 역할을 한다고 해도 그것으로 말미암아 공장이 없었던 때 보다는 더 나은 일자리, 그리고 더 나은 삶의 기회를 가져다주었을 수 있다. 더 나아가 세계화는 문화적 영역에서 배타적이고 서로 이질적이었던 문화를 점차 유사하게 바꾸어 선진국과 후진국 그리고 여러 국가의 시민들이 큰 문화적 이질감을 느끼지 않고 일할 수 있는 토대를 만들기도 한다. 하지만 그렇다고 해도 여전히 세계화를 통한 세계 문화의 방향은 서구 선진국들의 문화적 가치를 최상의 가치로 받아들이게 만들어 후진국이나 지역민들이 자신들의 관습이나 종교, 언어 등을 지키기 더욱 어렵게 만들고 있는 것은 부정할 수 없다.

Chapter 2.
세계화와 경제적 불평등

1) 세계화는 경제적 불평등을 강화하는가?

세계화가 끼친 문제 중 가장 뚜렷한 점은 잘사는 국가와 못사는 국가가 명확하게 나누어지고 그 차이가 점점 더 커지고 있다는 것이다. 인류의 역사를 되짚어 올라가면 갈수록 잘사는 집단과 못사는 집단, 잘사는 개인과 그렇지 않은 개인들의 차이는 점점 줄어든다. 인류초기 수렵과 채집, 농경사회에서 빈부의 격차는 먹을 것의 차이에 불과했다. 최고로 잘 사는 사람은 먹을 것이 좀 풍부했고, 그렇지 않은 사람들은 굶주렸다. 인류의 역사에서 오늘날만큼 인류 전체가 먹을 것이 풍요로웠던 시기는 없었다는 것을 고려하면 인류의 전 역사를 통틀어 대부분의 사람들은 굶주려 왔고 아주 소수의 사람들만 식량 걱정에서 자유로웠다. 경제적 불평등의 문제를 생각하면 대부분의 사람들이 함께 굶주렸기 때문에 상대적인 불평등은 적었다고 할 수 있다.

국가가 본격적으로 성립되었을 시기에도 문명이 더 발전된 국가와 그렇지 않은 국가가 물론 존재하였다. 그래서 문명이 더 발전한 국가, 국력이 더 큰 국가들이 상대적으로 못한 국가들을 점령하기도 하고, 흡수 통합하기도 하고, 식민지화도 하였다. 그러나 일반 백성들의 수준의 차이는 강한 국가와 약한 국가 간에 크게 없었다. 말하자면 여전히 모두 다 굶주림에서 크게 벗어나지 못한 상태였다. 따라서 당시 국가들 간의 격차는 지금의 국가들 간의 차이와 비교하면 아무것도 아니었다.

본격적으로 국가들 간의 격차가 커지고 국민들 간의 경제적인 차이가 뚜렷하게 나타나기 시작한 시기는 근대 국가가 형성되고 산업혁명이 진행되면서 부터이다. 이때부터 본격적으로 국가 간 경제력의 차이는 커지기 시작해서 그 격차는 지금에 이르기까지 지속적으로 커지고 있다. 근대이후 산업화를 일찍 시작한 서구 유럽 국가들은 문명과 경제의 발전이 급격하게 이루어졌지만, 산업화에 실패하거나 시작이 늦은 지구의 나머지 국가들의 발전 속도는 상대적으로 느리게 진행되었다. 18세기 산업혁명은 국가의 발전뿐만 아니라 국민 개개인의 삶에도 큰 영향을 끼쳐서 산업화가 진전된 국가의 국민들의 삶은 경제적으로 한층 더 나아졌다.

산업혁명이 국가 발전의 큰 원동력이 되었지만 사실 국가 발전에 기여하는 요소들은 다양하다. 지리적 요소, 기후조건, 천연자원 등 수 많은 요인들이 국가 발전에 영향을 끼친다. 산업화를 보다 일찍 이룬 서구 유럽의 국가와 그 외 지역 국가들의 격차가 돌이킬 수 없을 정도로 더 크고 급격하게 나타나게 된 중요한 이유 중 하나는 국가 간의 무역을 통해서 얻은 자원을 국가와 시민들의 이익을 위해 유용하고 적절하게 사용하거나 적용하였냐 하는 점이다. 여기서 자원이란 천연자원을 포함하여 기술, 지식과 정보 등 모든 것을 망라하는 것을 말한다.

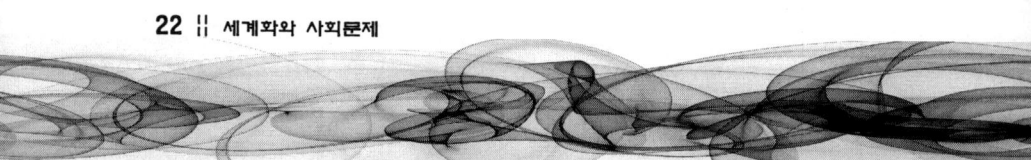

예를 들어 유럽 국가들이 중국과의 무역에서 들여온 화약은 유럽 국가들이 세계를 제패하기 위한 무기에 적절하게 사용되었다. 화약 자체만이 아니라 화약을 제조하는 기술까지 들여온 유럽 국가들은 그것을 더욱 개발하고 발전시켜 자신들의 국가를 강력하게 만들어 줄 가장 중요한 도구로 사용한 것이다. 무역으로 인한 새로운 지식의 확보는 문명화를 가져오고 이것은 곧 시민들의 삶의 질을 향상시키는데 기여하였다. 시간이 지나면서 유럽의 국가들은 세계 여러 나라로부터 취득한 지식과 정보를 이용하여 보다 강력한 힘을 가지게 되었다.

무역으로 인한 자원의 확보는 가만히 앉아서 손쉽게 할 수 있는 것이 아니다. 유럽을 중심으로 강력한 힘을 가지고 있던 국가들은 자신들이 필요한 자원을 보다 많이 확보하기 위해 서로 다투었고 그것이 국가 간의 분쟁으로 까지 확대되기도 하였다. 그러나 또 한 편으로 자기 나라의 이익을 최대화하기 위해서 다른 국가와 동맹과 협력이 필요하게 되었다. 그러한 과정 속에서 다양한 상품, 지식, 그리고 기술들이 국가 간의 교환과 무역을 통해 더욱 활성화되는 선순환의 과정이 만들어졌다. 또한 19세기와 20세기 초에 이르러 유럽지역에 모여 있는 강력한 국가들은 지구의 다른 편에 있는 지역을 무력으로 또는 문화적으로 점령하여 식민지화 시키고 더욱 많은 자원을 식민지 국가들로부터 수탈하였다.

문제는 이러한 현상이 과거에 끝나지 않고 현재 진행형이라는 데 있다. 비록 예전과 같이 선진국들이 후진국들을 직접적인 식민지로 더 이상 지배하고 있지는 않지만, 후진국은 선진국의 공장이 되거나 값싼 노동력을 제공하는 처지가 되었다. 말하자면 선진국들은 후진국의 자원을 저렴한 가격에 유용하게 이용하고 있다. 사실 대부분의 후진국들은 천연자원 이외의 마땅한 경제적 동력이 없는 경우가 많다. 따라서 당장의 경제적인 어려움을 극복하기 위해서 후진국들은 자국이 가진 자원을 싼 값에 선진국들에게 팔수밖에 없는 처지가 되었다. 장기적으로 후진국들이 자신들이 가진 자원을 이용하여 한 단계 도약할 수 있는 동력을 축적하기에는 현실의 어려움이 너무나 크기 때문이다. 따라서 세계화로 인한 자유무역이 증가하면 할수록 선진국들은 후진국과의 무역을 통해서 자신이 필요한 자원을 가장 저렴한 가격으로 손에 넣을 수 있다. 이와 동시에 선진국들은 다른 선진국과의 무역에서 서로 필요한 기술과 상품을 교환하거나 공유하여 비교우위에 있는 분야를 적극적으로 발전시켜서 국가적 이익을 극대화 할 수 있다. 결국 세계화의 과정 속에서 선진국들은 점점 더 부강해지는 한편, 후진국들과의 경제력의 차이는 갈수록 더 커질 수밖에 없는 것이 현실이다.

물론 후진국들도 선진국과의 무역을 통해 일자리를 창출하고 제품을 생산하고 수출함으로써 국가의 부가 증가하고 있는 것은 사실이다. 그리고 선진국의 기술과 제품을 수입함으로써 자신들의 상품개발 능력을 키울 수 있는 기회도 있다. 이를 통해 후진국들의 경제가 성장하고 있는 것 또한 부정할 수 없다. 그러나 문제는 선진국과 후진국의 경제 격차가 점점 커지고 있고 후진국들이 그러한 격차를 넘어설 수 있는 기회를 찾기가 사실 상 어렵다는 것에 있다. 더구나 후진국들의 발전을 위해서 특혜를 줄 수 있을 만큼 세계 경제시장이 우호적이지도 않다. 그러므로 세계화를 통해 세계는 권력과 부 그리고 위세가 강력한 나라들과 지역, 그리고 그렇지 않은 나라와 지역으로 나누어지는 글로벌 계층화가 뚜렷해지고 있다.

2) 선진국과 저개발국가의 계층화

대부분의 사회 구조는 위계적 질서로 이루어져 있고 개인은 계급적으로 혹은 계층적으로 그 구조 안에 위치 지워져있다. 개인의 계급적인 지위는 흔히들 개인이 소유하고 있는 부, 권력, 명망 등의 차이에 따라 결정된다. 이러한 자원을 많이 가지고 있는 사람들일수록 높은 자리에 위치하고, 그렇지 않은 사람들은 계급적, 혹은 계층적 사다리의 아랫부분에 자리를 잡는다. 계급 사다리의 윗부분을 차지하고 있는 사람은 더 많은 부와 권력을 가지고 있고 그것을 이용하여 지속적인 특권을 유지한다.

국가들 간의 계층적 지위도 이와 크게 다르지 않다. 지구상에 있는 200여개의 국가들은 개인들이 사회적 계층에 위치되어 있는 것과 같이 국가의 국력에 의해서 나뉘어져 계층화 되어 있다. 그러나 국가들의 지위와 서열을 구분하여 계층화하는 것은 부, 권력, 명망으로 구분하여 개인의 사회적 지위를 규정하는 것보다 훨씬 복잡하다. 왜냐하면 국가의 국력은 아주 다양한 요소들에 의해 결정되기 때문이다.

예컨대 국가의 경제력은 국력을 나타내는 좋은 지표중의 하나이지만 경제력이 큰 부자국가라고 해도 이것이 곧 선진국을 의미하는 것은 아니다. 중동의 석유생산국들은 석유판매로 인해 부자국가들이지만 이들 국가가 선진국의 반열에 위치하고 있다고 쉬이 판단할 수는 없다. 국가의 국력을 군사력으로만 판단할 수 있는 것도 아니다. 물론 군사적 강대국은 존재한다. 다른 나라의 침략으로부터 자신을 방어할 수 있고, 더 나아가 자기 국가의 이익을 위해 군사적인 압력을 넣거나 실제적으로 무력을 행사할 수 있는 능력은 군사력이 강한 국가가 갖추어야 할 중요한 요건 중의 하나이다. 더구나 핵무기까지 보유하여 자신을 방어할 뿐만 아니라 다른 나라에 위세를 떨칠 수 있는 나라는 강대국임에 틀림이 없다. 그러나 그것만으로 군사적 강대국이 국제질서의 사다리 위에 높은 자리를 점할 수 있는 것은 아니다. 대표적으로 북한의 경우 세계에서 몇째 안에 느는 강력한 군사대국이지만 북한을 선진국으로 부르는 사람은 아무도 없을 것이다.

　그렇다면 경제력과 군사력을 모두 갖춘 국가는 선진국이라고 할 수 있는 것인가? 대체로 이 두 조건을 모두 갖춘 국가는 선진국이라고 할 수 있다. 그러나 그렇다고 해서 반드시 선진국에 그러한 국가들이 들어가는 것은 아니다. 예를 들어 중국은 세계에서 미국 다음 두 번째로 큰 경제규모와 미국과 러시아에 이은 강력한 군사대국이다. 이러한 중국이 강대국이라는 것에는 의심의 여지가 없지만, 그렇다고 해서 중국을 선진국이라고 부르기에는 아직 미흡한 부분이 많다. 그것은 선진국이 경제력과 군사력만으로는 이루어지지 않기 때문이다. 중국이 선진국의 반열에 오르지 못하는 것은 문화와 정치 영역에서 후진성을 아직 벗어나지 못하고 있어서이다. 경제력과 군사력이 선진국이 갖추어야 할 중요한 요소이지만, 국민들의 전반적인 교육수준, 문화적 토대, 정치적 민주화, 자유로운 경제활동 등도 함께 높은 수준에서 유지하고 있는 나라이어야 선진국이라고 불릴 수 있다. 중국이 부족한 부분은 바로 여기에 있다. 국민들의 교육수준과 문화적 소양이 평균적으로 낮고, 정치적 민주화도 이루어져 있지 않으며, 국가의 규제와 통제로 인해 IT 산업과도 같은 부분에서 자유로운 경제활동의 제약도 여전히 큰 장벽으로 남아 있다.

　이렇듯 선진국은 다양한 조건에 의해 규정된다. 그러나 그러한 조건들 중 개인들의 삶의 질과 관련하여 가장 뚜렷하게 영향력을 미치는 것은 무엇보다 경제력이라고 할 수 있다. 특히 이미 강력한 경제력을 확보한 선진국들과 그렇지 않은 후진국 또는 저개발국들의 차이는 엄청나게 크고 그 차이는 점점 더 커지고 있다. IMF에서 2017년 발표한 국가별 1인당 GDP 추정치를 비교해 보면 2016년 기준으로 1위인 룩셈부르크는 105,829달러, 2위인 스위스는 79,578

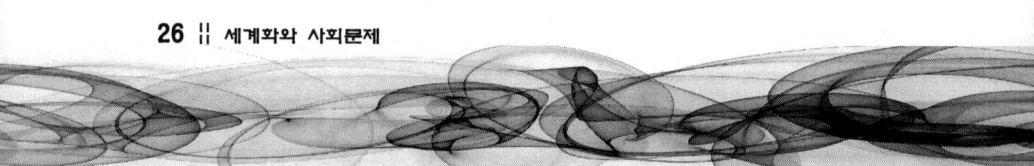

달러를 기록하고 있다. 10위인 싱가포르가 53,053달러, 20위인 벨기에가 41,491달러, 29위인 한국이 27,633달러를 기록하고 있다.[1] 그러나 세계 200여 개국 중 50위 정도만 내려가면 30위권의 절반 수준인 15,000달러로 떨어지고 63위권인 멕시코는 9,592달러를 기록해서 10,000달러 이하로 내려간다. 그리고 94위 자메이카부터는 5,000달러 아래로 떨어진다. 이것은 지구위의 국가 중 절반이상이 1인당 GDP가 5,000달러 아래에 있다 것을 뜻한다. 세계 평균은 10,023달러로 추정된다. 따라서 63위인 멕시코부터 포함해서 지구상 전체 국가의 70% 정도가 평균이하의 1인당 GDP를 기록하고 있다. 이러한 결과는 세계의 부가 일부 부자 국가들에 편중되어 있다는 것을 의미 한다.

현재 세계 각국들이 가장 필요한 생존전략으로 여기고 있는 FDI를 살펴보면 국가 간의 차이를 보다 극명하게 알 수 있다. FDI(Foreign Direct Investment, 외국인직접투자)란 외국인들이 직접 투자한 금액을 국민수로 나눈 것으로 다국적 기업이나 초국적기업 등이 주로 투자하는 자금을 말한다.[2] 다국적기업 등에 의한 투자는 국내의 일자리를 창출하고 고용을 확대하는 등 경제성장을 원활하게 하는 주요한 동력이 된다. 그런데 다국적기업이나 외국의 투자자들은 아무 곳이나 투자하지 않는다. 사회적 인프라가 뛰어나면서도 값싼 노동력, 그리고 자유로운 경제 환경과 정부와 국가의 적극적 지원제도 등을 가지고 있는 국가에 우선적으로 투자할 수밖에 없다. 이러한 경제적 상황은 선진국들에서 더 잘 조성되어 있기 때문에 돈은 선진국이나 아니면 개발도상국들 중 이러한 조건을 최대

---

1) "Projected GDP per Capita Ranking(2016-2020).", Statistics Times, http://statisticstimes.com/economy/projected-world-gdp-capita-ranking.php
2) "Foreign Direct Investment-FDI." Investopedia, http://www.investopedia.com/terms/f/fdi.asp

한으로 잘 갖추어진 곳으로 몰리게 되어 있다. 가장 많은 FDI를 받는 곳은 미국을 비롯하여 서구 유럽국가들 그리고 아시아지역에서는 일본과 싱가포르 같은 나라이다.[3] 그러나 실제로 FDI가 더 절실하게 필요한 곳은 후진국들이라고 할 수 있다. 그러나 경제적, 사회적 인프라가 취약한 아프리카, 아시아 등지의 저개발 국가들은 FDI를 거의 받지 못하는 것이 현실이다. 결국 선진국들은 더욱 부강한 나라가 되고 후진국들의 경제적, 사회적 발전은 더딜 수밖에 없다. 특히 IT와 같은 첨단 산업들은 이러한 격차를 더욱 크게 벌여 놓고 있다.

3) 중심부와 주변부 국가의 발생

세계체제론:

현재의 선진국과 후진국의 사회적 경제적 차이가 뚜렷하게 나타난 것은 최근에 본격화된 것이 아니다. 역사를 거슬러 올라가면 서구의 열강들이 제국주의적 확장정책을 통해 수많은 나라들을 식민화시킨 식민주의 체제(colonialism)가 확립되기 시작한 때로부터 그 차이는 확연하게 나타나기 시작한다. 월러스틴은 그의 세계체제론(World System Theory)을 통하여 세계는 중심부와 주변부 국가들로 이루어져 있고 중심부와 주변부의 비대칭적인 관계로 발전되어 왔다고 주장한다(Wallerstein, 1974; 1980; 1989).

그의 주장에 따르면 자본주의에 바탕을 둔 세계 경제체제는 16세기부터 유럽에서 시작했다. 이 지역 국가들이 중심이 되어 19세기

---

3) "Foreign Direct Investment, Net Inflows(BoP, current US$)." The World Bank Data.
http://data.worldbank.org/indicator/BX.KLT.DINV.CD.WD

이후에 와서는 이들 국가가 세계 경제를 지배하는 체제로 확장되었다. 16세기는 유럽의 경제가 흑사병, 페스트 등의 전염병의 창궐로 인해 오랫동안 침체기에 있다가 본격적으로 부흥 발전하기 시작한 시기이다. 전염병에서 겨우 해방된 유럽의 인구는 점차 회복되었고 늘어난 인구에 대응하기 위해 산림이나 개발되지 않은 땅 등을 개간하는 사업이 적극적으로 진행되었다. 또한 작은 규모이지만 수공업 등도 발전하기 시작하였고, 상업과 무역도 서서히 활기를 띠기 시작했다. 점진적으로 발전해 오던 유럽 경제는 18세기 말 산업혁명을 바탕으로 크게 도약하는 기회를 잡게 되었으며, 세계 경제를 이끌어 나가는 지위를 차지하게 되었다. 유럽은 경제 발전의 동력을 자기 나라 안에서만 찾은 것이 아니라 외부로 눈길을 돌려 상업적인 팽창을 시도하였다. 유럽 내에서 국가와 국가 사이의 무역뿐만 아니라, 아메리카 대륙, 아시아, 아프리카 지역까지 무역을 증대하였다.

그런데 문제는 기술과 자본 그리고 국력이 강한 유럽 국가들과 다른 지역 국가들과의 교역 과정에서 부등가 교환이 이루어지는 체제가 만들어 지게 되었다는 것이다. 부등가 교환이란 상품이 생산되는데 들어가는 노동량이 다양한 조건들에 의해 현저하게 다름에도 불구하고 서로 다른 노동량이 투입된 상품을 같은 가격에 거래하는 불평등한 교환을 말한다. 부등가 교환이 발생하는 것은 국가와 국가, 지역과 지역 간의 무역이 확대되는 과정 속에서 국가들의 국력의 차이, 지역 간의 노동 분업의 차이, 기술의 차이 등이 있기 때문이다.

예를 들어, 컨테이너 몇 개 분량의 신발을 팔아서 비행기 타이어 단 몇 개만 살 수 있다고 하자. 그만한 양의 신발을 만들기 위한 노동력이 비행기 타이어 몇 개 만드는 것보다 훨씬 많이 투입된다는 것은 쉽게 예상할 수 있다. 그러니 두 상품이 동일하게 교환된다면 그것은 부등가 교환에 해당한다. 비행기 타이어를 만들기 위해서는 신발을 만드는 것 보다 더 뛰어난 기술과 자본이 필요하고 이렇게 만든 상품은 부가가치가 상대적으로 높은 반면, 신발 같은 노동집약적 상품은 그만큼 부가가치가 낮다. 이때 부가가치가 낮은 상품을 만드는 국가나 지역의 노동력은 그 만큼 착취를 당하는 경우가 된다.

주로 자본과 기술이 뛰어난 강대국들은 부가가치가 높은 상품을 만들고 그렇지 못한 국가들은 부가가치가 낮은 상품을 생산한다. 상대적으로 효과적인 노동구조를 갖춘 강대국은 다른 지역과의 거래 시 상품 판매에 의한 이익을 크게 얻을 수 있게 되고 우월적 지위는 더욱 공고해 진다. 그러나 자본과 기술이 부족한 남아메리카, 아프리카, 아시아 지역 등의 국가들은 원자재를 비롯한 천연자원과 농산물 등을 중심으로 강대국들과 교역을 하게 되어 강대국에게 큰 이익을 가져다주는 대신 자신들은 강대국들에 의해 지속적으로 수탈당하는 처지에 놓이게 되었다.

월러스틴은 세계의 국가들을 국가기구의 강도와 노동통제 방식에 따라 중심부, 반주변부, 주변부로 나누고 세계의 경제 시스템이 이러한 삼중 시스템으로 형성되었다고 주장한다. 강력한 국력을 바탕으로 경제체제가 자유임금과 효과적인 노동방식에 기반하고 있으며 자본과 기술을 바탕으로 한 교역에서 가장 큰 이익을 거두고 있는 국가를 중심부 국가라고 한다. 반면에 국가기구가 미약하고 원자재 공급과 농업을 위주로 하고 있으며 집약적이고 강제적인 노동이 주로 이루어지는 국가를 주변부 국가라고 한다. 중심부 국가들은 힘이 약한 주변부 국가들을 식민지화 하면서 국제교역을 통해 주변부 국가들의 자원과 생산물의 잉여를 수탈하였다고 월러스틴은 주장하였다. 반주변부는 중심부 국가로 부터는 수탈당하지만 동시에 자신보다 힘이 약한 주변부 국가들을 수탈하는 국가로서 정치구조나 경제활동 노동지배 양식이 중간정도의 위치에 처하고 있는 나라를 말한다.

　세계는 이와 같이 중심부, 반주변부, 주변부로 나누어져서 국가들 간의 불균등한 교역이 지속적으로 유지되는 거대한 시스템으로 작용하고 있으며, 주변부 국가들의 잉여가 중심부 국가들로 이전된다. 따라서 중심부 국가들은 점점 더 부유하게 되는 반면, 주변부 국가들은 가난의 굴레에서 벗어나는 것이 쉽지 않다. 이러한 시스템이 지속되도록 하는 가장 큰 원인은 중심부 국가들의 강력한 권력이다. 경제력, 군사력, 기술력, 자본력 등에서 비롯된 중심부 국가들의 권력을 헤게모니(hegemony)라고 부른다. 따라서 자본주의에 바탕을 둔 이러한 세계체제는 전혀 불가능하지는 않다고 하더라도 주변부 국가들이 반주변부로 그리고 다시 중심부 국가로 계층 이동하는 것을 아주 어렵게 만든다.

4) 식민지 체제

　식민주의는 중심부 국가들이 강압적으로 주변부 국가들의 정치, 사회, 경제를 직접 통제하고 관할하는 체제를 말한다. 식민지 국가들은 지배국가에 설탕, 담배, 면화, 차, 커피 등을 비롯하여 금, 은, 동과 같은 천연자원과 노동력을 값싸게 공급하는 동시에 지배국들이 그것을 가지고 제품을 생산하면 그 제품의 소비시장의 역할도 하게 된다. 지배국들은 막대한 이익을 벌어들이지만 식민지 국가들의 자원은 지속적으로 수탈당했다. 16세기부터 시작된 식민주의는 19세기 초반에 이르러 유럽 열강 등에 의해 최대 팽창기에 다다르게 되었다. 이 당시 아프리카의 대부분 지역, 인도를 포함한 아시아의 수많은 나라들, 중남미의 대부분 국가들이 식민지배 아래 있었다. 특히 아프리카 대륙은 열강들의 식민지 쟁탈 무대가 되었다. 유럽의 열강들은 아프리카지역에서 자원을 경쟁적으로 수탈해 갔는데 이 과정에서 분쟁이 일자 이것을 해결하기 위해 임의적으로 국경선을 그었다. 열강들이 그은 국경선은 그 지역에 오랫동안 거주해 왔던 아프리카 부족들이나 왕국들의 정치적 역사적 배경과는 아무런 상관없이 강이나 산 등과 같은 자연지형을 기준으로 자신들의 편의대로 지도위에 그은 것이다. 이것을 바탕으로 국토가 나누어진 아프리카 국가들은 20세기 들어 독립을 쟁취한 이후에도 수많은 국내 분쟁이 일어날 수밖에 없는 운명에 처하게 되었다. 서로 적대하던 부족들이 한 국가 안에 속하기도 했고, 한 부족이 두 국가에 나뉘어 거주하기도 했으며, 한 국가 안에 여러 부족이 함께 속하기도 하였다. 따라서 국가 내부적으로 통합될 수 있는 여지가 없었다.

　식민주의를 유지하기 위해 중심부 국가들은 식민지 국가 안 유럽인들이 주로 모여 사는 도시지역에 강력한 중앙 집중적인 행정체제를 구축하고 유럽식 제도와 규범을 강제하였다. 원주민들은 행정체제에서 아주 말단의 하위직을 차지하였고 고위직으로 올라가지는 못하였다. 더구나 현대식 군대를 상주시켜 무력으로 원주민들을 통제하는 직접적이고 강압적인 지배를 하였다. 또 다른 한편, 지역에서는 토호세력이라고 할 수 있는 추장이나 부족의 지도자들에게 일정 정도의 권력을 부여함으로써 그들이 주민들을 관리 통제할 수 있게 하는 대신 토착세력들의 이권을 보장해주는 간접적 통치방식도 사용하였다. 지역 구석구석까지 중심부 국가들이 직접적으로 관할하거나 통제하는 것은 아주 어려웠기 때문에 지역 토호세력을 적절하게 관리하는 것은 국가 전체를 큰 힘을 들이지 않고 통제할 수 있는 아주 효과적인 방법이었다. 이 과정에서 토착세력들이 자신들에게 주어진 권력을 남용하여 주민들을 착취하고 자신들의 이권을 극대화함으로써 주민들의 삶은 더욱 피폐해 졌다(Mamdani, 1996).

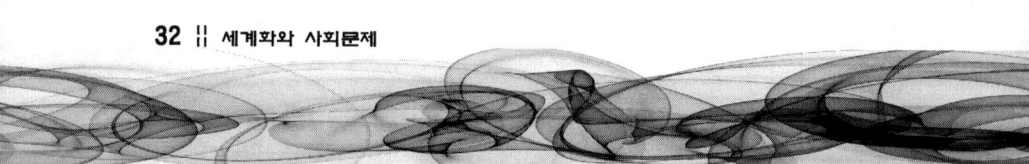

식민지 지배 국가는 이렇게 직접적인 통제방식과 간접적인 통제 방식을 교묘하게 활용함으로써 인구가 상대적으로 적은 그들의 약점을 극복하고 다수의 식민지 국가 시민들을 적절하게 통제하고 제압할 수 있었다. 이 과정에서 대부분의 식민지는 각 나라의 형편에 합당한 국가 발전의 계획을 수립하지도 못했을 뿐 아니라 경제구조에서도 다각화된 산업형태를 구성하지 못하였다. 오히려 식민지 지배 국가의 이익에 최대한 기여할 수 있는 단순한 산업구조를 가지게 되었다. 식민지 국가들에서 커피, 면화, 설탕, 고무 등 지배 국가에 싼 값에 공급할 수 있는 특용작물의 단일경작 형태로 농업이 재편된 것은 하나의 예라고 할 수 있다. 그러므로 식민지국가들은 선진국의 자원 공급처와 생산기지로서의 역할에서 벗어날 수 없는 아주 취약한 경제 구조를 가지게 되었다.

　한편으로는 식민지배 시기 동안 식민지 국가에 지배 국가들이 도로와 철도를 건설하고, 항만과 도시를 건설하였으며, 기술 문명을 들여오고 무역을 개방함으로써 식민지 국가의 경제적, 사회적 인프라를 구축해 놓았다는 주장이 없는 것은 아니다. 그러나 중요한 것은 식민지배 국가의 의도가 무엇이었느냐에 있다. 유럽열강들을 포함한 제국주의 국가들의 식민지 건설은 식민지 국가의 발전을 위하거나 그 국민들의 삶의 조건 향상을 위한 것이 아니었다. 그들의 유일한 관심은 식민지의 자원을 보다 원활하게 수탈하기 위한 가장 좋은 방법을 찾는 것에 있었다. 그래서 식민지배 국가들이 식민지 국가에 투자하고 건설한 것은 결국 자신들의 이익을 극대화하기 위한 하나의 방편에 불과하였기 때문에 식민지 국가가 그것을 바탕으로 장기적으로 발전하거나 도약하는 것과는 거리가 멀다고 보는 것이 옳다.

　끝날 것 같지 않던 식민지 체제는 19세기를 거쳐 20세기 중반에 이르러서 세계적인 수준에서 거의 붕괴되었다. 식민지 체제가 갑자기 붕괴된 것은 식민지 국가의 저항이나 반발에 의해서가 아니라 식민지배 국가들이 가진 자체적인 문제가 있었기 때문이다. 식민지 체제의 종말을 직접적으로 가져온 원인은 열강들끼리의 전쟁이라고 할 수 있는 제1차 세계대전과 연이은 제2차 세계대전의 발발에 말미암은 것이었다. 실제로 19세기 후반 제국주의 국가들의 식민지 수탈 경쟁은 정점에 다다랐다. 유럽 열강들은 서로 경쟁하였고 힘의 우위를 차지하기 위해 군사력을 키우는데 온 노력을 쏟았다. 군사력의 증대는 재정적인 뒷받침이 없이는 불가능하다. 이 당시 유럽 열강들의 재정의 상당부분은 식민지로부터 들여오는 값싼 원자재와 노동력, 그리고 자원들에서 오는 수입에 의존하였다. 그러나 유럽에서 국토와 인구 면에서 뒤지지 않은 독일은 통일문제 등 내부적인 요인들에 의해 여타의 유럽 열강들과는 달리 유럽의 외부로 눈을 돌릴 기회가 없었다. 독일이 식민지 개척을 위한 다른 국가들과의 경쟁에서 뒤쳐질 수밖에 없었던 것이다. 따라서 유럽 내에서의 무력을 통한 균형의 재편이 독일로서는 식민지 확보와 그로 인한 거대한 이익을 얻을 수 있는 기회로 여겨졌다. 제1차 세계대전은 이러한 배경 아래 발발하였다. 전쟁에서 승전한 연합국은 패전한 오스트로-헝가리 제국과 오토만 제국을 분할하였고 동유럽에서 미약한 독립국들이 생겨났다. 전쟁 후 혼란한 틈을 타 영국과 프랑스는 석유자원의 확보를 위해 중동지역으로 진출하여 그 지역을 장악하게 되었다. 제1차 세계대전 이후 중심부 국가들 사이에서 힘의 균형이 어느 정도 재편되기는 했지만 중심부와 주변부 국가들 사이의 경제적 관계는 크게 변하지 않았다(Snarr & Snarr, 2014).

　20세기 초반에 이르러 세계는 경제위기에 직면하게 되었다. 1920년대 말 미국의 대공황을 시작으로 1930년대 세계 경제는 큰 어려움에 빠졌다. 경제적 위기에 접한 유럽 국가들 사이에 누적된 긴장은 여전히 심각한 상태여서 제2차 세계대전 발발의 불씨가 되었다.

제2차 세계대전은 무기의 발달로 인한 전쟁의 심각성이 더 커서 전쟁의 승자이든 패자이든 미국을 제외한 모든 전쟁 참여국가에 막대한 피해를 가져다주었다. 식민지를 지배하고 있던 중심부 국가들의 군대와 자본이 급감하게 되자 식민지를 탈피하여 독립국을 세우려는 열망이 싹트기 시작했다. 제2차 세계대전으로 인해 제국주의 국가들은 국력이 쇠퇴하였고 식민지를 지배할 수 있는 여력이 더 이상 없었다. 한편으로는 중심부 국가들에 대한 꾸준한 저항 운동이 전개되었고, 또 다른 한편으로는 협상 등을 통해서 많은 식민지 국가들이 독립을 하게 되었다. 결국 16세기부터 지속적으로 이어져 온 오랜 식민지체제가 종말을 맞게 된 것이다.

5) 브레튼우즈(Bretton Woods) 체제와 새로운 경제 질서

제2차 세계대전이 끝날 무렵 전쟁으로 파괴된 유럽과 아시아의 경제를 재건하고 자본주의적 질서를 안정화시키기 위한 노력이 시작되었다. 이때 전쟁을 위해 자원이 수탈된 식민지국가의 경제 재건을 위한 것은 일단 뒷전이었다. 그것 보다는 전쟁의 당사자들인 중심부 국가들이 주도하여 세계가 경제적으로 또 정치적으로 안정되어 자신들의 나라가 보다 신속하게 전쟁의 피해에서부터 벗어날 수 있도록 노력하였다. 이러한 노력의 대표적인 결실이 바로 1944년 미국의 뉴햄프셔 주의 브레튼우즈에서 연합국들 간에 체결된 브레튼우즈 협정이다.

브레튼우즈 협정은 세계의 통화 및 금융에 관한 협정으로서 자유경제체제를 바탕으로 자본이 국가 간에 자유롭게 이동할 수 있도록 하고, 개방된 시장을 통해 국가 간의 교역을 확대하려는 것이 주된 목적이었다. 협정을 맺기 전 까지는 세계열강들이 원자재와 상품시장을 놓고 서로 경쟁하기도 하고 또 비밀리에 동맹하고, 무역시장을 나누어 블록화 시켰다. 과거의 이러한 국제 교역의 틀에서 벗어나서 관세를 줄이고 무역보호주의를 최소화해서 모든 국가들이 시장에 동등하게 참가할 수 있게 하자는 것이 협정의 기본적인 바탕이었다. 그러기 위해서는 무역대상 국가들의 통화가 안정되어야 하고, 각 나라의 통화 가치를 관리하기 위한 제도와 기구가 필요하며, 이를 통해 유럽의 경제 재건을 위한 자금 조달이 원활할 수 있도록 할 필요성이 있었다.

브레튼우즈 협정을 주도한 나라는 전쟁의 가장 큰 수혜자라고 할 수 있는 미국이었다. 미국은 두 세계대전 동안 본토가 전쟁의 피해를 받지 않은 유일한 승전국이었다. 게다가 전쟁물자의 공급 등 전쟁 특수를 맘껏 누려서 제조업 등을 비롯해 막대한 생산력을 갖추게 되었다. 세계 최대의 경제대국으로 성장할 발판을 마련한 미국에게 필요한 것은 미국 제품을 팔수 있는 시장과 그 제품을 만들기 위한 원자재 등을 자유롭게 들여올 수 있게 세계가 개방적인 방향으로 나가는 것이었다. 브레튼우즈 협정은 이러한 것을 실제적으로 가능하게 만들었다.

브레튼우즈 협정의 주요 내용을 살펴보면, 첫째 고정환율제도의 채택이다. 고정환율제도를 채택한 것은 당시 각국의 통화가치가 들쭉날쭉하여 국가 간의 무역에서 많은 어려움이 있었기 때문이다. 각국의 통화가치를 안정시키는 것은 예측 가능한 무역 거래를 할 수 있게 하는 필수적인 것이었다. 국가의 통화가치를 지속적으로 안정시키기 위한 노력이 과거에 없었던 것은 아니다. 대체로 고유의 자산 가치를 가지고 있는 금에 각국의 통화가치를 연동시킴으로써 안정적인 환율을 유지하는 금본위제를 시행한 경험을 유럽 국가들은 이미 가지고 있었다. 그러나 각국이 전쟁으로 인해 경제적으로 어려움을 겪게 되었을 때 자기나라 통화를 마구 찍어내어 금본

위제를 퇴색시켰고, 제2차 세계대전 이후 금생산량이 부족하여 모든 나라의 통화를 금에 연동시킬 수 없는 상황을 맞았다. 그래서 금을 대체할 수 있는 또 다른 기준이 필요하게 되어 결과적으로 미국 달러화를 기준으로 각국의 통화가치를 고정시키기로 결정하였다. 이렇게 됨으로써 달러화는 세계 무역에서 기축통화의 역할을 하게 된 것이다.

둘째, 국제통화기금(IMF: International Monetary Fund)이 설립되었다. 미국 달러화 기준으로 각국의 통화가치를 고정시켜서 환율을 안정시키는 노력을 하였지만, 세계 경제가 서로 연결된 이상 어떤 나라가 심각한 경제적 위기에 빠진다면 통화 가치는 급변할 수밖에 없다. 따라서 세계 여러 나라들의 부채문제와 재정적 어려움을 돕기 위해 자금을 빌려주고 정책적인 조언을 해 줄 수 있는 국제기구가 필요하였는데 그것이 바로 국제통화기금의 설립으로 이어졌다.

국제통화기금은 그럼 어떻게 국가들의 통화를 안정적으로 유지할 수 있도록 하는 것인가?

어떤 나라가 부채가 많이 있다고 가정해 보자. 부채를 제대로 상환하기 어려운 처지가 된다면 그 나라는 자기나라 돈의 가치를 떨어뜨려 채권국으로 부터 빌린 돈을 쉽게 값을 수 있도록 시도할 것이다. 예컨대 10,000달러를 빌렸는데 그때의 환율이 1,000원이었다고 하자. 그리고 1,000원으로 아이스크림 2개를 살 수 있었다고 하자. 그럼 10,000달러를 상환하기 위해서는 10,000,000원이 필요하다. 채무를 값을 능력이 없게 되자 자기 나라 돈을 많이 발행하여 돈의 가치를 떨어뜨린다. 돈의 가치가 두 배 떨어져서 아이스크림 2개를 사기 위해서는 이제 2,000원이 필요하게 되었다. 그럼에도 10,000달러를 상환하기 위해서는 10,000,000원만 있으면 되기 때문에 결과적으로 돈을 빌렸을 때 보다 절반의 가치로만 상환하게 된다. 반면 채권국은 빌려 줄 때와 돈을 돌려받을 때의 가치가 두 배나 차이가 나서 그 만큼 손해를 보게 되는 것이다.

이러한 상황은 세계 금융질서를 큰 어려움에 빠지게 한다. 그래서 국제통화기금은 참여 국가들로부터 기금을 출연 받아 공동자금을 만들고 그것으로 재정적으로 어려움에 처한 국가들이 채무를 감당할 수 있도록 자금을 대여해 준다. 이를 통해 채무국의 통화의 가치도 안정적으로 유지하고 채권국도 큰 손해를 보지 않게 되어 국제적 금융질서가 안정적으로 유지될 수 있도록 한 것이다. 그러나 한편으로 국제통화기금은 채무국에게는 대여금을 제대로 상환할 수 있도록 국가적인 비용절감을 요구한다. 채무국의 경제에 직접적으로 간여하여 채무국이 빌린 돈을 재정절감이나 구조조정 등을 통해 적극적으로 갚을 수 있도록 관리하고 통제한다. 실제적으로 한국도 1997년 외환보유고가 바닥이 나서 다른 국가에게 빚진 채무를 갚지 못하는 외환위기가 있었는데, 이때 IMF에서 돈을 빌렸다. 그 후 약 4년 동안 IMF의 관리를 받게 되었는데, 그 동안 재정절감, 구조조정, 경제구조 개선을 요구함으로써 IMF가 한국 경제 정책에 적극적으로 간섭하였다.

셋째, 국제부흥개발은행(IBRD: International Bank for Reconstruction and Development)이 만들어졌다. IBRD는 전쟁 후 파괴된 유럽의 산업을 재건하기 위해서 설립된 것으로 산업재건을 위해서는 막대한 자본이 필요했고 이를 충당하기 위한 것이었다. 그러나 유럽의 산업 재건을 위한 충분한 자본을 공급하기에 IBRD는 역부족이었다. 대신 미국이 마셜 플랜(Marshall Plan)을 통해서 서유럽 16개국을 1947년부터 1951년까지 원조하였다.

마셜 플랜의 원래 이름은 유럽부흥계획(ERP: European Recovery Program)이다. 그러나 당시 이것을 공식으로 제안한 국무장관이었던 조지 마셜(George Marshall)의 이름을 따서 그렇게 불리게 되었다. 마셜 플랜은 미국이 아니라 유럽 국가들이 주도하여 경제적 자립을

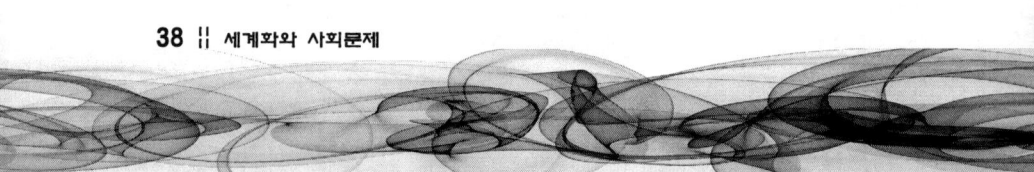

목적으로 부흥계획을 세우고, 유럽 국가들이 재정적 자립을 할 수 있을 정도의 경제를 회복할 수 있도록 하는데 그 목적이 있었다. 그리고 유럽 전체를 대상으로 범위가 정해졌지만 여러 단서를 달아 당시 사회주의 국가 형태를 띤 소련과 동유럽 국가들을 제외시켜서 서구 유럽 중심의 16개국으로 원조가 한정되었다. 미국이 대외원조를 해 가면서 유럽의 여러 나라와 패전국인 독일과 일본의 경제 재건을 위해서 노력한 것은 이들 나라의 경제적 재건이 미국의 경제 성장과 직접적으로 관련이 있기 때문이었다. 마셜 플랜은 유럽 국가들이 짧은 시간 내에 재건되는데 큰 역할을 하였다. 그것과 동시에 미국의 시장을 세계적으로 확대하는데도 큰 역할도 하였다. 미국은 내수시장 만으로는 경제적 발전이 한계가 있다는 것을 잘 알고 있었으며, 따라서 미국에서 만든 물건들을 팔 수 있는 시장이 절실했던 것이 당시의 상황이었다.

브레튼우즈 체제를 보다 안정적으로 유지하기 위해서는 지속적인 협의가 필요했고 이러한 노력으로 1947년 23개국이 제네바에서 모여 협의를 한 결과 '관세 및 무역에 관한 일반 협정(GATT: General Agreement on Tariffs and Trade)'이 만들어졌다. 이것을 '제네바협정'이라고도 부른다. GATT의 기본적인 목적은 관세 철폐를 통한 무역 증대에 있었다. 회원국 간의 다각적 교섭을 통해 관세율을 내리고 회원국들끼리는 관세 차별대우를 하지 않으며, 수출입 제한을 폐지하고 수출입 절차와 대금 지불에서의 차별을 금지한다는 것이 주요 내용이다. 특히 수출을 증대하기 위해 보조금 등을 기업에 지원하는 것까지 금지함으로써 각 정부의 개입을 최소화하고 자유무역을 확대하기 위한 조처라고 할 수 있다. 이러한 GATT체제는 1995년 세계무역기구(WTO: World Trade Organization)가 출범하는 바탕이 되었다. WTO는 국가 간 무역거래에서 모든 장벽을 철폐하는데 가장 큰 목적을 두고 있다. 국가 간 무역에서 분쟁이 생기면 그것을 중

재할 권리를 가지고 있으며 서비스와 지적권리를 포함한 무역 자유화를 위해서 국가 간 혹은 다자간 무역협정의 협상의 장을 제공하고 협상의 이행을 위한 제도적인 장치를 마련하고 있다.

  브레튼우즈 체제를 통한 새로운 국제자본 질서가 확립되고, 이후 IMF, IBRD와 같은 기구가 만들어져서 자유무역을 위한 바탕이 다져졌다. 이를 통해 산업 재건을 위한 자금을 확보하고, 미국의 마셜 플랜 등에 따른 추가적인 대외 원조에 힘입은 중심부 국가들은 빠른 시간 안에 다시 일어서게 되었다. 그리고 GATT와 WTO 등의 설립을 통해 자유무역을 확대함으로써 세계 시장을 확장하고 이를 적절하게 이용하여 또 다시 중심부 국가로 재도약 할 수 있게 된 것이다. 그러나 이러한 국가적 재건은 미국을 비롯하여 서구 유럽 국가들과 일본 정도에만 해당되는 것이었다. 다시 말하면 중심부 국가들에게만 해당되는 것이었지 주변부 국가들은 이러한 흐름에서 철저히 배제되었다. 그 결과 제2차 세계대전 이후 세계 경제의 부흥기에 중심부 국가와 주변부 국가의 발전의 차이는 더욱 뚜렷하게 나타나게 되었다.

6) 냉전체제와 주변부 국가

  미국과 서구 유럽은 제2차 세계대전 이후 브레튼우즈 협정을 기반으로 새로운 경제 질서를 확립하고 국가를 신속히 재건할 수 있었다. 그러나 또 다른 한편으로 전후 유럽이 재편되는 과정에서 이데올로기의 대립에 따른 냉전체제가 만들어졌다. 냉전체제에서 미국과 서구 유럽의 대척점에 있던 러시아와 동유럽 국가들은 전후 형성된 자본주의 세계 경제의 흐름에서 배제되었다.
  러시아는 사회주의 혁명을 통해 소비에트 정부를 수립하고 소련을 중심으로 하는 새로운 세력을 확장시키고자 하였다. 제2차 세계대전에서 나치 독일은 동유럽 국가들을 침공하여 지배하였고, 그 지역을 발판삼아 소련으로 진군하였다. 처음의 정세는 독일에게 유리하게 펼쳐져서 독일군이 소련의 수도인 모스크바 부근까지 점령해 갔다. 그러나 독일을 공동의 적으로 두고 있는 미국과 영국 등의 지원에 힘입어 소련군은 독일군과의 전투에서 승전하기 시작하였다. 소련군은 후퇴하는 독일군을 쫓아서 독일군이 장악하고 있던 동유럽지역을 차례로 장악하였다. 이 과정에서 헝가리, 불가리아, 폴란드, 루마니아, 체코슬로바키아, 유고슬라비아 등 동유럽 국가들의 공산당이 소련을 지지하는 새로운 정권을 세워 소련과 연합하여 독일군과 맞섰다. 전쟁이 연합군의 승리로 끝나자 소련은 자연스럽게 동유럽지역에서 패권을 장악하게 되었다. 반면 미국과 영국 등은 서유럽과 남유럽 지역에서 패권을 가지게 되었다. 그 결과 소련군이 들어가서 해방시킨 동유럽 국가들은 사회주의 체제로 정부를 구성하고 소련의 위성국가로 남게 되었다.

한편, 아시아 지역에서 중국은 1911년 청나라가 무너진 후 중화민국이 세워졌으나 정치적으로 혼란과 분열이 지속되었다. 당시 유럽에서 서방국가들에 의해 고립되어 있던 소련은 중국에 영향력을 끼쳐 우호적인 국가를 확보하려고 하였다. 소련의 도움으로 중국의 국민당은 할거하던 군벌세력들을 정리하고 중국 통일을 이루려고 하였다. 이 과정에서 공산당은 국민당에 협력하여 국공합작을 하게 된다. 사실 코민테른(Communist International)의 명령에 따라 중국의 공산당원들은 국민당에 입당하였는데 이들의 궁극적인 목표는 중국의 공산화였다. 그러한 사실을 알게 된 국민당은 국공합작의 파기를 선언하였고, 중국은 장제스의 국민혁명군과 마오쩌둥 등이 중심이 된 홍군과의 내전으로 혼란이 계속되었다. 일본이 1930년대 중반 동아시아에서 세력을 확장하여 중국까지 넘보게 되자 일본에 맞서야 된다는 명분아래 공산당은 국민당에게 복종한다는 형식으로 다시 2차 국공합작을 하게 되었다. 중일전쟁이 일어나자 전쟁의 혼란기 속에서 마오쩌둥의 중국 공산당은 그 세력이 점점 커졌는데, 한편으로는 일본과의 전쟁을 하면서, 또 다른 한편으로 공산당과 국민당의 내전이 계속되는 양상이 중국 일대에 걸쳐 일어났다. 제2차 세계대전이 1945년 종전하자 중일전쟁도 함께 끝나게 되었다. 이후 유엔에 가입하여 안전보장이사회 상임이사국의 지위에도 중국이 오르지만 공산당과 국민당과의 중국내전이 발발하여 공산당이 중국 본토를 장악하게 되고 국민당 정부는 타이완으로 도피하게 된다. 이에 중국에서도 공산주의 중화인민공화국이 수립된다(슈퇴버, 2008).

소련과 중국의 공산화에 따른 세계정세의 변화는 미국이 중심이 된 자유무역과 자본주의적 질서에 정면으로 대항하는 것이어서 소련과 중국을 봉쇄하는 총성 없는 전쟁인 냉전시대가 시작되었다. 냉전시기를 통하여 미국과 소련은 자신의 세력으로 주변부 국가들을 편입시키고 그 국가들이 자기 진영에 남아있도록 하는 것이 가장 큰 목표였다. 그래서 주변부 국가의 권력자가 군벌이든 독재자이든 관계없이 자기 진영과 유리한 관계를 맺을 수 있다고만 생각되면 지속적으로 지원하였다. 주변부 국가들을 자기 세력 아래 두어 냉전체제에서의 패권 경쟁을 유리하게 가져가려는 정치적 의도가 있었지만, 그것과 더불어 주변부 국가들이 공급하는 막대한 원자재와 값싼 노동력 또한 쉽게 포기할 수 없는 것이었다.

그 결과 권력자들이 자신들의 권력을 유지하기 위해 반대파들을 억압하고 부정 축재하여 부와 권력을 손아귀에 넣고 국민들을 탄압하는 주변부 국가들이 많이 생겼다. 그런데 그들이 자신들에게 우호적인 이상 그 진영의 강대국들은 모른 채 눈감아 주었다. 독재와 폭정을 견디지 못해 주변부 국가들의 국민들은 저항하기 시작하였는데, 저항세력들이 권력자들을 비호하는 강대국들에 대해 적대감을 갖는 것은 지극히 당연한 것이었다. 저항은 점점 거세져서 여러 주변부 국가들에서는 내전까지 발생하였다. 주변 강대국들은 자신들에게 반대하는 반군세력 보다는 부패한 권력 편에 서서 정부군을 지원하는 경우가 많았다. 강대국들의 입장에서는 반군세력들을 지원하고자 하니 이들이 승리하여 권력을 잡았을 경우 자기들에게 등을 돌리는 것이 걱정되었고, 또 한편 정부군을 지원하자고 하니 부패한 권력을 지원한다는 비판에 직면하게 되는 애매모호한 상황을 맞았다. 이에 주변부 국가들의 정치적 상황은 더욱 혼돈 속에 빠졌다. 이들 국가에서 경제적 재건은 생각할 수도 없는 지경에 이르러서 국민들의 삶은 더욱 처참하게 되었다. 주변부 국가들의 산업은 주로 농업에 의존한 채 머물러 있었고, 국민들은 교육을 제대로 받지도 못하고 숙련된 기술도 없는 상태였다. 그래서 값싼 노동력은 공급할 수 있었지만 부가가치가 높은 뛰어난 노동력을 공급할 수는 없었다.

결국 냉전체제는 미국과 서구유럽의 경제적 발전보다는 그 반대 진영인 소련과 동구유럽에 더 좋지 않은 영향을 주었고, 중심부보다는 주변부 국가의 경제 발전에 더 큰 해를 끼쳤다. 말하자면, 소련과 동유럽의 정치적인 선택에 의해 이루어진 사회주의 체제는 생산성을 떨어뜨리고 경제 조직 전체에 경직화를 가져왔다. 따라서 제대로 된 경제발전의 기회를 사회주의 체제 국가들은 놓치고 말았다. 반면, 사회주의 체제에 속하지 않은 주변부 국가들은 냉전체제가 가져다 준 중심부 국가들 사이의 긴장과 갈등, 그리고 내부적 혼란으로 말미암아 자국의 이익을 마음껏 실현시킬 수 없었으므로 제대로 발전할 수 있는 계기를 마련하지 못하였다.

7) 저개발국들의 성장한계

저개발국들과 식민지배에서 벗어난 주변부 국가들은 국제 질서의 변화 속에서 제대로 된 경제성장의 기회를 가지지 못하였다. 국내적 정치상황의 혼란이 산업 재건의 길을 막기도 했지만 저개발국들이 지닌 구조적인 문제가 그 밑바닥에 있었다. 무엇보다도 저개발국들의 산업구조가 1차 산업을 중심으로 형성되어 있었다는 것이 주요한 이유였다. 더구나 1차 산업 조차 국제 경제 질서에 대응할 수 있을 정도로 다각화 되어 있지 못한 것은 저개발국의 경제가 도약하지 못한 빌미를 제공하였다. 저개발국의 처지가 그러할 수밖에 없었던 이유는 비교우위 확보를 통해 생산원가를 절감하고 이익을 최대한 확보해 보려는 정책을 저개발국들이 실시했기 때문이다. 결론부터 말하면, 이 정책은 일시적으로는 효과가 있었을지 모르나 장기적인 경제성장에서는 큰 걸림돌이 되었다.

저개발국은 적은 비용으로 질 좋은 다량의 생산품을 만들어 내기 위해 몇 가지의 품목에 특화해서 산업구조를 단순화 시켰다. 특화를 통해서 다른 나라에 비해 비교우위를 확보하고 그것을 통해 이윤을 최대한 추구하려는 시도였다. 말하자면, 특화된 작물이나 생산품을 수출하고 그렇게 벌어들인 돈으로 다른 필요한 것을 사들여 충당하는 구조가 저개발국들이 어쩔 수 없이 갖추게 된 경제 구조였다. 예컨대 커피, 면화, 사탕수수 등과 같은 특화된 작물을 중심으로 대규모 농사를 짓고, 그것을 팔아 쌀과 밀 등의 다른 필수적인 농산물을 수입하거나 공산품을 구입하는 방식이었다.

이러한 방식은 단순 노동력이 풍부한 저개발국들이 할 수 있는 최적의 정책일수도 있었다. 그러나 다른 한편으로는 자국의 수출품을 특정품목으로 제한함으로써 국제무역에서 수요와 공급의 변화에 따라 국가전체의 경제가 그대로 종속되고 마는 결과를 낳게 하였

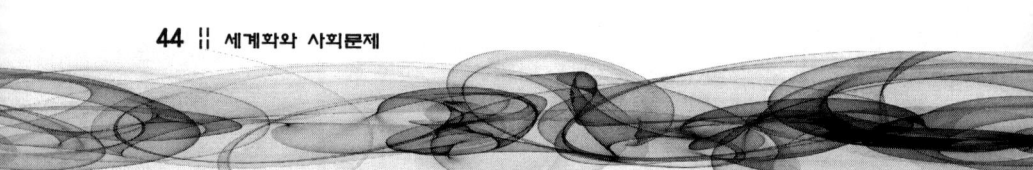

다. 이러한 예는 오늘날에도 여러 국가들에서 볼 수 있는데, 특히 중동의 석유 수출국들에서 뚜렷하게 나타난다. 이들 국가들은 석유라는 제한된 수출품목에만 국가의 경제를 의존한다. 그러다 세계 경제가 침체되어 국제 원유 값이 떨어지거나 선진국들의 수요가 줄어들게 되면 즉각적인 영향을 받게 된다. 이 국가들이 얻을 수 있는 이익은 원유를 팔아서 얻는 것이 거의 대부분이기 때문에 원유 가격 인상 외에는 다른 뾰족한 해결 방법을 찾지 못한다. 그러나 세계 경제가 침체되면 원유 가격이 떨어지는 것은 당연하고 어느 한 나라의 노력만으로 원유가격이 인상될 수 있는 것은 아니다. 결국에는 국가전체가 경제적인 어려움에 직면하게 된다.

  저개발국이 가진 또 다른 구조적인 문제는 선진국들에 의해서 무역자유화가 추진되면서 저개발국의 경제도 완전히 개방된 자유경쟁체제를 추구하게 된 것이다. 당시 중심부의 선진국들은 보호무역을 철폐하고 무역의 자유화를 통해 자국의 이익을 최대한 달성하려는 시도를 하였다. 특히 자국 산업을 보호하기 위해서 부과된 관세와 수출보조금을 철폐하여 자유무역 경제 질서를 추구한 것은 선진국의 이익을 올리는 것에는 큰 도움이 되었지만, 선진국들과 대등한 경쟁을 할 수 없는 위치에 있던 저개발국에게는 오히려 큰 타격이 되었다.

  선진국들은 한편으로는 선진국들과의 자유무역을 통해 서로에게 필요한 생산품들을 자유롭게 교환하여 서로 경쟁력을 높일 수 있었다. 또 다른 한편으로는 저개발국들과의 자유무역을 통해 원재료, 농산물, 자원들을 값싼 가격에 들여올 수 있었다. 이를 통해 선진국들은 세계대전 이후 파괴된 국가를 건설하고 경제적으로 재도약할 수 있는 기회를 잡을 수 있었던 것이다. 그러나 저개발국들은 자유무역의 확산으로 인해 산업구조를 다각화할 수 있는 기회를 잡지 못하였고, 잠재력을 발휘할 수 있는 시간적 여유도 충분히 가실 수 없었다. 말하자면, 경제적 개발을 통해 국가가 다시 성장할 수 있는 동력을 제때 갖추지 못하게 된 것이다.

국제무역질서가 재편되면서 저개발국들이 불리한 위치에 처할 수밖에 없었던 측면들을 좀 더 구체적으로 살펴보자(Snarr & Snarr, 2014). 첫째, 국내 소비를 위한 다양한 농산물을 경작해 오던 토지를 보다 높은 이익을 추구하기 위해 특화된 작물을 경작하는 토지로 전환하는 농업정책을 실시하였다. 그리고 기계화된 대량 생산을 위해 소규모 토지를 대규모 농업단지로 통합하였다. 이 과정에서 많은 농부들이 토지를 잃게 되고 더 이상 농사를 지을 수 없게 되었다. 그 지역에서 농부들의 삶은 피폐해졌고, 이들이 이미 포화상태가 된 도시지역으로 대거 일자리를 찾아서 오게 되었다. 그러나 도시지역의 사회경제적 기반은 이들의 유입을 감당할 수 있을 정도로 굳건하지 못하였다. 결국 수많은 도시 이주민들은 도시 하층계급으로 전락하여 가난과 질병의 고통 속에 빠져들게 되었다.

둘째, 기계화된 대규모 농업단지에서 선진국으로 수출할 수 있는 작물을 재배하기 위해서는 선진국으로부터 씨앗, 비료, 제초제, 기계 장비 등을 구입해야 하였다. 이러한 구입은 선진국에 농산물을 수출하는 만큼 선진국에 그만한 이익을 가져다주는 대신 저개발국의 재정에는 부담을 더 크게 지우게 되었다. 더구나 농산물의 수출가격을 저개발국들이 충분한 이익을 볼 수 있을 만큼 마음대로 인상할 수는 없었기 때문에 저개발국의 부채규모는 점점 더 커지게 되었다.

셋째, 대규모 토지에 같은 종류의 작물을 반복적이고 지속적으로 재배함으로써 토질이 나빠지고 생태계에 영향을 주었다. 이미 대규모로 특화된 농산물의 종류를 쉽게 바꿀 수 있는 것이 아니기 때문에 동일한 작물을 재배할 수밖에 없었다. 토지의 질이 나빠지기 시작하자 생산력도 감소하고 이익도 줄어들었으며 농지가 쓸모없는 땅으로 바뀌기 시작했다.

  넷째, 저개발국들이 자국민들의 식량 수급에 대한 정책을 제대로 수립하지도 못한 채 식량의 수출국이 됨으로써 자국민들의 삶은 더욱 힘들어졌다. 식량생산을 위한 농지를 갈아 업고 수출용 작물을 생산함으로써 농산물 수출국이 되었으나, 가난한 농업 난민들은 수출작물 대신 수입한 식품을 살 수 있는 형편이 못되었다. 저개발국에서는 농산물을 대량으로 수출하면서도 자국민들은 굶주림 속에 처하게 되는 아이러니 한 상황이 전개된 것이다.

  다섯째, 저개발국들은 농산물 수출로 그렇게 큰 이익을 얻을 수는 없었는데, 그것은 농산물 수출 가격을 적정하게 책정할 수 없었기 때문이다. 저개발국이 농산물을 수출하는 나라는 주로 선진국들이었다. 그런데 선진국들은 값싸게 저개발국에서 들어오는 수입 농산물 때문에 어려움을 겪을 수 있는 자국 농업과 농가를 보호하기 위해 보조금을 지급하였다. 보조금을 지급한 정도만큼 자국 농산물의 가격을 떨어뜨릴 수 있어서 저개발국에서 수입한 농산물과 자국의 농산물이 가격 경쟁을 할 수 있게 만들었다. 선진국들이 임의적으로 보조금 등을 집행해도 그것을 통제할 만한 기구도 또 이유도 없었다. 하지만 저개발국들은 세계은행과 IMF 등에 부채가 많이 있기 때문에 그 기구의 영향력에 상대적으로 더 민감할 수밖에 없었다. 그래서 자국의 농민들을 위한 보조금 정책을 시행할 수 없었으며, 설사 보조금 정책을 시행 할 수 있었다고 할지라도 국가 재정이 보조금을 지급할 정도의 충분한 여력이 없었다. 따라서 저개발국들은 자신들의 부채를 감당하기 점점 어려워졌으며 부채규모도 지속적으로 커지게 되었다.

  마지막으로 저개발 국가들의 불안정한 정치 체제와 부패한 지도자들은 저개발국들이 제대로 된 경제성장을 하는데 큰 방해요소였다. 경제가 제대로 발전하기 위해서 인정적인 정치세제 유지는 필수적인 요인이다. 중심부 국가들은 식민지 시기와 냉전체제를 거치면서 자국의 이익에 유리하다고 생각되면 부패한 지도자나 독재자라고 할지라도 경제적 지원과 원조를 하여 자국의 입맛에 맞는 정부를 만들고 유지하려고 애썼다. 이로 인해 저개발국의 정치체제는 제대로 된 민주적인 형태를 갖출 수 없었으며, 저개발국 국민들은 독재자, 군벌, 부패지도자들로 인해 삶이 더욱 힘들어지게 되었다.

이러한 상황의 결과로 경제적으로 또 정치적으로 어려움에 처한 저개발국들의 사회는 혼란에 빠져서 범죄와 사회적 불안 요소들이 증가하였다. 국가의 통제가 약한 틈을 타서 큰 돈벌이가 되는 마약과도 같은 불법 약물거래도 성행하게 되었다. 지역 곳곳에 반란도 일어나서 이를 진압하기 위해 정부는 무기와 군수물자를 구입하는데 많은 자금이 필요했다. 그래서 국민들의 일자리와 교육, 의료시설 등에 대한 투자는 더 힘들어졌다. 이러한 복합적인 사슬고리는 저개발국이 가난의 굴레에서 벗어나오지 못하게 하는 핵심적인 요인으로 작용하였다.

식민지시대 이후 냉전체제를 지나면서 자유무역을 중심으로 하는 경제체계의 세계화는 선진국들에게는 경제적 재도약의 기회를 열어주었다. 그러나 저개발국들은 식민 지배에서는 벗어났지만 경제적으로 또 정치적으로 중심부 국가들에게 여전히 종속되어서 중심부 국가들과의 격차가 점점 커져 온 것이 사실이다. 저개발국가들의 재정적 상황도 악화되어 선진국들로부터의 원조에 의존하고, 국가의 채무도 커졌다. 더구나 세계 경제가 위기에 처하게 될 때마다 선진국으로 부터의 투자와 개발원조도 줄어들었다. 따라서 저개발국들의 경제는 위축되고 국가 간 국제적 불평등은 더욱 커질 수밖에 없었다. 지금과 같은 경제적 세계화가 계속되는 한 저개발국의 경제 전망은 여전히 어둡고 국민들의 가난은 심화될 것이다.

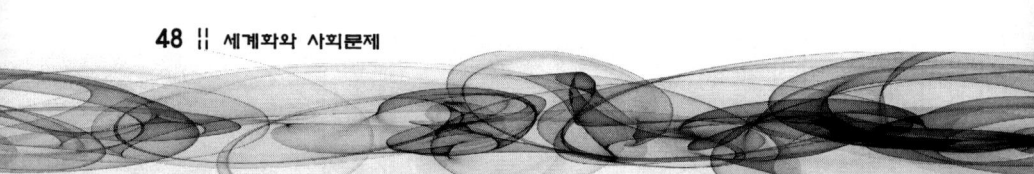

Chapter 3.
세계화와 빈곤문제

1) 신식민주의(Neocolonialism)

　중심부 국가들은 과거 식민지 지배를 통해서 저개발국의 자원을 수탈함으로써 자국의 산업을 부흥시켰고 반면 식민지 국가들은 중심부 국가들을 위한 자원의 공급처 역할을 함으로써 더욱 어려운 형편에 빠지게 되었다. 그러나 이제는 과거와도 같이 무력으로 식민지 국가를 통제하고 강압적으로 저개발국의 자원을 수탈해 가는 경우는 거의 존재하지 않는다. 그렇다면 중심부 국가들의 식민지 정책은 종말을 고한 것인가? 결론부터 이야기 하자면 많은 학자들은 중심부국가들이 주변부 국가들의 자원을 수탈해 가는 새로운 형태의 식민주의가 여전히 존재하고 있다고 주장한다.
　저개발국들은 식민지시대와 냉전시기를 거치면서 다각화되지 못한 생산구조를 가지게 되었다. 선진국들과의 교역은 공정한 가격이나 조건에서 행해질 수 없었고, 선진국들의 입맛에 맞출 수밖에 없었다. 가격의 결정도 거의 선진국에서 정해 놓은 기준에 따를 수밖에 없는 불평등한 거래가 많았다. 식민지에서 벗어난 저개발국들은 자국의 경제 산업 다양화를 통해 경쟁력을 갖출 수가 없었다. 1차 산업이라고 할 수 있는 농산물의 재배에서도 선진국의 종자나 비료 등을 사와야 했고, 산업화를 어느 정도 달성하여 제품을 생산할 때도 선진국들에게 기술료나 특허료 등을 지불해야 했다. 자금이 넉넉하지 않은 저개발국들은 선진국이나 세계은행 등과 같은 금융기구로부터 자금을 빌려오지 않으면 안 되었다. 시간이 지날수록 부채의 크기는 커졌고, 선진국들의 부채상환의 압력은 무시할 수 없는 것이 되었다.

한편, 선진국들은 저개발국에 빌려준 자금과 자신들의 경제적인 권력을 이용하여 저개발국들의 경제를 자신의 통제아래 두어 자신에게 가장 유리한 조건으로 저개발국과의 교역을 시도하기를 멈추지 않았다. 가난한 국가들은 식량과 무기를 확보하고 사회경제적 기반을 확충하기 위해 선진국으로부터 지속적인 부채를 쓸 수밖에 없었다. 이러한 부채는 가난한 저개발국들이 감당하기에는 너무 컸기 때문에 정치적으로 선진국의 동맹이 되거나, 천연자원을 값싸게 수출하거나, 선진국들에게 유리한 교역조건을 받아들여야만 했다. 다시 말하면, 저개발국들은 경제와 정치의 영역에서 선진국들에게 종속될 수밖에 없는 상황이 된 것이다. 이러한 과정을 신식민주의라고 한다(Reid, 2004).

과거의 식민주의는 중심부 국가들이 무력으로 저개발국들의 정치와 경제를 지배하였다. 그러나 신식민주의는 직접적인 무력의 행사는 하지 않지만, 경제적으로 저개발국들을 종속시킴으로써 결과적으로 저개발국의 정치, 사회, 문화 등 다양한 영역에 까지 선진국의 영향아래 두는 것을 말한다. 경제적 독립 없이 정치적으로 저개발국들이 진정한 의미에서의 독립을 쟁취하는 것은 불가능하다. 경제적인 독립이란 한 국가가 다른 나라와의 교역 없이 스스로 고립적

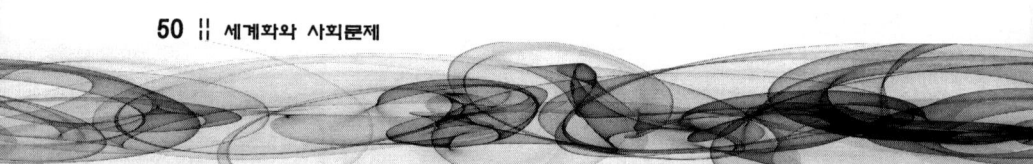

인 경제자주화를 이끌어내는 것을 말하는 것이 아니다. 다른 나라와 자유로운 교역을 하되 그 교역이 공정한 거래가 될 수 있도록 대등한 경제력을 가지고 있고, 부채에서 자유로우며, 생산과 분배와 판매의 과정이 다른 국가의 힘에 의해 좌지우지 되지 않은 경제 상태를 말한다. 그러나 대부분의 저개발국들의 경제적인 상황은 이러한 경제적 독립과는 거리가 멀다.

신식민주의적 사고는 최근에 선진국들 중심의 다국적 기업들을 통하여 가난한 국가들을 통제하는 것으로 확장되고 있다. 다국적 기업들은 가난한 나라에 생산 공장 등을 만들어 노동자들에게 일자리를 공급한다. 이러한 일자리 공급은 가난한 나라 국민들에게는 중요한 수입원의 역할을 하지만 다국적 기업들은 값싼 노동력 덕택에 상품의 생산비를 절감하여 최대의 이익을 실현한다. 이러한 사실은 언뜻 보면 서로에게 모두 좋은 것으로 이해되기도 한다. 그러나 조금만 더 자세히 살펴보면 가난한 나라의 운명이 다국적 기업에게 얼마나 종속되어 있는지 알 수 있다.

예를 하나 들어보자. 다국적 기업들이 저개발국에 생산 기지를 우후죽순처럼 많이 만들고 있다. 그렇게 하는 이유는 무엇보다 값싼 노동력을 이용함으로써 생산단가를 줄이기 위한 것이다. 생산비용을 줄이는 것이 가장 큰 목적이기 때문에 기업들이 저개발국에 위치한 생산 공장의 환경을 최소한의 경비로 유지하려고 하는 것은 지극히 당연하다. 게다가 저개발국의 인권과 환경에 관한 법률과 규칙은 대체로 선진국들에 비해서 느슨한 곳이 많다. 그리고 다국적 기업들이 가난한 나라의 국민들을 먹여 살려야 하는 윤리적인 책임을 지고 있는 것도 아니다. 결국 저개발국 노동자는 더 값싼 노동력으로는 대체 불가능한 정도의 최소한의 임금을 받을 수밖에 없고 생산 공장의 환경도 열악해진다. 그러나 그렇다고 해서 다국적기업의 투자와 진출을 저개발국의 정부가 나서서 막기에는 역부족이다. 왜냐하면 제대로 된 일자리를 저개발국 정부가 공급할 능력이 없기 때문이다. 또한 저개발국의 노동자들은 최악의 환경과 조건에서의 노동이라 할지라도 그 일자리는 그들이 선택할 수 있는 유일한 기회이기 때문에 일을 할 수 밖에 없다. 이러한 과정을 통해서 저개발국의 경제와 일자리는 자연스럽게 다국적 기업들의 영향력 아래 있게 되고, 더 나아가서 국가 경제 전체의 운명이 다국적 기업의 자본의 힘 앞에 놓이게 되고 마는 것이다.

2) 평평해지는 세계

다국적 기업들의 아웃소싱을 통하여 선진국들이 가난한 국가들에 투자를 하고 이익을 취하는 행위가 오로지 선진국들에게 유리하게만 작용하는 것은 아니다. 선진국들의 투자와 아웃소싱은 저개발국가들이 발전할 수 있는 기회 또한 제공한다. 앞서의 논의에서 선진국들이 저개발국들에 투자하는 것은 선진국 자신들의 이익 극대화를 위한 것이라고 밝혔다. 그리고 저개발국은 단기적으로는 선진국들의 투자에 의해 경제가 향상될 수 있지만 장기적으로는 선진국에게 종속되는 경제구조를 가질 수밖에 없다고 논의하였다. 그러나 이러한 흐름이 바꿀 수 없는 고착화된 구조가 되어 필연적으로 영속화되는 것은 아니다. 선진국과 저개발국들이 맞고 있는 상황에 따라, 그리고 세계화 과정에서 떼 놓을 수 없는 IT(Information Technology) 기술의 발전에 따라 새로운 기회에의 접근은 여전히 열려있다.

무엇보다도 인터넷을 통해서 방대한 정보가 싼 값에 유통되는 것은 저개발국이 적은 비용의 투자로 선진국들이 이미 개발해 놓은 것을 쉽게 취득할 수 있게 만들었다. 예를 들어, 선진국들이 많은 자금을 투자하고 경험을 통해 만들어 놓은 표준화된 작업흐름이나 공급 체계를 저개발국에서 쉽게 자기의 것으로 만들어 놓을 수 있다. 선진국 기업의 생산 공장으로 OEM(Original Equipment Manufacturer, 주문자상표부착생산) 방식으로 선진국의 기업들에서 요구하는 상품을 단순히 제작하여 수출하던 기업이 선진국의 생산 방식을 금방 익혀 독립적인 제조 기업으로 크게 성장한 예들은 수 없이 많다. 지금은 글로벌 기업으로 성장한 한국의 대표적인 대기업들, 최근에는 세계의 공장이라 일컬어지고 있는 중국에서 급속하게 성장한 신생 기업들이 등장할 수 있게 된 것은 선진국들이 가진 정보와 체계를 짧은 기간 동안 습득할 수 있었기 때문이다.

더 나아가 컴퓨터와 인터넷, 모바일 장치와 디지털 장비 등의 확산으로 누구든지, 또 지구 어느 곳에 있든지 손쉽게 정보를 생산하고 확산시킬 수 있으며, 그 정보를 최단시간에 습득할 수 있는 환경이 되었다. 역사적으로 누적된 지식을 구하기 위해 해당 지역에 갈 필요도 없고 지리적 분리와 물리적 거리도 이제 더 이상 큰 문제가 되지 않는다. 정보의 접근에 따른 국가 간의 격차가 세계시장에서 점점 그 의미가 상실되어 가고 있어서 세계가 보다 공평한 경쟁의 장으로 나갈 수 있는 기회의 문이 커지고 있다. 토머스 프리드먼(Thomas Friedman)은 이러한 현상을 세계가 점점 평평해지고 있다는 것으로 표현하고 있다(Friedman, 2013).

한편, 선진국의 다국적 기업과 저개발국의 생산 공장이 일방적인 관계로만 이루어져 있지는 않다. 왜냐하면 다국적 기업들이 저개발국에 생산기지를 구축하거나 아웃소싱을 주기로 한 결정은 선진국의 의도대로 쉽게 할 수 있을지는 몰라도 한번 결정되어 실행되고 난 후에는 쉽게 거두어들일 수도 있는 것이 아니기 때문이다. 아웃소싱을 하거나 생산 공장에서 제품을 만들어 내는 것은 짧은 시간에 이루어질 수 없는 것이다. 공장입지를 선정해야하고, 제품 공장을 설계하고 건축해야 하며, 시스템도 갖추어야 한다. 거기서 일할 수 있는 노동자도 고용하고 그들을 일정기간 훈련시켜야 한다. 숙련된 기술이 필요할 때도 많기 때문에 그러한 일을 할 수 있는 노동자를 다른 곳에서 새로 구하는 것은 상당히 어려울 수도 있다. 그리고 대규모 생산 공장을 만들었을 경우에는 이미 투자된 자본이 많을 수도 있다. 더구나 특정지역에 생산 공장을 짓기로 하였다면 아마도 종합적으로 평가해서 가장 유리한 지역을 선택하였을 것이다. 그렇기 때문에 이를 대체할 또 다른 국가나 지역을 찾기도 쉽지가 않다. 그래서 다국적기업들과 저개발 국가들은 이제는 더 이상 일방적인 관계로 존재하는 것이 아니라 서로 묶여져 있다고 보는 것이 옳다.

하지만 생산수단을 소유한 선진국들과 그렇지 못한 저개발국의 차이는 점점 커져서 회복할 수 없는 정도로 벌어질 가능성은 그럼에도 여전히 존재한다. 그러나 그렇게 되기 위해서는 선진국들이 저개발국과는 차별화되는 기술을 끊임없이 새로 개발하고 그것을 통해 이익을 지속적으로 얻을 수 있을 때에만 그렇다. 게다가 평평해져가는 세계에서 선진국과 저개발국의 연결고리가 어느 한쪽으로만 강하게 작용하고 있는 것도 아니다. 선진국의 경제에 저개발국의 경제가 종속되는 경향이 강하다고 해도 선진국과 저개발국의 연결고리는 점점 강해지고 있다. 이제는 아웃소싱을 담당하고 있는 저개발국의 경제 상황이 오히려 선진국의 경제에 크게 영향을 끼칠 수 있는 정도가 되었다. 그러므로 평평해져 가는 세계 경제 시장에서 선진국들이 일방적으로 저개발국을 수탈할 수 있는 시대는 이미 지나가고 있다.

또 다른 한편으로 선진국들이 세계화에 따른 이익을 독차지 하는 것만은 아니다. 선진국들도 경제적 세계화에 따른 심각할 정도의 피해를 입기도 한다. 예컨대 자국의 다국적 기업들이 생산기지를 저개발국으로 옮기고 생산제품의 상당부분을 아웃소싱 하게 되자 자국의 제조업이 쇠락하는 운명에 처한 선진국들이 많이 생기기 시작했다. 제조업에서 일하던 많은 선진국 노동자들은 일자리를 잃게 되었고 그들을 위한 새로운 일자리가 제대로 공급되지 못하자 선진국의 수많은 노동자들의 삶이 피폐해졌다. 공장이 있던 지역은 버려지고, 사람들은 다른 도시로 떠나게 되고, 새로 이주한 도시에서도 적절한 일자리를 구할 수 없었던 선진국 노동자들은 큰 사회문제로 남게 되었다. 이미 선진국은 자국의 산업구조가 서비스업, 금융업, 첨단기술 중심으로 옮겨 가서 제조업 등에서 일하던 노동자들이 할 수 있는 일자리는 상당히 많은 수가 사라졌기 때문이다. 결국 새로운 노동시장에 진출할 수 있는 사람은 높은 수준의 교육을 받은 사람이거나 자기 개인의 자본이 충분한 사람들에게만 한정된다. 새로운 노동시장에 진입한 사람과 그렇지 않은 사람의 격차는 점점 커지고, 튼튼하게 유지되던 선진국 중산층의 상당부분이 몰락하면서, 가난한 사람과 부자의 양극화는 심화되고 있는 것이 오늘날 선진국들이 맞고 있는 상황이다. 이러한 양극화는 계층, 계급간의 갈등을 낳게 되었고 선진국 사회와 경제에 큰 부담으로 작용하고 있다.

3) 빈곤과 불평등

세계화 과정 속에서 빈곤은 두 가지 형태로 나타난다. 첫 번째는 주로 저개발국들이 겪는 경제적 빈곤문제이다. 세계화 과정에서 뒤처지게 된 저개발국들은 주로 아프리카, 중남미, 아시아 지역에 위치해 있고, 이들 나라에 사는 상당수 시민들이 헐벗음과 굶주림에 직면해 있다. 그러나 빈곤은 지개발국들의 문세만은 아니다. 또 다른 하나는 바로 선진국들에서 나타나는 빈곤문제이다. 미국이나 호주, 유럽의 몇몇 국가에서도 빈곤에 처해 있는 사람들은 상당수가 있고 그들이 모여 사는 빈민지역이 존재하며 여전히 큰 사회문제로 남아있다. 그러므로 빈곤의 발생은 다양한 국가들에서 다양한 형태로 나타난다. 물론 선진국에서 발생하는 빈곤의 문제는 저개발국에서 발생하는 빈곤의 문제와는 그 양상과 내용이 다를 수 있다. 그러나 본질적인 측면에서는 빈곤으로 인한 사회문제는 유사하고 빈곤의 문제에서 완전히 자유로운 나라는 찾아보기 힘들다.

국가들 간의 소득수준을 비교하기 위해 가장 널리 쓰이는 지표는 1인당 국민총소득(GNI: Gross National Income)이다. GNI는 가계, 기업, 정부 등 한 국가에서 생산된 모든 재화와 서비스의 부가가치를 나타낸 것이다. 해외에서 일하는 자국민이 번 소득도 여기에 포함된다. 그러나 외국인에게 지급한 지출은 제외된다. 〈표 1〉은 2016년 기준 국가별 GNI 순위를 나타낸 것이다. 미국이 가장 큰 경제규모를 가지고 있고, 그 다음이 중국, 일본, 독일 순이다. GNI는 국가의 경제규모를 예측할 수 있게 해주고, 한 국가의 경제가 세계 경제에 어떠한 정도의 영향력을 발휘하는지 알 수 있게 해주지만 국가들의 인구규모가 다르기 때문에 이것만으로 국민들의 소득수준을 파악하기는 힘들다. 그래서 GNI를 국가의 인구수로 나누어 국민 1인당 소득이 얼마나 되는지 살펴본 것이 1인당 국민총소득이다.

세계은행에서 발표한 자료를 보면 2016년 기준으로 전 세계국가들의 평균 GNI는 $10,302이다. 〈표 2〉는 1인당 국민총소득과 PPP를 국가별로 순위를 매겨 놓은 것이다. 〈표 2〉에서 나타난 바와 같이 아주 작은 군소 국가와 2016년 통계가 제대로 나타나지 않은 국가를 제외하고 1인당 국민총소득이 가장 높은 국가는 노르웨이(Norway)이다. 노르웨이의 2016년 기준 1인당 국민총소득은 $82,330이다. 통계에 나타난 순위가 가장 낮은 국가는 브룬디(Brundi)인데

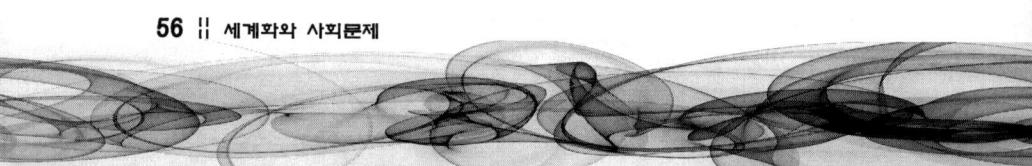

단 $280에 불과하다. 가장 높은 국가와 가장 낮은 국가의 차이가 무려 290배가 넘는다.

국민 1인당 GNI가 전체 평균의 두 배가 되는 $20,000이 넘는 국가는 통계자료가 있는 216개의 국가들 중 55개정도에 불과하고, 평균이상인 국가는 84개 정도이다. 그러나 GNI가 평균이하의 국가는 통계에 포함되지 않은 최빈국 10여개의 국가를 제외해도 최소 132개국이다. GNI를 기준으로 보면, 잘 사는 국가의 수는 상대적으로 적고 가난한 국가의 수가 훨씬 더 많다는 것을 알 수 있다. 그리고 그 격차도 상당히 크다는 것을 알 수 있다. 세계은행은 GNI가 $1,524 이하인 경우 빈곤에 처할 수 있는 저소득 경제로 집계하고 있는데, 통계자료로 나타난 국가들 중 GNI가 그 이하인 국가가 44개나 되고 통계자료가 없는 국가까지 포함한다면 약 70개국은 최빈국가라고 할 수 있다. UN이 분류한 저개발국들의 평균 GNI는 $964에 불과하다.

국가별로 이렇게 빈부의 격차가 크게 나타나고 있지만, 세계는 지역별로도 뚜렷하게 잘 사는 지역과 그렇지 않은 지역으로 나누어져 있다. GNI를 지역별로 살펴보면, 북미지역이 $54,217로 가장 높고, 그 다음이 EU국가들로써 평균이 $34,435에 이른다. 그러나 동아시아와 태평양 지역 국가들의 평균은 $9,602, 라틴아메리카와 캐리비안 국가들의 평균은 $8,939로 급격하게 떨어진다. 특히 사하라 남쪽 아프리카 국가들의 평균 GNI는 $1,628이고 남아시아는 $1,533으로써 이 두 지역이 가장 빈곤한 지역으로 나타난다. 가장 잘사는 지역인 북미지역은 이 두 지역보다 30배가 훨씬 넘을 정도로 부유하고, EU 국가들도 20배는 더 부유하다.

소득의 격차가 국가 간에 이렇게 크게 나타나고, 잘사는 나라와 그렇지 않은 나라로 본격적으로 나누어진 것은 인류 역사에서 보면 그리 오래 전의 일은 아니다. 물론 고대사부터 시작해서 보더라도

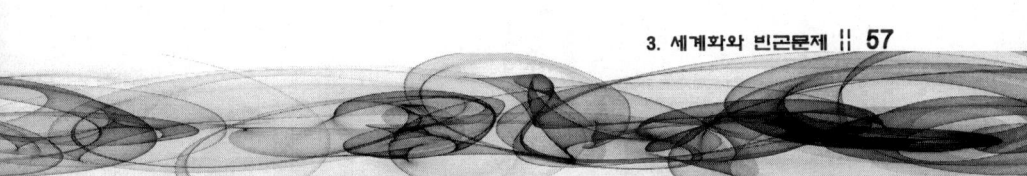

잘사는 지역이나 국가가 있었던 반면 상대적으로 형편이 어려운 지역이나 국가들이 존재했다. 그러나 소득에 있어서 국가나 지역의 차이는 당시의 강대국과 약소국을 비교해도 그리 크지 않다. 왜냐하면 강대국이든 그렇지 않든 대부분의 사람들은 헐벗고 굶주렸기 때문이다.

본격적으로 인류가 궁핍함에서 벗어나게 된 것은 산업혁명 이후이다. 산업화를 본격적으로 진행하여 산업국가가 된 나라들은 소득이 아주 높았던 반면, 여러 가지 이유로 그렇지 못했던 나라들은 점점 뒤처지게 되었다. 바로 국가 간의 소득의 격차가 공고해 지기 시작한 것이다. 이때 새로운 계층이 생겨났는데 중산층이 바로 그러한 계층이다. 그 이전에는 왕이나 귀족은 부유했지만, 평민이나 민중들의 형편은 매우 어려웠다. 그러나 산업화과정에서 새로 등장한 계급은 소수의 자본가들 보다는 못했지만 일반 노동자들보다는 소득이 더 많았다. 그리고 그 수는 산업화가 진행될수록 점점 더 많이 빠른 속도로 늘어났다.

일반적으로 GNI는 달러 환율을 기준으로 환산한 것을 나타내기 때문에 다른 국가들과 쉽게 비교할 수 있는 장점은 있지만, 미국의 1달러가 각 국에서 갖는 가치는 다를 수 있다. 예를 들어 미국에서는 5달러로 맥도널드 햄버거를 사먹을 수 있지만 부탄에서는 2달러로 동일한 햄버거를 살 수 있다고 하자. 이것은 부탄이 미국보다 물가 수준이 훨씬 낮다는 것을 의미한다. 그렇다면 달러로 단순 환산한 GNI의 비교로 각 국가 시민들의 생활수준의 차이를 정확하게 알 수 있다고 보기는 어렵다. 이러한 점을 고려하여 세계은행과 유엔개발계획(UNDP: United Nations Development Program)은 구매력평가 기준(PPP: Purchasing Power Parity)으로 각 국별로 비슷한 상품들을 구입하는데 필요한 금액을 추정하는 방법을 채택하였다.

〈표 2〉에서 오른 쪽 부분이 2016년 기준으로 국가별 PPP를 순위 매겨 놓은 것이다. PPP는 GNI를 단순히 비교하는 것보다 현실적인 비교를 할 수 있도록 하며, 각국의 물가수준의 차이에 따른 오차를 최소한으로 줄일 수 있게 한다. 대체로 물가수준이 낮은 저개발국과 물가수준이 높은 선진국과의 격차는 PPP를 사용하여 비교하면 다소 줄어든다. 그럼에도 불구하고 스위스, 노르웨이, 미국 등은 2016년 기준으로 각각 $63,660, $62,510 $58,030에 이르는 반면 아프가니스탄과 우간다 등은 각각 $1,900과 $1,820에 불과하여 서구 중심국과는 거의 30배 이상 차이가 난다. 이들 국가 외에 아프리카와 아시아 지역에 있는 저개발국들의 상당한 수는 $5,000이 채 되지 않는다.

이러한 통계를 미루어 보건대 세계적 소득분배는 국가별, 지역별로 매우 불평등하게 분배되고 있다는 것을 알 수 있다. 한 연구 자료에 따르면 세계인구의 20%가 세계 전체 소득의 75% 이상을 소유하고 있다고 한다(Shah, 2010). 그리고 최근 30-40년 동안 국가별, 지역별 소득의 편차가 거의 없이 지속적으로 유지되고 있다. 다시 말하면 세계 경제 질서 속에서 나타난 중심부 국가와 주변부 국가들 사이의 소득의 격차는 여전히 크고 그 간격은 줄어들지 않고 있다. 보다 최근에는 중국과 인도의 급속한 경제 발전에 힘입어 이 국가들에서 극빈자들이 줄어들고는 있지만, 또 다른 한편으로 아프리카 지역 저개발국들의 극빈자는 여전히 늘어나고 있다.

세계적으로 극빈자수는 늘어나고 있지만 같은 기간 동안 부유한 계층의 소득은 더욱 많아졌다. 예컨대 1980년대 후반 세계 최상위 계층 5%는 최하위 5%의 소득 수준보다 80배 정도였지만 2000년대에 들어서는 180배 이상으로 까지 올라갔다. 그리고 가장 부유한 최상위 2% 계층의 소득이 소득순위 아래에서부터 75%를 차지하는 인구전체 소득과 거의 같은 수준에 있다. 이것만 보더라도 전 세계

인구에서 소득의 격차가 얼마나 크고 뚜렷한지 명확히 알 수 있다(Milanovic, 2011).

선진국과 저개발국가들 사이의 소득의 차이도 명백하지만, 저개발국가 내에서의 소득 불평등의 정도도 심각한 수준이다. 세계은행의 2011년 통계자료를 바탕으로 살펴보면 콜롬비아는 1인당 GNI(PPP)기준으로 $9,000이지만 최상위 20%는 $27,945인 반면 최하위 20%는 $1,125에 불과하다. 최상위 20%는 최하위 20%의 24.8배나 소득이 많다. 필리핀의 경우에도 GNI가 $3,950이지만 최하위 20%는 $1,106에 불과하다. 그러나 최상위 20%는 $9,954여서 그 차이가 9배나 된다. 그러나 이집트는 1인당 GNP가 $6,160으로 콜롬비아보다 약 $3,000 정도 낮지만 최하위 20%는 $2,772로서 콜롬비아보다 2배 이상 높다. 그렇지만 이집트의 최상위 20%는 $12,782로서 콜롬비아 최상위 계층 수입의 절반도 안 된다. 따라서 이집트는 콜롬비아보다 전체 GNP는 낮다고 하더라도 불평등의 정도는 그렇게 심하지 않다고 볼 수 있다. 방글라데시와 같이 1인당 GNP가 $1,800에 불과한 저개발국도 최하위 20%는 $846으로 극빈계층으로 살아가지만 최상위도 $3,672에 불과해서 계층 간의 불평등의 정도는 낮다. 그러나 국민 전체가 빈곤한 삶을 살고 있다는 것이 문제이다.

불평등과 소득분배의 불균형의 문제는 국가 간에 나타나고 있고, 저개발국을 중심으로 다수의 사람들이 빈곤한 상황에 놓여있다는 것은 명확하다. 그리고 저개발국들의 국가 내에서도 하위계층과 상위계층의 차이가 크게 나타나서 국가 내에서의 소득 불평등 현상이 뚜렷하게 보이고 있다. 저개발국에서 소득분배의 불평등 현상이 크지 않은 국가들이 있긴 하지만 이들 국가들은 아주 가난한 국가들이 대부분이다. 그런데 이러한 불평등과 소득분배의 문제는 저개발국 국민들만 가지고 있는 문제는 아니다. 세계은행의 통계는 선진국들도 저개발국들과 유사하게 소득분배에서의 불평등 현상이 심각

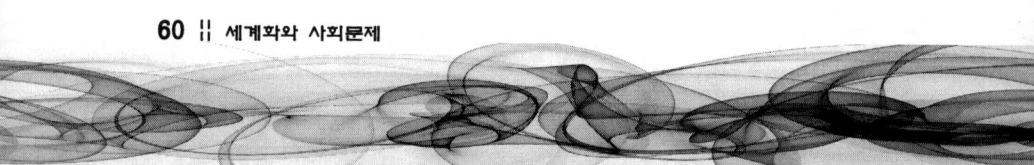

하게 나타나고 있음을 보여주고 있다.

선진국들 중 최상위 20%와 최하위 20%의 소득이 가장 적게 차이가 나는 나라들은 북유럽의 국가들로서 대표적으로 핀란드가 약 4.0대 1 정도가 된다. 덴마크는 7.0대 1, 호주와 영국은 7.2대 1 정도이다. 핀란드는 빈부의 격차가 그리 크지 않지만, 그 외의 국가들은 개발도상국이라고 할 수 있는 이집트 4.6대 1, 인도네시아 4.6대 1 그리고 인도 5.6대 1 보다 더 높아서 빈부의 격차가 선진국들에서 상당히 크다는 것을 알 수 있다. 미국은 선진국들 중에서도 소득의 격차가 가장 커서 8.4대 1 정도가 된다. 이 수치는 태국 8.0대 1, 중국 8.4대 1 등과 유사하고 필리핀 9.0대 1 이나 나이지리아 9.5대 1 보다는 약간 낮은 정도다. 참고로 한국은 4.7대 1 정도가 된다. 따라서 선진국들도 후진국들과 크게 다름없이 소득의 불균형과 이로 인한 빈부의 격차가 상당히 심각한 사회문제로 제기될 수 있는 여지가 있다.

⟨표 1⟩ Gross National Income 2016

순위	국 가	수입 (millions of US dollars)
1	United States	18,153,487
2	China	11,393,571
3	Japan	4,825,207
4	Germany	3,609,439
5	United Kingdom	2,782,338
6	France	2,605,813
7	India	2,220,043
8	Italy	1,914,131
9	Brazil	1,835,993
10	Canada	1,584,301
11	Russian Federation	1,425,703
12	Korea, Rep.	1,414,400
13	Australia	1,313,016
14	Spain	1,277,961
15	Mexico	1,152,770
16	Indonesia	888,958
17	Turkey	888,818
18	Netherlands	788,108
19	Saudi Arabia	702,099
20	Switzerland	680,113
21	Sweden	540,960
22	Argentina	524,532
23	Poland	481,280
24	Belgium	475,046
25	Nigeria	456,389
26	Norway	430,823
27	Iran, Islamic Rep.	511,755
28	Austria	395,634
29	Thailand	388,308
30	United Arab Emirates	375,190
31	Philippines	369,969
32	Egypt, Arab Rep.	331,297
33	Denmark	325,104
34	Hong Kong SAR, China	317,690
35	Israel	309,342
36	Colombia	307,430
37	Malaysia	307,242

38	South Africa	306,555
39	Pakistan	291,845
40	Singapore	290,909
41	Ireland	250,866
42	Finland	245,784
43	Chile	242,312
44	Bangladesh	216,291
45	Portugal	204,909
46	Greece	203,733
47	Iraq	202,002
48	Vietnam	190,497
49	Peru	189,001
50	Romania	186,559
51	Czech Republic	185,560
52	New Zealand	183,341
53	Algeria	173,452
54	Qatar	187,756
55	Kazakhstan	154,947
57	Kuwait	141,738
58	Hungary	123,400
59	Morocco	102,159
60	Angola	98,982
61	Ukraine	98,629
62	Ecuador	95,343
63	Slovak Republic	91,237
65	Sudan	84,876
66	Sri Lanka	80,110
67	Uzbekistan	70,841
68	Oman	75,934
69	Dominican Republic	68,030
71	Ethiopia	67,515
72	Kenya	66,886
73	Myanmar	62,401
74	Guatemala	62,846
75	Bulgaria	53,239
76	Belarus	53,200
77	Costa Rica	52,644
78	Uruguay	52,449
79	Croatia	50,491
80	Panama	48,989
81	Tanzania	48,539

82	Azerbaijan	46,455
83	Lebanon	46,129
84	Slovenia	44,721
85	Luxembourg	44,691
86	Lithuania	42,423
87	Tunisia	42,123
88	Ghana	38,864
89	Turkmenistan	37,762
90	Macao SAR, China	38,809
91	Serbia	37,258
92	Jordan	37,057
93	Côte d'Ivoire	35,968
94	Bolivia	33,403
95	Congo, Dem. Rep.	32,705
97	Bahrain	31,205
98	Yemen, Rep.	28,774
99	Latvia	28,685
100	Cameroon	28,226
101	Paraguay	27,339
102	Uganda	27,296
103	El Salvador	24,849
104	Estonia	23,369
105	Zambia	21,643
106	Trinidad and Tobago	21,397
107	Nepal	21,062
108	Cyprus	20,105
109	Afghanistan	19,937
110	Honduras	19,579
111	Iceland	19,049
113	Cambodia	17,934
114	Bosnia and Herzegovina	17,171
116	Papua New Guinea	16,724
117	Zimbabwe	15,230
119	Botswana	14,879
120	West Bank and Gaza	14,715
121	Senegal	14,643
122	Lao PDR	14,538
123	Gabon	14,270
124	Georgia	14,157
125	Mozambique	13,788
126	Mali	13,551

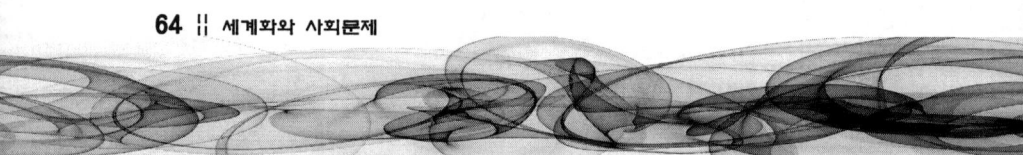

127	Jamaica	13,424
128	Brunei Darussalam	16,085
129	Nicaragua	12,599
130	Mauritius	12,325
131	Albania	12,219
132	Burkina Faso	11,937
133	Namibia	11,457
134	Armenia	11,006
135	Mongolia	10,742
136	Malta	10,548
137	Macedonia, FYR	10,374
138	Chad	10,367
139	Madagascar	9,877
140	Tajikistan	9,662
141	Benin	8,939
142	Congo, Rep.	8,770
144	Haiti	8,488
145	Rwanda	8,393
146	Bahamas, The	8,223
147	Equatorial Guinea	7,995
148	Niger	7,712
149	Moldova	7,513
150	Kosovo	7,000
152	Kyrgyz Republic	6,714
154	Guinea	6,090
156	Malawi	5,833
159	South Sudan	9,704
161	Mauritania	4,805
163	Fiji	4,346
164	Montenegro	4,340
165	Barbados	4,226
166	Togo	4,088
167	Suriname	3,947
168	Swaziland	3,803
169	Sierra Leone	3,606
172	Guyana	3,284

173	Maldives	3,100
175	Burundi	2,934
177	Lesotho	2,662
178	Aruba	2,543
181	Timor-Leste	2,708
182	Bhutan	2,000
184	Central African Republic	1,723
185	Liberia	1,720
186	Belize	1,618
187	Cabo Verde	1,604
190	Seychelles	1,459
191	St. Lucia	1,366
192	Antigua and Barbuda	1,352
195	Guinea-Bissau	1,129
196	Solomon Islands	1,128
199	Grenada	947
201	Gambia, The	895
202	St. Kitts and Nevis	869
204	Samo	801
205	Vanuatu	819
206	St. Vincent and the Grenadines	744
208	Comoros	608
209	Dominica	496
210	Tonga	430
211	Micronesia, Fed. Sts.	386
212	Säo Tomé and Principe	346
213	Kiribati	272
214	Palau	268
215	Marshall Islands	236
216	Nauru	140
217	Tuvalu	57

출처: World Development Indicators database, World Bank[4]

---

4) http://databank.worldbank.org/data/download/GNI.pdf

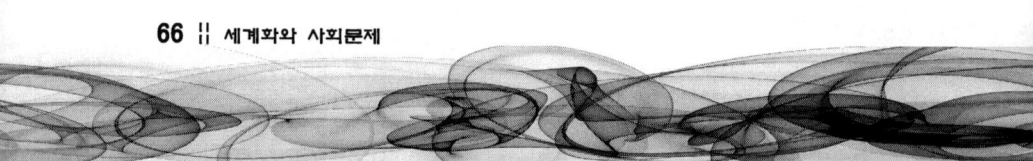

〈표 2〉 Gross national income per capita 2016, Atlas method and PPP

Ranking	Economy	Atlas methodology (US dollars)	Ranking	Economy	Purchasing power parity (international dollars)
1	Monaco	.. a	1	Monaco	..
2	Liechtenstein	.. a	2	Qatar	124,740 a
3	Channel Islands	.. a	3	Liechtenstein	..
4	Bermuda	.. a	4	Channel Islands	..
5	Isle of Man	89,970 a	5	Macao SAR, China	98,450 a
6	Norway	82,330	6	Isle of Man	..
7	Switzerland	81,240	7	Singapore	85,050
8	Gibraltar	.. k	8	Kuwait	83,420 a
9	Luxembourg	76,660	9	Brunei Darussalam	83,250 a
11	Qatar	75,660	10	Luxembourg	75,750
10	Macao SAR, China	68,030	11	Gibraltar	..
12	Iceland	56,990	12	United Arab Emirates	72,850
13	Denmark	56,730	14	Switzerland	63,660
14	United States	56,180	15	Norway	62,510
15	Cayman Islands	.. a	16	Hong Kong SAR, China	60,530
16	Sweden	54,630	18	United States	58,030
17	Australia	54,420	19	Ireland	56,870
18	Ireland	52,560	20	Saudi Arabia	55,760
19	Singapore	51,880	21	Iceland	52,490
20	Faroe Islands	.. k	23	Denmark	51,040
21	Netherlands	46,310	24	Netherlands	50,320
22	Austria	45,230	25	Sweden	50,000
23	Finland	44,730	26	Austria	49,990
24	Canada	43,660	27	Germany	49,530
25	Germany	43,660	28	Belgium	46,010
26	Hong Kong SAR, China	43,240	29	Australia	45,970
27	United Kingdom	42,390	30	Bahrain	44,910
28	Belgium	41,860	32	Canada	43,420
37	Kuwait	41,680	33	Finland	43,400
29	United Arab Emirates	40,480	35	Japan	42,870
32	New Zealand	39,070	36	France	42,380
33	France	38,950	37	United Kingdom	42,100
43	Brunei Darussalam	38,520	40	Oman	41,320
34	Japan	38,000	44	Italy	38,230
36	Israel	36,190	45	New Zealand	37,860
41	Italy	31,590	46	Israel	37,400
45	Korea, Rep.	27,600	47	Spain	36,340
46	Spain	27,520	48	Korea, Rep.	35,790
50	Malta	24,140	49	Malta	35,720
51	Cyprus	23,680 b	50	Czech Republic	32,710
52	Saudi Arabia	21,750	52	Slovenia	32,360
53	Slovenia	21,660	55	Cyprus	31,420 b
54	Bahrain	21,480	56	Trinidad and Tobago	30,810
55	Bahamas, The	21,020	58	Portugal	29,990
57	Portugal	19,850	59	Slovak Republic	29,910
59	Greece	18,960	60	Estonia	28,920
65	Oman	18,060	61	Lithuania	28,840
60	Estonia	17,750	62	Seychelles	28,390
61	Czech Republic	17,570	63	Greece	26,090
63	Slovak Republic	16,810	64	Malaysia	26,000
66	St. Kitts and Nevis	15,850	65	Poland	26,770
67	Trinidad and Tobago	15,680	66	Latvia	26,090
68	Seychelles	15,410	67	St. Kitts and Nevis	25,940
69	Uruguay	15,230	69	Hungary	25,640
70	Barbados	14,830	71	Turkey	23,990
71	Lithuania	14,770	72	Chile	23,270
72	Latvia	14,630	74	Romania	22,950
73	Chile	13,530	75	Kazakhstan	22,910
74	Antigua and Barbuda	13,400	76	Croatia	22,880
75	Poland	12,680	77	Russian Federation	22,540
76	Hungary	12,570	78	Bahamas, The	22,090
77	Palau	12,450	79	Antigua and Barbuda	21,840
78	Panama	12,140	81	Uruguay	21,090
79	Croatia	12,110	82	Panama	20,990
80	Argentina	11,960 e	83	Mauritius	20,980

Ranking	Economy	Atlas methodology (US dollars)	Ranking	Economy	Purchasing power parity (international dollars)
82	Turkey	11,180	85	Argentina	19,480 c
83	Costa Rica	10,840	86	Bulgaria	19,020
84	Nauru	10,750	88	Mexico	17,740
85	Malaysia	9,850	89	Nauru	17,520
86	Mauritius	9,760	87	Iran, Islamic Rep.	17,370 a
87	Russian Federation	9,720 e	90	Iraq	17,240
88	Romania	9,470	91	Belarus	17,210
89	Mexico	9,040	92	Montenegro	17,090
90	Brazil	8,840	93	Equatorial Guinea	17,020
91	Grenada	8,830	94	Gabon	16,720
92	Kazakhstan	8,710	95	Botswana	16,380
93	China	8,260	96	Azerbaijan	16,130
95	Lebanon	7,680	97	Barbados	16,070
96	St. Lucia	7,670	98	Thailand	16,070
97	Bulgaria	7,470	99	Turkmenistan	16,060 c
98	Maldives	7,430	101	Costa Rica	15,750
99	Gabon	7,210	102	China	15,500
100	Suriname	7,070	103	Brazil	14,810
101	Montenegro	6,970	104	Palau	14,740 c
102	St. Vincent and the Grenadines	6,790	105	Algeria	14,720
103	Dominica	6,750	106	Dominican Republic	14,480
104	Turkmenistan	6,670	107	Macedonia, FYR	14,480
105	Botswana	6,610	108	Colombia	13,910
106	Equatorial Guinea	6,550	109	Lebanon	13,860 c
116	Iran, Islamic Rep.	6,530 a	110	Suriname	13,720
107	Dominican Republic	6,390	111	Serbia	13,680
108	Colombia	6,320	112	Grenada	13,440
109	Peru	5,950	113	South Africa	12,860
110	Ecuador	5,820	114	Peru	12,480
111	Thailand	5,640	115	Bosnia and Herzegovina	12,140
112	Belarus	5,600	116	Maldives	11,970
113	South Africa	5,480	117	Sri Lanka	11,970
114	Iraq	5,430	118	Albania	11,880
115	Serbia	5,280	119	St. Vincent and the Grenadines	11,530
117	Tuvalu	5,090	120	St. Lucia	11,370
119	Macedonia, FYR	4,980	121	Mongolia	11,290
120	Bosnia and Herzegovina	4,880	122	Indonesia	11,220
121	Fiji	4,840	123	Tunisia	11,150
123	Azerbaijan	4,760	124	Egypt, Arab Rep.	11,110
124	Jamaica	4,660	125	Ecuador	11,070
125	Namibia	4,620	126	Dominica	10,610
126	Marshall Islands	4,450	127	Namibia	10,550
127	Belize	4,410	129	Kosovo	10,200 c
128	Algeria	4,270	131	Georgia	9,450 f
129	Albania	4,250	132	Philippines	9,400
130	Guyana	4,250	133	Fiji	9,140
131	Samoa	4,100	134	Paraguay	9,060
132	Paraguay	4,070	135	Armenia	9,000
133	Tonga	4,020	136	Jordan	8,980
134	El Salvador	3,920	137	Jamaica	8,500
135	Jordan	3,920	138	El Salvador	8,220
136	Kosovo	3,850	139	Ukraine	8,190
137	Georgia	3,810 f	140	Bhutan	8,070
138	Guatemala	3,790	141	Belize	8,000
139	Sri Lanka	3,780	142	Swaziland	7,980
140	Armenia	3,760	143	Guyana	7,860 c
141	Tunisia	3,690	144	Guatemala	7,750
142	Micronesia, Fed. Sts.	3,680	145	Morocco	7,700 a
143	Philippines	3,580	146	Bolivia	7,090
144	Mongolia	3,550	147	Uzbekistan	6,640 c
145	Egypt, Arab Rep.	3,460	148	India	6,490
146	Angola	3,440	149	Angola	6,220
147	Indonesia	3,400	150	Cabo Verde	6,220
148	West Bank and Gaza	3,230	151	Samoa	6,200 c
151	Vanuatu	3,170 a	152	Vietnam	6,050

Ranking	Economy	Atlas methodology (US dollars)	Ranking	Economy	Purchasing power parity (international dollars)
149	Bolivia	3,070	153	Lao PDR	5,920
150	Cabo Verde	2,970	154	Tuvalu	5,920
152	Morocco	2,850 w	155	Tonga	5,760
153	Swaziland	2,830	156	Nigeria	5,740
155	Bhutan	2,510	157	Moldova	5,670
156	Nigeria	2,450	158	Pakistan	5,580
157	Kiribati	2,380	160	Nicaragua	5,390
158	Ukraine	2,310 e	161	Congo, Rep.	5,380
159	Uzbekistan	2,220	162	Marshall Islands	5,280
171	Timor-Leste	2,180	159	Myanmar	5,070
160	Honduras	2,150	164	Honduras	4,410
161	Lao PDR	2,150	181	Timor-Leste	4,340
162	Sudan	2,140	165	Micronesia, Fed. Sts.	4,330
164	Moldova	2,120 h	166	Sudan	4,290
165	Nicaragua	2,050	167	Ghana	4,150
166	Vietnam	2,050	168	Bangladesh	3,790
167	Solomon Islands	1,880	169	Zambia	3,790
168	São Tomé and Principe	1,730	170	Mauritania	3,760
169	Congo, Rep.	1,710	171	Côte d'Ivoire	3,610
170	India	1,680	172	Cambodia	3,510
172	Côte d'Ivoire	1,520	173	Tajikistan	3,500
173	Pakistan	1,510	174	Kyrgyz Republic	3,410
174	Ghana	1,380	175	Lesotho	3,390
175	Kenya	1,380	177	West Bank and Gaza	3,290
176	Bangladesh	1,330	178	Cameroon	3,250
177	Zambia	1,300	179	Kiribati	3,240
179	Lesotho	1,210	180	São Tomé and Principe	3,240
180	Cameroon	1,200	182	Kenya	3,130
178	Myanmar	1,190	183	Vanuatu	3,050
181	Cambodia	1,140	184	Tanzania	2,740
182	Mauritania	1,120	185	Papua New Guinea	2,700
183	Tajikistan	1,110	187	Nepal	2,520
184	Kyrgyz Republic	1,100	188	Yemen, Rep.	2,490
185	Yemen, Rep.	1,040	189	Senegal	2,480
188	Senegal	950	190	Benin	2,170
189	Zimbabwe	940	191	Solomon Islands	2,150
190	Tanzania	900 i	192	Mali	2,040
191	Benin	820	194	Chad	1,950
210	South Sudan	820	195	Zimbabwe	1,920
192	Haiti	780	196	Afghanistan	1,900
193	Comoros	760	197	Rwanda	1,870
194	Mali	750	199	Uganda	1,820
195	Nepal	730	200	Haiti	1,790
196	Chad	720	201	Ethiopia	1,730
197	Rwanda	700	198	South Sudan	1,700
198	Ethiopia	660	202	Burkina Faso	1,680
199	Uganda	660	203	Gambia, The	1,640
200	Burkina Faso	640	204	Guinea-Bissau	1,580
202	Guinea-Bissau	620	205	Comoros	1,520
203	Afghanistan	580	206	Madagascar	1,440
204	Togo	540	207	Togo	1,370
205	Guinea	490	208	Sierra Leone	1,320
206	Sierra Leone	490	209	Guinea	1,200
207	Mozambique	480	210	Mozambique	1,190
208	Gambia, The	440	211	Malawi	1,140
209	Congo, Dem. Rep.	420	212	Niger	970
211	Madagascar	400	213	Burundi	770
212	Central African Republic	370	214	Congo, Dem. Rep.	730
213	Liberia	370	215	Central African Republic	700
214	Niger	370	216	Liberia	700
215	Malawi	320		American Samoa	..
216	Burundi	280		Andorra	..

출처: World Development Indicators database, World Bank, 17 April 2017[5)]

4) 세계화는 빈곤에 영향을 끼치는가?

세계화는 일자리, 빈곤, 소득의 불평등에 직간접적으로 영향을 끼친다. 선진국에서 시작되고 발전된 제조업, IT 산업이 일본은 물론이고 한국, 대만, 중국으로 이동하여서 새로운 산업과 일자리가 창출되었다. 이들 국가들은 경제의 세계화 과정에서 선진국들의 누적된 경험과 지식을 짧은 시간에 습득하여 자국의 발전을 위해 적극적으로 적용하였다. 그 결과 일본은 20세기 초에 벌써 서구열강들과 어깨를 나란히 하는 국가로 발돋움 하였고, 현재는 그들을 뛰어넘는 경제대국으로 발전하였다. 한국과 대만은 일본보다는 산업화의 시작이 늦긴 하였지만, 경제의 세계화 과정에서 선진국들의 생산기지의 역할을 탈피하여 주도적이며 독자적인 경제를 구축하였다. 특히 기술을 바탕으로 하는 IT 산업의 새로운 물결을 성공적으로 타고 넘어 빈곤 국가를 탈피하여 세계 경제에서 중요한 역할을 담당한지 이미 오래 되었다. 중국은 경제적으로 사회주의를 탈피한 후 거대한 인구를 바탕으로 세계의 공장으로서의 역할을 수행해 오면서 급격한 경제성장을 이루었다. 이제는 경제 규모 면에서 미국에 이어 세계 2위를 차지하고 있고, 곧 미국을 따라 잡을 태세이다. 이들 국가의 발전은 경제적 세계화를 적극적으로 수용하는 것에서부터 시작되었다. 경제적 세계화는 인도와 아프리카 지역으로까지 이동하여 저개발국의 산업이 재건되는데 큰 영향을 주고 있는 것이 사실이다. 말하자면 선진국에서 저개발국으로 산업이 이전하면서 저개발국의 일자리를 창출하고 경제적으로 어려운 상황을 어느 정도 개선시켜 온 사실은 무시할 수 없다.

그러나 저개발국이 산업화 되는 과정에서 일자리와 관련한 노동의 질은 그리 뛰어나지 못했다. 열악한 노동환경에서 저개발국의

---

5) http://databank.worldbank.org/data/download/GNIPC.pdf

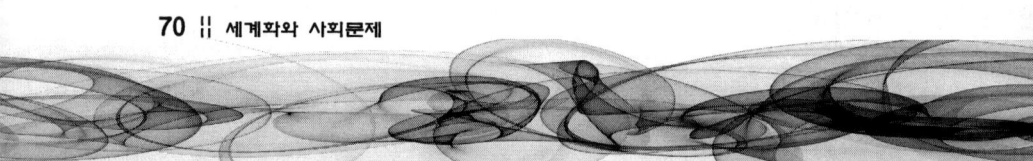

노동자가 일 할 수밖에 없는 상황에 처해 있었던 것은 엄연한 사실이다. 또한 개발의 이익이 국민전체로 돌아가기 보다는 소수의 자본가나 대기업에게 집중되어 빈익빈 부익부의 경제적 양극화 현상이 사회문제로 나타났다. 저개발국의 산업화 과정에서 이익이 소수에게 집중적으로 돌아간 것은 경제 개발이 정부 주도적으로 진행되었기 때문이다. 저개발국이 빠른 속도로 경제개발을 이룩하기 위해서는 선진국으로부터 받은 노하우와 경험을 바탕으로 충분하지 않은 재정을 가장 효과적이고 효율적으로 사용하지 않으면 안 되었다. 그 과정에서 공정한 경쟁의 규칙이 적용되기 보다는 정부주도하에 소수의 주도적인 기업들에게 특혜를 주면서까지 빠른 속도로 주어진 목표를 달성하여 결과물을 가지려고 하였다. 결국 정부 주도 계획에 참여한 기업들은 독점적 지위를 누리면서 빠른 속도로 성장하게 되었고 세계무대에서 경쟁할 수 있는 글로벌 기업으로까지 성장할 수 있게 되었다. 그렇지만 수많은 노동자들은 경제개발이라는 기치아래 희생을 강요당해서 과도한 노동시간과 저임금, 그리고 열악한 환경을 견뎌내지 않으면 안 되었다. 또한 부동산 보유자들과 같이 개발이익을 누린 사람과 그렇지 못한 사람들의 격차가 회복 불가능할 정도로 커졌다. 얼마 전 까지만 해도 비슷한 수준으로 살던 사람이 어느 한 순간 부자와 가난한자로 탈바꿈 되었다.

 예를 하나 들어 보자. 1960년대와 1970년대 서울 강남 어느 지역에서 앞집과 뒷집에 살던 A씨와 B씨의 경제적 형편은 비슷했다. A씨는 조상대대로 물려내려 오는 밭에 배추농사를 짓고 있었고, B씨는 당시로는 첨단직업이라고 할 수 있는 택시 운전기사로 일하고 있었다. 그런데 강남 개발 붐을 타고 A씨가 농사짓던 밭의 땅값이 천정부지로 치솟았다. A씨는 그 땅을 팔아 큰돈을 손에 넣은 뒤 그 돈으로 개발되는 강남 지역에 작은 빌딩을 하나 마련했다. 물론 B씨도 택시운전을 열심히 하여 가족을 부양하는데 큰 어려움은 없었다. 그러나 세월이 수십 년 흐른 후 A씨의 빌딩 가격은 점점 더 뛰었고 임대료도 크게 올라서 A씨는 아무것도 하지 않더라도 큰돈을 버는 강남의 부자가 되었지만 B씨는 여전히 택시운전을 하고 있었다. A씨와 B씨의 경제적 격차를 만든 것은 개발붐을 제대로 탄 A씨 토지였다. A씨가 한 것은 그 땅을 물려받아 농사를 지은 것이지, 그가 부를 축적하기 위해 노력한 것은 크게 없었다. 이러한 모습은 급격하게 성장하는 저개발 국가들에서 흔히 나타나는 현상들이다. 문제는 B씨와 같이 개발 붐도 타지 못하고, 특별한 자산도 없는 사람들이 경제적으로 성공한 A씨에 대해서 인정하거나 존경하지 않는다는 것에 있다. 그렇기 때문에 저개발국이 급속하게 산업화가 이루어져 어느 정도 경제적인 발전을 이룬 위치에 있을지라도 경제적 양극화가 심각해지면 경제적 차이에 따른 불만뿐만 아니라 그것을 능가하는 더 큰 갈등과 반목이 잠재되어 있을 가능성이 있다.

한편, 경제적 세계화에 따라 선진국들이 상대적으로 큰 이익을 보았지만, 선진국들의 내부를 조금 더 자세히 살펴보면 세계화가 가져 온 경제적 양극화 현상이 여기에도 여전히 존재한다는 것을 알 수 있다. 선진국들은 세계 경제의 리더로서 새로운 산업들이 가장 활발히 생겨나는 곳이고 그로 인해 얻는 이익도 크다. 그러나 기존의 제조업 중심의 많은 산업들을 상대적으로 임금이 싼 세계 곳곳의 저개발국으로 이전하였기 때문에 이전한 산업이 만들어 내던 일자리는 그만큼 사라졌고 노동자의 임금도 정체되어 있다. 임금이 정체된 이유는 임금이 높은 일자리이거나 임금이 올라갈 조짐이 있는 산업들은 값싼 노동력을 제공할 수 있는 저개발국으로 산업자체가 옮겨갔기 때문이다. 이로 인해 선진국은 일자리가 양극화 되는 경향이 뚜렷하게 나타났다. 새롭게 생겨나는 산업이나 첨단산업은 고급 노동력이 필요한 일자리이다. 그러나 나머지 일자리 대부분은 저임금 일자리이다. 제조업 등에서 중간 정도의 임금을 받던 일자리는 대부분 사라지고 중산층은 무너지기 시작하였다. 예컨대 최근 미국과 영국 등에서는 제조업 중심의 노동자들 일자리기 사라지자 그들의 불만이 크게 고조 되었다. 미국의 경우 정치적으로도 큰 영향을 미쳐 트럼프가 대통령에 당선되는데 일조하였으며, 영국은 노동자들이 EU 국가들에서 들어오는 노동자와 난민들과의 일자리 경쟁에 대한 두려움으로 가득차서 브렉시트를 결정하게 되는 주요한 역할을 하였다. 세계화에 의해 선진국의 상류계층은 더욱 큰 부를 축적할 수 있는 기회를 가진 반면, 노동자 계층의 삶은 더욱 척박해진 경우가 여러 선진국들에서 많이 발생하였다. 결국 경제적 세계화는 선진국이든 저개발국이든 경제적 양극화가 심화되는 과정에 뚜렷한 기여를 한 측면이 있다.

Chapter 4.
세계화와 인구문제

1) 세계 인구의 동향

인구문제는 인류가 가지고 있는 가장 근본적인 문제이다. 인구변화는 경제, 사회, 정치, 문화 각 영역에 뚜렷하게 영향을 미친다. 그래서 인구 추세가 성장하느냐, 아니면 감소하느냐 하는 전망과 파악은 아주 중요하다. 그런데 인구 추세를 파악하기가 그렇게 쉬운 일은 아니다. 멀리 갈 필요도 없이 한국의 예를 보더라도 인구 추세 파악이 얼마나 어려운 일인지 알 수 있다. 본격적으로 국가주도의 인구 정책을 수립하게 된 것은 1960년대와 1970년대를 거치면서였다. 전쟁 이후 베이비 붐 세대가 태어나고 산업화가 시작되어 사회가 안정되자 인구가 크게 증가하였는데, 이때의 인구정책은 인구의 폭발적인 증가를 막기 위한 것이었다. 그래서 1960년대는 세 자녀만 낳기, 70년대 후반에는 두 자녀만 낳기 캠페인이 본격적으로 실시되었다. 그러다 1980년대는 둘도 많으니 하나만 낳자는 운동을 시작했다. 인구정책은 비교적 효과적으로 실행되어서 출산율이 줄어들고 인구의 증가도 서서히 정체되기 시작했다. 그런데 하나 낳기 운동이 시작된 지 채 20년도 안된 2000년대 들어서 출산율 감소에 초점이 맞추어졌던 인구정책이 반대로 출산율 증가로 바뀌기 시작했다. 하나는 부족하니 둘 낳자는 정책이 본격적으로 실시되었다. 그러나 그 이후에도 출산율은 더 이상 늘지 않았고 지속적으로 출산율이 감소하여 세계에서도 출산율이 가장 낮은 나라가 되었다. 이제는 과거와 달리 정부의 인구 정책은 어떻게 하면 출산율을 높여서 인구를 증가시키느냐에 집중해 있다. 불과 30년 전에 하나 낳기 운동을 할 때만 하더라도 한국의 출산율이 이렇게 까지 떨어질 줄은 상상도 못했을 것이다. 저출산 문제는 이제 한국이 가지고 있는 가장 심각한 사회문제 중 하나가 되었다. 이렇듯 인구성장의 방향을 예측하는 것은 그리 쉬운 일이 아니다.

인구의 성장이나 감소는 모든 국가에서 비슷한 정도로 영향을 미치는 것이 아니다. 어떤 국가에서는 인구의 급속한 성장이 심각한 사회문제가 되기도 하지만, 또 다른 국가에서는 인구의 정체나 감소가 큰 문제가 되기도 한다. 물론 한국의 예처럼 하나의 국가에서 시대에 따라 어떤 시기는 인구감소가 또 다른 시기는 인구증가가 문제가 되어 시기에 따라 인구 문제의 이슈가 달라지기도 한다. 그런데 세계적인 차원에서 인구 문제를 살펴보면 〈그림 1〉의 인구자연증가율에서 보듯이, 대체적으로 생활수준이 높고 사회적, 경제적인 기반이 잘 다져진 유럽과 북미의 선진국들은 인구가 정체해 있지만, 반대로 경제적으로 낙후되어 있고, 정치적으로 불안하며, 복지와도 같은 사회적 기반이 미약한 저개발국들이 많은 아프리카 지역은 인구 증가율이 높다. 실제적으로 선진국들 중에서는 충분한 인구를 수용할 능력이 있고, 적절한 경제규모와 복지체계를 유지하기 위해서 인구의 적절한 증가가 필요한 국가들이 많다. 그렇지만 저출산과 오랫동안의 인구정체로 어려움을 겪고 있다. 저개발국은 오히려 이와 반대로 경제규모와 산업구조가 인구규모를 감당할 수 없는데도 여전히 급속한 인구 증가로 국가 전체가 어려움을 겪고 있는 경우가 많다. 이렇듯 인구의 문제는 선진국과 저개발국들이 방향과 정도는 다르지만 모두에게서 나타나고 있다.

<그림 1> 세계인구 자연증가율[6]

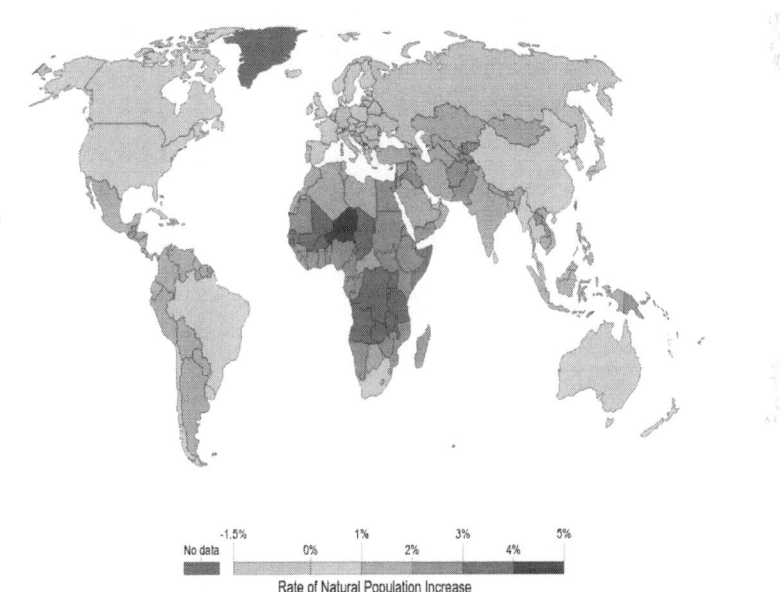

출처: Roger and Oritz-Ospina, 2017.
https://ourworldindata.org/world-population-growth/

---

[6] 인구자연증가율은 출생과 사망에 의해서만 이루어진 인구증가율을 말하는 것으로 인구의 이동에 의한 증가는 고려되지 않았다.

인구의 변화는 출산, 사망, 이동 이 세 가지 요소에 의해 결정된다. 한 국가의 특정 시점에서의 인구는 아래와 같은 수식으로 간단하게 쓸 수 있다.

> 인구변화 = (출생자수 - 사망자수) + (국내유입인구 - 국외유출인구)

출생자수보다 사망자수가 많으면 당연히 인구는 늘어나게 된다. 그리고 한 국가로의 인구유입이 인구의 유출보다 많아도 인구는 증가한다. 그래서 한 국가의 인구변화는 이 두 조건을 합한 것으로 결정된다. 인구가 어떻게 변화했느냐를 살펴보려면 비교하고자하는 어떤 한 시점과 또 다른 한 시점의 인구의 차이를 보면 쉽게 알 수 있다. 그런데 한 국가나 지역의 인구 변화 측정과는 달리 세계 전체 인구의 변화는 출생자수에서 사망자수의 차이에 의해서만 결정된다. 왜냐하면 지구를 떠나 다른 곳으로 이동하는 사람은 적어도 아직까지는 없기 때문에 인구 이동으로 인한 인구의 변화는 없다.

출생자수와 사망자 수가 동일하다면 세계 인구의 성장은 멈추게 된다. 이러한 것을 흔히 인구제로성장(Zero Population Growth)이라고 부르기도 한다. 이때 출산율은 사망자 수와 거의 일치하고 부모세대의 인구가 다음세대의 인구로 거의 대체되어서 이것을 '인구대체출산율'이라고 한다. 사망률이 높은 국가는 사망의 원인이 사고나 질병, 전쟁 등으로 인한 경우가 많다. 그러나 사망률이 낮은 국가는 자연스럽게 사람들이 사망하는 것 외에 다른 요인이 사망률에 미치는 영향이 상대적으로 작다. 이러한 사망률이 낮은 국가에서 인구 증가 없는 정지인구가 되기 위해서는 여성1명이 평균 약2.1명을 출산하면 된다. 다시 말하면 사망률이 대체로 낮은 국가에서도 가임기간 동안 여성1명이 평균 2.1명 이상으로 아이를 낳지 않을 경우

인구는 줄어들게 된다. 산술적으로는 남녀가 2명의 자녀를 낳고 죽으면 인구대체가 된다. 그러나 실제로 2명의 자녀를 낳는다고 해도 이들이 성장해서 자녀를 낳기 전에 질병, 사고 등 다양한 원인으로 사망할 수 있기 때문에 평균적으로 2명 이상을 낳지 않으면 인구대체가 되지 않는다(Weeks, 2012).

세계인구의 추세는 지속적으로 증가하고 있다. 그 증가 속도는 최근으로 올수록 더욱 빨라졌다. 그런데 인류 인구 증가가 동일한 정도의 빠르기로 증가해 온 것은 아니다. 사실 대부분의 인류의 역사 동안 인구 증가 속도는 그리 빠르지 않았다. 무엇보다 식량문제 때문이었다. 식량이 모든 사람에게 풍족한 때는 인류사 동안 거의 없었다. 영양이 결핍된 인류가 제 수명을 다 살 수 있는 것은 아니었다. 그리고 의학기술이 제대로 발달되지 않았기 때문에 전염병 등과 같은 심각한 질병에 제대로 대처하지 못했다. 정치적으로도 크고 작은 수많은 전쟁으로 인해 대량으로 사망하는 사건들이 인류사 곳곳에서 발생하였다.

그러나 16세기 이후부터 그러한 상황들이 조금씩 개선되기 시작했다. 먼저, 공중보건과 위생에 대한 인식이 개선되고 관련 지식이 발달하기 시작했다. 유아사망률이 줄어들었고, 백신과 신약의 개발로 전염병을 예방하거나 보다 쉽게 치료할 수 있게 되었다. 둘째, 농업기술이 발달하고 새로운 토지가 개간되어 식량의 생산이 급격히 증가하였고 식량의 배분에서도 보다 공평해졌다. 셋째, 정치적으로 근대적인 국가 체계가 잡혀가기 시작하고, 사회적으로, 경제적으로 전반적인 환경이 나아지기 시작했다. 이러한 이유들로 인해 사망률이 급격히 줄어들기 시작했다. 그러나 출산율은 높은 채로 그대로 유지되었기 때문에 인구가 급증하기 시작한 것이다. 사망률이 높지 않은 상태에서 한번 인구가 증가하기 시작하면 인구는 지속적으로 늘어날 수밖에 없다.

세계인구 변화 추세를 UN 인구국(Population Division) 자료들을 바탕으로 살펴보면, 1804년에는 세계 전체 인구가 약 10억 명으로 추산된다. 123년이 지난 1927년에는 그 두 배인 20억 명으로 늘어났다. 그런데 다시 10억 명이 늘어나서 30억 명이 된 것은 33년 후인 1960년이다. 다시 그 기간의 절반도 채 되지 않은 14년 만인 1974년에 40억 명으로 늘어났다. 다시 50억 명이 되는 데는 13년이 걸린 1987년이고, 다시 12년 후인 1999년에 60억 명, 11년 후인 2010년에는 69억 명으로 늘어났다. 실제로 1900년과 2000년 사이 100년 동안의 인구가 15억에서 61억으로 인류 역사 전체에 걸쳐서 형성된 인구의 3배 이상이 늘어났다. 특히 증가속도는 20세기 후반에 가장 급격하였다.

그런데 문제는 인구의 성장이 선진국과 후진국에서 다른 양상으로 나타난 것이다. 대체로 선진국의 인구 증가는 그리 크지 않고 안정적인 반면, 인구 증가의 대부분은 저개발국에서 일어났다. 예컨대 세계인구의 68%가 1950년에는 저개발국가에 집중되어 있었는데, 2010년에는 세계인구의 82%가 저개발국에 속한다. 저개발국에 많은 사람들이 모여 살고 있다는 것은 그들이 처한 사회, 경제적 환경이 열악할 수밖에 없다는 것이고, 인류의 상당수가 힘들고 어렵게 살아갈 수밖에 없는 처지에 놓여 있음을 의미 한다.

인구의 지역적 분포도 고르지 않다. 예컨대 세계인구의 20%나 되는 사람들이 중국에 살고 있다. 인도의 인구는 세계 인구의 18%에 이른다. 이 두 나라 인구만 합치더라도 세계 인구의 38%에 이른다. 저개발국들이 많은 아프리카의 경우도 2010년 현재 약 15%를 차지하고 있다. 아프리카 인구가 1950년에 세계인구의 9% 정도였던 것을 감안하면 이 지역 인구 증가의 속도는 굉장히 빠른 속도로 진행되었다는 것을 알 수 있다. 하지만 선진국들이 몰려있는 유럽은 국가의 수는 많지만 2010년 기준으로 세계 인구의 11%에 불과하다.

1950년에는 세계 인구에서 유럽이 차지하는 비율이 22% 수준이었는데 이것과 비교하면 유럽의 인구의 증가는 정체되어 있음을 알 수 있다. 출산율을 기준으로 보면 인구 증가의 원인을 보다 명확히 알 수 있다. 선진국의 출산율은 인구대체출산율 보다 더 아래인 여성 1명당 2005년에서 2010년 사이 평균 1.6명 수준을 유지하고 있다. 그러나 저개발국의 출산율은 같은 기간 평균 2.68명 수준으로 선진국보다 훨씬 높다. 사실 1970년에서 1975년 사이에 저개발국들의 출산율의 평균이 5.41명이었다. 저개발국의 출산율이 급격히 줄어들게 된 것은 가장 많은 인구를 차지하는 중국의 산아제한 인구정책, 그리고 동남아시아와 남미지역의 출산율이 감소한 것에 힘입은 바가 크다.

　그럼 앞으로 세계 인구 동향은 어떻게 될 것인가? 유엔 인구국은 1950년부터 시작해서 지속적으로 출산율, 사망률, 국제 인구이동 등을 기초로 한 비교 자료들을 내 놓고 있다. 〈그림 2〉는 과거의 실제 인구 증가율과 2100년까지의 인구 증가율 예측을 그래프로 나타낸 것이다. 이 자료를 바탕으로 살펴보면, 세계 인구 증가율은 1962년과 1963년에 2.2%로 정점을 이미 찍었고 그 이후로 인구 증가율은 기복이 있긴 하지만 점점 줄어드는 추세로 바뀌어 현재는 그 절반정도에 그치고 있다. UN은 세계 인구 증가율이 지금과 같은 추세로 움직인다면 앞으로 수십 년 동안도 인구증가율이 계속적으로 떨어질 것으로 예측하고 있다. 물론 인구증가율의 이러한 추이는 세계 전체의 평균을 나타내는 것이기 때문에 개별 국가나 특정 지역별로 나타나는 현상과는 전혀 다를 수 있다. 이렇게 세계적인 수준에서 인구증가율이 줄어드는 가장 큰 이유는 인구 규모가 큰 중국이나 인도 등의 인구증가율이 떨어진 것과 밀접한 관계가 있다. 그러므로 모든 저개발국의 인구증가율도 같은 정도로 감소할 것이라고 볼 수는 없다.

보다 구체적으로 살펴보면, 서구 유럽의 인구 증가율은 현재 제로 성장률에 근접하고 있지만, 아프리카의 사하라 사막 남쪽지역에 위치한 경제적으로 가장 어려운 나라들의 인구 증가율은 3%나 된다. 이것은 세계 평균 인구증가율이 가장 높았던 1960년대 보다 더 높은 수치이다. 또한 국가들 마다 인구 추세가 확연히 다르게 나타나기도 한다. 1960년대는 인도와 나이지리아의 인구증가율이 1.7%로 비슷하였지만 그 이후 완전히 서로 다른 길로 들어섰다. 인도는 2015년 현재 1.26%의 인구증가율을 보여서 감소하고 있는 추세에 있는 반면 나이지리아의 인구증가율은 2.67%를 차지해서 여전히 높은 증가율을 보여주고 있다. 특히 국가들을 선진국, 개발도상국, 저개발국으로 나누어 인구증가율의 추이를 살펴보면, 전체적으로 인구증가율은 모두 감소 추세를 보이고 있지만 정도의 차이는 명확하게 나타난다. 2010년 기준으로 선진국의 인구증가율은 0.41%이다. 개발도상국은 1.33%로 선진국의 3배 이상이나 높고, 저개발국은 2.21%로 선진국의 5배 이상이다.

그런데 흥미로운 사실은 앞으로의 인구 증가율 추세를 예측한 것을 살펴보면 2090년이 되면 선진국의 인구 증가율이 0.08%, 개발도상국이 0.09%로 거의 같아지게 된다는 점이다. 그런데 2095년부터는 선진국의 인구증가율은 정체되거나 조금씩 늘어나기 시작하는 반면 개발도상국의 인구 증가율은 선진국들 보다 더 낮아지게 되는 크로스 현상이 일어나는 것으로 예측되고 있다. 그러나 저개발국은 2100년이 되어도 인구 증가율이 0.53%나 되는 것으로 추정된다. 이것은 선진국과 개발도상국의 인구 증가율보다 6-7배나 더 높은 수치이다(Roger & Oritz-Ospina, 2017). 인구 증가율의 이러한 추세 변화에서 알 수 있는 것은 선진국의 인구는 감소하거나 정체되고 있지만 개발도상국은 경제가 발전함에 따라 인구증가율도 급속하게 떨어져서 시간이 지남에 따라 선진국과 같은 수준으로 내려온다는 것이다. 그렇지만 저개발국의 인구증가율은 여전히 상대적으로 높게 유지되기 때문에 힘들고 어려운 환경에 있는 국가에서 오히려 많은 인구로 인해 사회문제를 지속적으로 겪을 가능성이 앞으로도 계속해서 발생할 것이라는 것을 알 수 있다.

<그림 2> 인구증가율 추세와 예측 (1950-2100)

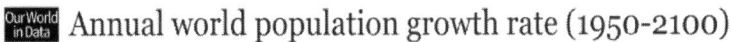

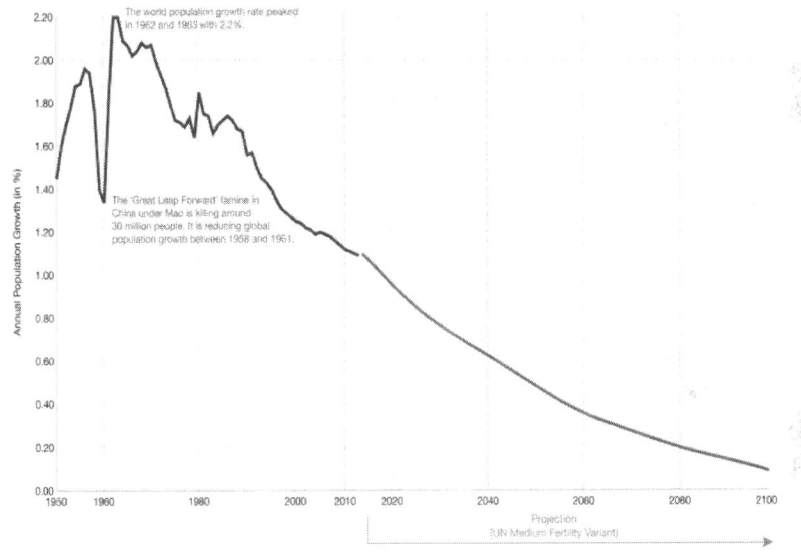

출처: Roger and Oritz-Ospina, 2017.
  https://ourworldindata.org/world-population-growth/

2) 인구구조와 사회문제

　인구의 증가 속도와 인구의 변화 추이는 한 국가의 인구구조에 중요한 영향을 미친다. 인구구조를 도형으로 나타내면 〈그림 3〉에서와 같이 흔히 5개 정도의 모형으로 설명할 수 있다. 첫째, 피라미드형이다. 피라미드형은 아래는 아주 넓게 퍼져 있는 반면 위로 갈수록 점점 좁아지는 모양새를 가지고 있다. 아래가 넓다는 것은 나이가 어린 사람들이 많다는 것을 뜻하고 위로 갈수록 좁아지는 것은 노인들의 인구가 상대적으로 적다는 것을 말한다. 출생률이 높으니 인구 증가가 계속적으로 진행되는 유형이다. 이러한 피라미드형은 출생률과 사망률이 모두 높으면서 인구 증가율이 높은 전형적인 저개발 국가들의 인구모형을 나타낸다. 둘째, 종형이다. 종형은 어린 유소년 층은 줄어들고 청년과 장년층의 비율이 높아지면서 노인들이 차지하는 비율도 높다. 흔히 저개발국에서 선진국으로 넘어가는 단계에서 나타나는 모형이다. 출산율이 감소하기 시작해서 유소년 인구는 줄지만 과거 출산율이 높던 시대 태어난 아이들이 청장년층으로 성장해서 중간 부분을 두껍게 유지하고 있다. 사망률의 감소로 노인층의 인구비율도 늘어나서 종의 모양을 지닌 인구구조를 가지게 되는 것이다. 이 단계에서는 인구가 급증하던 것이 멎고 정체되기 시작한다.
　셋째, 방추형이다. 방추형은 선진국들에서 흔히 나타나는 모형이다. 방추형의 전 단계는 종형의 모형이다. 종의 모형을 형성하고 있던 인구구조가 출산율이 감소함에 따라 유소년 층의 인구가 줄어든 모습을 띠고 있다. 이러한 인구구조가 지속되면 인구가 정체되거나 감소되는 현상이 나타난다.

〈그림 3〉 인구구조모형

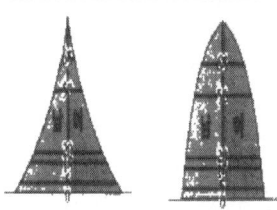  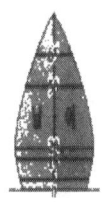  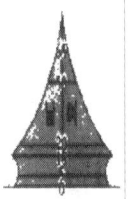

피라미드형   종형   방추형   표주박형   별형

　넷째, 표주박형이다. 표주박형은 유소년층의 인구는 많지만 청장년층의 인구비율은 상대적으로 낮은 것을 보여주는 형태이다. 청장년층 세대의 인구수가 줄어든 것은 출생률이나 사망률과 관련된 것이라기보다는 인구의 이동 때문에 나타난 현상이다. 일반적으로 청장년층이 사회생활을 시작하면서 직장을 찾아 다른 지역으로 빠져나가는 경우가 여기에 해당된다. 청장년층이 떠난 지역에서는 유소년층과 노인층만 남게 된다. 이러한 유형은 젊은이들이 도시로 일자리를 찾아 떠나는 농촌지역에서 주로 많이 나타난다.

　마지막으로 별형이다. 별형은 표주박형과는 반대로 젊은이들이 대거 이주해 들어와서 청장년층의 인구비율이 상대적으로 높을 때 생기는 유형이다. 젊은이들이 도시지역으로 이주함에 따라 이 연령층의 인구가 늘기도 하지만, 이 연령층의 사람들은 출산을 하는 연령층이기 때문에 유소년층의 인구도 함께 늘게 된다. 따라서 젊은 사람들이 많이 유입되는 도시지역은 별형의 인구구조 형태를 띠게 된다.

　선진국과 저개발국의 인구구조를 위의 모형을 바탕으로 살펴보자. 아프리카 케냐의 2016년 기준 인구모형은 전형적인 피라미드 구조를 갖는다. 케냐의 높은 출산율 때문에 10세 미만의 어린이가 전체 인구의 29.4%를 치지하고 있다. 반대로 높은 사망률로 인해 노인 인구가 전체에서 2.9% 밖에 되지 않는다.[7] 또 다른 저개발국인 나이지리아도 아랫부분은 넓고 윗부분은 좁은 전형적인 피라미드 구조이다. 나이지라아의 15세 미만 유소년 층은 전체인구의 44%를 차지하는 반면, 65세 이상의 노인 인구는 2.7% 밖에 되지 않는다.[8]

선진국들은 이와는 전혀 다른 인구구조를 갖는다. 1인당 GNI가 가장 높은 국가에 속하는 노르웨이의 2016년 인구구조에서 10세 미만의 유소년은 전체 인구에서 12%밖에 차지하지 않는다. 반면 60세 이상의 인구는 전체 인구의 22%를 차지함으로써 방추형에 가까운 인구구조를 가지고 있다. 또 다른 선진국인 일본은 65세 이상 인구가 전체 인구에 23%를 차지하고 있지만, 15세 이하 유소년 층 인구는 전체 인구에 13% 정도를 나타내고 있다. 일본의 인구구조도 종형이나 방추형과 유사한 형태를 보여준다.

---

[7] PopulationPyramid.net, Populatiom Pyramids of the World from 1950 to 2100 (Kenya)
https://www.populationpyramid.net/kenya/2016/

[8] PopulationPyramid.net, Populatiom Pyramids of the World from 1950 to 2100 (Nigeria)
https://www.populationpyramid.net/nigeria/2016/

〈그림 4〉 저개발국 전체 인구구조 모형

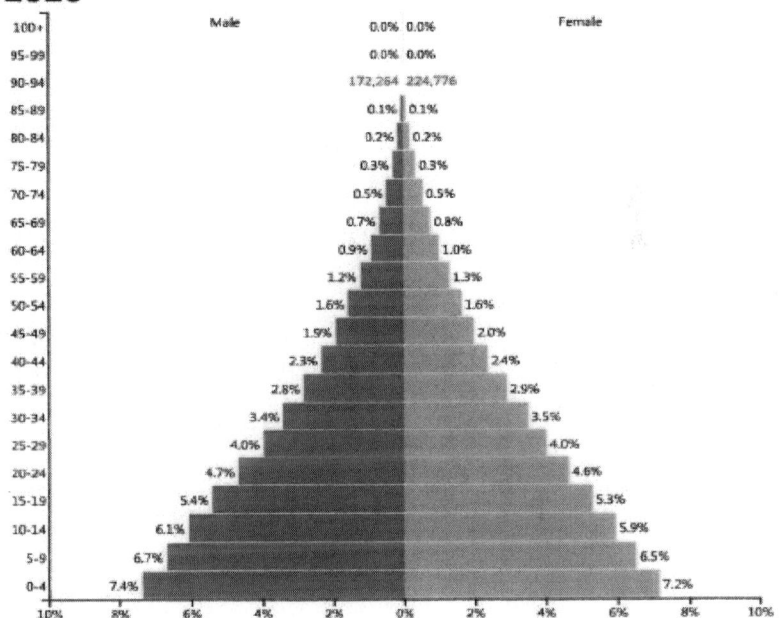

출처: PopulationPyramid.net, Population Pyramids of the World (Least developed countries)9)

---

9) https://www.populationpyramid.net/least-developed-countries/2016/

〈그림 5〉 개발도상국 전체 인구구조 모형

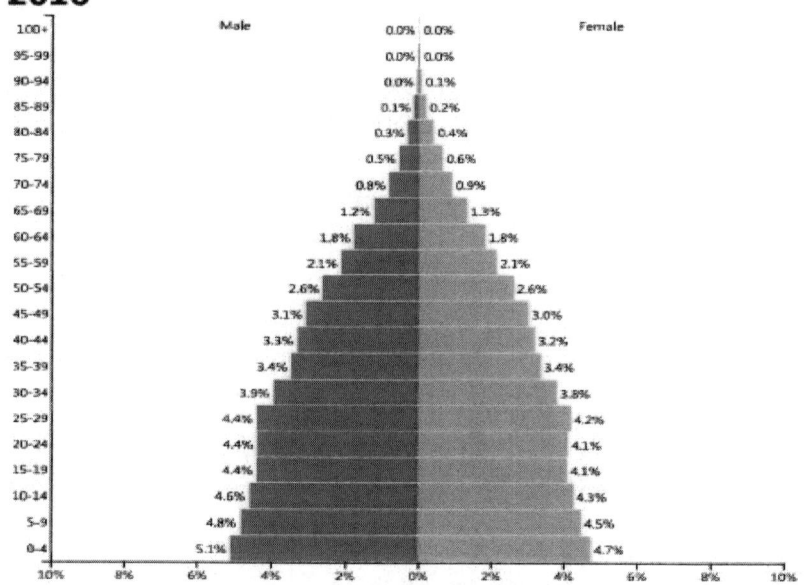

출처: PopulationPyramid.net, Population Pyramids of the World (Less developed regions)10)

---

10) https://www.populationpyramid.net/less-developed-regions/2016/

〈그림 6〉 서구유럽 국가 전체 인구구조 모형

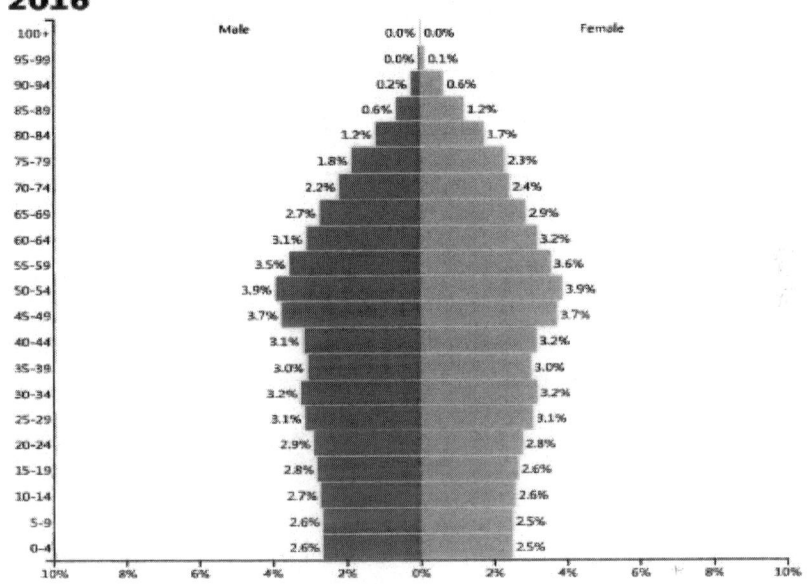

출처: PopulationPyramid.net, Population Pyramids of the World (Western Europe)[11]

---

11) https://www.populationpyramid.net/western-europe/2016/

〈그림 7〉 한국 인구구조 모형

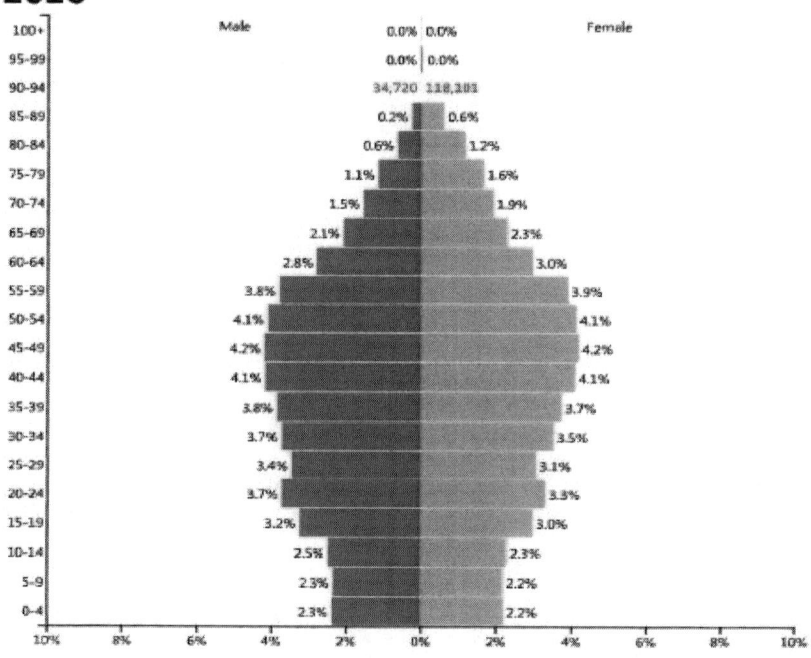

출처: PopulationPyramid.net, Population Pyramids of the World (Republic of Korea)12)

---

12) https://www.populationpyramid.net/republic-of-korea/2016/

〈그림 4〉에서부터 〈그림 7〉은 저개발국, 개발도상국, 선진국 그리고 한국의 2016년 기준 인구모형을 비교한 것이다. 〈그림 4〉의 저개발국들의 전체 인구 모형을 보면 아랫부분의 나이가 어린 세대로 갈수록 넓어지고 윗부분의 나이 많은 세대는 점점 좁아지는 전형적인 피라미드형의 구조를 나타내고 있다. 〈그림 5〉의 개발도상국들의 인구모형은 피라미드형에서 종형으로 옮겨가는 모습을 띠고 있다. 아랫부분이 저개발국 모형보다 확연히 줄었고 중간 부분이 두꺼워져서 전체 연령별 비율이 균형이 잡혀져 가는 듯 보인다. 그러나 전체적으로 모형의 아랫부분이 더 넓어 인구가 점진적으로 증가하고 있다는 것을 보여주고 있다. 〈그림 3〉은 선진국들이 모여 있는 서구 유럽국가들 전체의 인구모형이다. 30세를 기점으로 그 아랫부분의 길이가 점점 줄어드는 모습을 띠고 있다. 말하자면 출산율이 지속적으로 떨어지고 있음을 나타낸다. 45세와 55세 사이가 가장 두껍고 그 위로부터는 다시 줄어드는 방추형의 모습을 띠고 있다. 따라서 선진국들의 인구는 정체되어 있거나 줄어들기 시작하고 있음을 알 수 있다.

　마지막으로 〈그림 7〉은 한국의 인구모형이다. 한국은 2016년 출산율이 1.17명으로 OECD 35개국 중 가장 낮고 전 세계 225개국 중에서 220위 정도로 최저의 출산율을 기록하고 있다. 인구모형에서도 한국의 저출산이 그대로 반영되어 있다. 모형의 아랫부분은 점점 좁아지고 있다. 특히 15세에서 19세 이하부터 급격히 줄어들고 있음을 볼 수 있다. 반면에 30대에서 50대까지는 가장 많은 인구비율을 차지하고 있다. 한국의 인구모형은 서구유럽국가들과 비교해 보면 아래 부분이 상대적으로 더 급격히 좁아지고 있는 모습을 띠고 있어서 저출산의 문제가 심각하다는 것을 알 수 있다. 한국과도 같은 인구모형으로 인구구조가 지속적으로 유지된다면 인구가 줄어드는 것은 시간문제이다.

대체로 저개발국들의 인구구조는 높은 출생률과 높은 사망률에 의해 나타나는 형태라면 선진국들은 반대로 낮은 출생률과 낮은 사망률에 의한 인구구조를 가진다. 선진국과 저개발국의 서로 다른 인구구조는 전혀 다른 사회문제를 낳는다. 저개발국들이 높은 사망률과 높은 출산율을 지속적으로 유지하는 것은 의학기술과 보건에 대한 지식이 부족하고 식량부족과 비위생적 주거 공간 등 삶의 환경이 척박하기 때문이다. 그리고 피임에 대한 적절한 지식이 부족하고 건강과 삶에 대한 정보와 기술 또한 부족하다. 저개발국은 높은 출산율로 인해 젊은 층이 급증하고 있지만, 그러한 노동력을 적절하게 수용할 수 있는 사회 경제적 기반이 부족하다. 또한 많은 젊은이들을 적절하게 교육할 수 있는 사회적 기반이 마련되어 있지 않아 수준 높은 노동력을 확보하지 못하고 있다. 그래서 저학력 비숙련 노동자들이 노동자들의 대부분을 차지하게 되고 이들이 대거 사회로 진입한다. 하지만 그러한 인력을 고용할 수 있는 일자리도 부족하기 때문에 실업문제는 심각한 사회문제로 대두 되고 있다. 특히 일자리 없는 젊은 계층의 반발은 사회적 저항이나 폭동으로 표출되는 심각한 경우도 많이 있기 때문에 사회불안의 요인이 되고 있다.

　그런데 인구가 정체되거나 감소하는 선진국들은 다른 걱정거리를 갖고 있다. 삶의 질이 상대적으로 뛰어나고 의료 수준이 높은 선진국들의 사망률은 낮으므로 노인인구가 상당히 높은 비율을 차지해서 인구의 고령화 현상이 나타나고 있다. 그러나 또 한편으로 저출산으로 인해 노동시장에서 활발하게 일해야 할 젊은 층의 비율은 줄어들고 있다. 따라서 상대적으로 적은 수의 젊은 층이 많은 수의 고령자를 부양해야 하는 사회적 문제가 발생한다. 연금을 수령하는 사람들이 점점 더 많아지기 때문에 연금 고갈의 문제도 일어날 수 있다. 이를 보충하기 위해 젊은이들은 노인세대에 비해 훨씬 더 많은 연금부담을 질 수 밖에 없다. 노인수가 많아지면서 경제활동인구 수는 그 만큼 줄어들어 경제성장률도 정체하거나 떨어지게 된다. 적은 인구수는 소비에도 영향을 끼쳐 내수경제의 크기가 줄어들고 소비부진으로 이어질 가능성이 크기 때문이다. 결국 연금부담, 경제적 활동의 위축 등으로 인해 젊은이들은 결혼을 하더라도 자녀를 낳지 않거나 출산을 지연하여 평균 출산율이 떨어지게 된다. 이러한 현상이 반복적이고 지속적으로 일어나면서 고령화는 심해지고 이와 관련한 사회문제는 더욱 심화될 가능성이 크다.

3) 인구 증가와 사회발전

인구의 증가가 사회에 어떠한 영향을 미치는지는 18세기부터 주요한 연구의 주제로 등장했다. 이 시기는 세계 인구가 본격적으로 성장하기 시작하는 시기여서 학자들의 주목을 받기에 충분했다. 중상주의자들은 경제성장과 인류의 번영을 위해서는 인구성장이 반드시 필요하다고 주장하였다. 적절한 인구가 있어야 생산과 소비가 활성화 되고 이는 경제성장으로 이어져 인류에게 보다 나은 삶을 가져다준다는 것이다.

그러나 인구문제에 관한 대표적인 학자인 맬더스(Thomas Malthus)는 중상주의적 시각에 반론을 제기한다. 그는 인구성장을 억제하는 전쟁, 전염병, 굶주림 등과 같은 요인들에 의해 적절하게 인구가 통제되지 않는다면 인류는 가난과 궁핍을 면하지 못할 것이라고 주장하였다. 다시 말하면 인류가 가질 수 있는 식량공급은 제한되어 있는데 그것보다 더 많은 사람들이 존재한다면 어려움에 처할 수밖에 없다는 것이 맬더스 인구론의 기본적인 전제이다. 예컨대 식량은 산술급수적으로 증가하는 것에 반해 인구는 기하급수적으로 증가하기 때문에 식량의 증가는 늘어나는 인구를 감당할 수 없다. 따라서 인류 번영을 위해서는 적절한 인구의 통제가 필수적이라는 것이다 (Weeks, 2012). 이러한 맬더스의 주장은 그 당시 시대상으로는 아주 의미 있는 주장이었다. 왜냐하면 19세기는 물질문명이 급속하게 발전하는 시기였지만 인구도 급증하는 시기였고, 또 한편으로 빈곤에 찌든 사람들도 넘쳐나는 시기였기 때문이다. 그러나 맬더스 이후 인구와 사회발전에 관한 연구들에서 인구의 증가가 반드시 인류를 어려움에 처하게 만드는 것은 아니라는 주장들이 다시 힘을 얻기 시작했다.

코뉴코피아(Cornucopia)적인 관점이 그것이다. 코뉴코피아는 그리스 신화에서 유래한 것으로써 과일과 꽃들이 가득 담긴 풍요와 번영의 상징인 나선형 모양의 '풍요의 뿔'을 상징한다. 이 뿔은 풍요와 번영의 상징으로 르네상스와 제국주의 시대에 걸쳐 유행하였다. 코뉴코피아의 관점은 기술의 혁신과 발전, 시장의 활성화야 말로 제한된 자원을 극복할 수 있게 만드는 방법이라는 것이다. 인구증가야 말로 이러한 것을 가능하게 하고 생산성의 극대화를 통해 인류가 처한 문제가 해결될 수 있다는 것이 이들의 관점이다(Snarr & Snarr, 2014).

맑스(Marx)와 엥겔스(Engels)도 맬더스의 인구론을 비판하였다. 그들에 따르면, 식량의 공급이 인구과잉에 의해 위협받는 것이 아니라, 기술적으로는 인구성장에 따르는 필요한 식량과 상품은 생산해낼 수 있다. 다만 식량의 부족 등을 비롯한 빈곤의 문제는 생산수단을 소유한 자본가들이 노동자들을 착취해서 노동자들이 응당 가져할 자기의 몫을 가지지 못했기 때문에 발생하는 문제이다. 자본가들은 노동자들의 노동으로 얻은 이익을 가지고 식량공급을 위해 사용하는 것이 아니라 노동자들을 대체하는 기계를 사는데 사용하였다. 인구과잉은 자본가들이 잉여 노동자(산업예비군)들이 필요하기 때문에 발생한다. 적절한 인구보다 더 많은 인구가 존재해야 일자리 경쟁이 생기고 따라서 임금을 일정 수준에서 통제 할 수 있다. 그리고 일자리를 가지고 있는 노동자들도 해고당하지 않기 위해 더 열심히 일하기를 강요당함으로써 생산력을 높일 수 있다는 사실들이 자본가들의 주요 전략이라고 맑스와 엥겔스는 주장한다. 그래서 맬더스가 주장하듯이 단순히 인구과잉이 빈곤을 가져오는 것이 아니라 인구증가와 관련하여 왜 빈곤한지에 초점을 맞추는 것이 자본주의 경제에서 더 중요한 문제라는 것이다(Kendall, 2013).

그러나 맬더스 이론을 바탕으로 하는 신맬더스(neo-Malthusians) 학자들은 인구과잉으로 초래할 수 있는 위험을 다시 강조하고 있다. 지구는 너무나 많은 사람들이 너무나 적은 식량에 허덕이며 점점 나빠지는 환경과 과소비로 둘러싸인 '죽어가는 행성'이라는 것이다. 그들에 따르면, 인구과잉과 급격한 인구 증가는 지구온난화, 숲의 파괴, 기근, 전염병 확산 등 전 지구적 차원에서 심각한 환경문제를 발생시킨다. 그런데 인구성장을 억제하기 위해서는 단순히 피임만 권유하는 것이 아니라 사회 구조와 제도, 더 나아가 사회와 문화자체가 변화하지 않으면 안 된다는 것이다. 다시 말하면 인구성장은 아주 다양한 요인들에 의해 발생한다. 여성의 인권 향상, 인종차별과 종교적 편견의 감소, 농업시스템의 개혁, 부자와 가난한 사람의 양극화 감소 등의 문제들이 모두 출산의 문제와 관련되어 있다. 그렇기 때문에 인구 억제를 위해서는 이러한 요인들이 변화되지 않으면 인류는 큰 어려움에 빠질 수 있다는 것이 그들의 주장이다(Ehrlich & Ehrlich, 2009).

또 다른 학자들은 신맬더스 학자들의 이러한 주장에 동의하지 않으면서 미래의 인구성장을 보다 정확하게 볼 수 있는 인구학적 변천 이론(the theory of demographic transition)을 제안하였다(Kendall, 2013). 이론에 따르면, 어떤 사회는 기술 발전의 결과에 따라 높은 출산율과 사망률에서 낮은 출산율과 사망률을 가지는 사회로 변한다는 것이다. 인구학적 변천은 네 가지 단계에서 발생한다. 첫째, 전산업화 단계(preindustrial stage)이다. 이 단계는 높은 출산율을 가지지만 또한 높은 사망률로 인해서 인구증가가 거의 없는 것을 말한다. 둘째, 그 다음에 오는 것이 초기 산업화단계(early industrial stage)이다. 출산율은 그대로 높은 채로 유지된다. 그러나 건강과 의학에 관련한 새로운 기술의 발달과 영양 공급의 향상으로 인해 사망률이 급감하면서 인구 증가가 급격하게 일어나는 단계를 말한다. 아시아, 아프리카, 남아메리카 대륙의 저개발국들이 바로 여기에 해당한다. 셋째, 선진적인 산업화와 도시화(advanced industrialization and urbanization)가 진행되는 단계이다. 사람들이 다양한 형태의 피임방법을 통해서 출산을 통제함으로써 출산율이 떨어지고 사망률 또한 의학과 보건 기술의 발달로 감소한다. 마지막으로 탈산업화 단계(postindustrial stage)이다. 인구증가가 정체되어 있는 단계이다. 출산율은 줄어들고 사망률은 아주 안정화 되어 있어서 인구의 변화가 거의 나타나지 않는다. 인구학적 변천 이론을 주창하는 학자들은 기술이 맬더스와 신맬더스 학자들이 걱정하는 바를 극복할 수 있다고 믿는다. 인구성장이 계속 지속되면서 사회는 산업화와 도시화를 단계별로 겪게 되고 그러한 경험의 결과로 출산율이 줄어들고 사망률도 안정화 된다는 것이 이들의 주된 주장이다. 그렇지만 모든 사회가 이들이 제시하고 있는 단계를 차례로 거치는 것은 아니다. 또한 서구 선진국들이 역사적으로 경험한 바에 기초해서 만들어졌기 때문에 그렇지 않은 다른 지역의 국가들도 같은 단계를 거칠지는 불명확하다는 비판도 존재한다.

인구 성장에 관한 생각은 어느 한쪽이 옳다고 일방적으로 주장할 수는 없다. 왜냐하면 인구 성장과 사회발전에 관한 것은 광범위한 사회구조와 제도에 의해 영향을 받기 때문이다. 예컨대 한 국가의 보건 수준, 사회경제적 기반과 제도, 식량안보, 환경문제 등과 같은 수많은 요인들은 인구 성장에 주요한 영향을 끼친다. 특히 국가와 국가가 연결된 세계화의 과정은 국제 인구이동, 무역, 인권 등의 문제와 관련하여 한 국가내의 인구 정책에 직간접적인 영향을 미친다. 다만 인구성장이 사회발전에 긍정적인 역할을 하려면 몇 가지 점은 반드시 고려되어야 한다.

첫째, 인구 성장이 생산성에 기여할 수 있을 정도로 산업과 기술의 발전이 바탕이 되어야 한다. 산업과 기술의 발전이야말로 인구 증가분을 무리 없이 수용할 수 있는 가장 중요한 사회적 기반이다. 이때 인구의 증가는 경제와 사회 발전의 원동력으로 작용할 수 있다. 둘째, 식량생산이 지속적으로 증가하여 인류가 기아에 허덕이지 않아야 한다. 종자개량, 효율적인 농사방법의 개발과 적용, 새로운 농토의 개간 등을 통해 식량생산을 늘려나가는 것이 필요하지만 또 한편으로는 생산된 식량을 공평하고 일관되게 공급하는 것도 생산 못지않게 중요하다. 셋째, 수질개선이나 환경오염 등의 문제가 국제적 수준에서 논의되어 충분히 개선될 수 있어야 한다. 환경과 관련된 문제는 한 국가의 노력만으로 해결될 수 있는 것이 아니라. 선진국이든 저개발국이든 모든 국가들이 환경문제에서만은 서로 얽혀 있어서 공동의 운명에 처해 있다. 그러므로 국제적인 논의와 협력을 통해 문제를 해결해 나가지 않으면 안 된다. 넷째, 보건과 사회 복지와도 같은 사회경제적 기반이 튼튼하게 받쳐주어야 한다. 모든 사람이 성공할 수 있는 것은 아니다. 어느 사회를 가든 가난한 자와 부자가 함께 존재한다. 인구가 늘면 늘수록 그 차이는 심해지는 경향이 있다. 그러므로 경쟁에서 뒤쳐진 사람, 사회적 약자들이 버틸 수 있는 사회적 기반이 제대로 되어 있지 않은 상태에서 인구가 증가하면 걷잡을 수 없는 상황으로 돌아갈 수 있다. 이러한 조건들이 짧은 시간 안에 모두 충족될 수는 없을지라도 하나씩이라도 해결의 방향으로 나간다면, 인구성장으로 인해 사회발전이 제한되는 일은 줄어들 수 있다.

그러나 어떠한 경우에도 급격한 인구증가에 대처할 수 있을 정도의 사회는 아직 지구상에 존재하지 않는다. 그러므로 적절한 수준에서 인구성장을 억제할 수 있는 방안을 강구하는 것은 필수적이다. 보다 현실적으로 인구성장과 사회발전의 관계를 살펴보면 선진국과 저개발국가에서 발생하는 문제는 확연히 다르고 따라서 대처방식도 분명히 달라야한다. 유엔인구국의 세계인구추계에 따르면, 2010년에는 세계 전체 인구에서 선진국 인구가 차지하는 비율이 18%이고 저개발국이 82%이다. 지금 현재 수준의 출산율을 유지할 경우 2050년에는 선진국 인구는 전체 인구의 11.4%이고 저개발국은 88.6%가 될 것으로 예상하고 있다. 선진국의 인구비율은 줄어드는 반면, 저개발국의 인구비율은 늘어난다. 2010년과 2050년 사이의 인구변화 추세를 지역별로 보다 더 상세하게 살펴보면 중남미와 북미 그리고 오세아니아 대륙의 인구는 큰 변동이 없다. 그러나 아시아의 인구는 60.4%에서 54%로 소폭 그 비율이 줄어들고, 유럽도 10.7%에서 6.1%로 감소한다. 그런데 아프리카는 2010년 14.8%에서 2050년 27.4%로 세계 전체인구에서 차지하는 비율이 높게 증가한다. 아프리카는 저개발국들이 가장 많이 집중되어 있는 곳인데 전체적으로 저개발국의 인구가 차지하는 비율이 늘어난 것은 대부분 아프리카의 인구 증가 때문이다. 아프리카는 2010년과 비교해서 2050년에 유일하게 전체 인구에서 차지하는 비율이 높아지는 지역이다.

이러한 통계를 바탕으로 보면 저개발국은 급격한 인구증가를 겪을 것으로 예상되는 반면 선진국들의 인구는 안정적이거나 감소하는 추세이다. 사회경제적 기반이 제대로 갖춰지지 않고 자본도 충분하지 않은 저개발국의 인구 증가는 많은 실업과 사회적 문제를

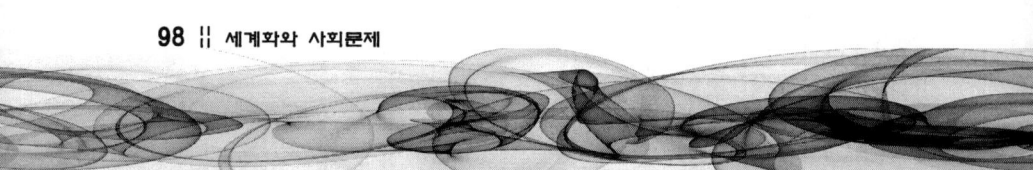

낳을 수밖에 없다. 반면 선진국들은 첨단 기술, 과학, 금융, 서비스 업종 등 고급인력이 필요한 일자리를 제외하고 흔히 3D 직종이라고 불리는 단순노동직에서는 노동력을 구하기 힘들게 된다. 이러한 선진국과 저개발국의 인구 불균형 상황으로 인해 자연스럽게 인구이동 현상이 나타날 수밖에 없는데 그 방향은 주로 저개발국의 노동자들이 선진국으로 일자리를 찾아 이동하는 것이다. 이러한 국제적 인구이동 또한 선진국과 저개발국 모두에게 나름의 사회문제를 던진다.

에듀컨텐츠·휴피아
Educontents Huepia

Chapter 5. 이주와 사회문제

1) 인구의 국내이동

　세계화로 인한 인구이동은 국내 이동과 국제 인구 이동으로 나누어 볼 수 있다. 국내이동은 한 국가 내에서 인구가 이동하는 것을 말하고, 국제 인구 이동은 국경을 넘어 인구가 이동하는 것을 말한다. 국제 인구 이동에서 국내로 들어오는 인구를 이입(immigration)이라고 하고 외국으로 나가는 인구를 이출(emigration)이라고 한다.

　인구의 국내이동은 대부분의 국가에서는 시골지역에서 도시지역으로의 이동이 주를 이룬다. 유엔의 인구통계 자료에 따르면 2016년 세계인구의 절반이상이(54.5%) 도시지역에 거주하고 있는 것으로 보고되고 있다.13) 그리고 2030년에 이르러서는 지구전체적으로 도시지역에 사는 사람이 60% 정도로 늘어나리라고 예상하고 있다.

---

13) The World's Cities in 2016
　　http://www.un.org/en/development/desa/population/publications/pdf/urbanization/the_worlds_cities_in_2016_data_booklet.pdf

특히 3명중 1명꼴로 인구 50만 명 이상의 도시에 거주할 것으로 예측되어 도시화 현상은 세계화 과정에서 지속적으로 일어날 것으로 보여 진다. 인구 백만 명이 넘는 도시가 2016년 기준으로 전 세계적으로 512군데가 있고, 2030년이 되면 662개로 늘어날 것이라고 한다. 인구 500만에서 1,000만 명에 이르는 초대형 도시는 45개가 있지만 2030년에는 63개로 늘어날 전망이다. 2016년에서 2020년 사이 인구 500만 명 선을 새로 넘게 되는 도시들 중에서 아시아지역에 위치하고 있는 도시가 15개, 아프리카에 위치하고 있는 도시가 10개가 될 것으로 예상된다. 선진국들이 있는 북미나 유럽에 비해 도시화가 아직 덜 진행된 아시아와 아프리카 국가들에서 집중적인 도시화가 진행될 것으로 예측해 볼 수 있다. 500만 명 이상 초대형 도시에 살고 있는 사람들이 2016년에는 6.8%지만 2030년에는 8.7%로 늘어날 것으로 보인다. 특히 2016년 기준으로 인구 1,000만 명 이상 도시의 수는 31개인데 그중 24개가 저개발국이나 개발도상국에 속해 있다. 또한 인구 50만 명 이상 도시들 중 2000년에서 2016년 사이에 가장 빠르게 인구가 증가한 도시 대부분이 아시아와 아프리카 지역에 위치하고 있다.

  인구가 도시 지역으로 몰려 도시들이 만들어지고 기존의 도시들의 크기가 커지며 복잡해지는 현상을 도시화(urbanization)라고 한다. 선진국은 도시화 현상을 먼저 경험해서 인구의 75% 정도가 도시지역에 살고 있다. 그러나 저개발국들의 도시화는 아직 여기에 미치지 못해서 45% 정도만 도시지역에 거주한다. 선진국이든 저개발국이든 관계없이 도시화는 계속적으로 진행되고 있다. 전 세계적으로 도시 인구 증가의 $\frac{2}{3}$는 사망률보다 출산율이 더 높아서 나타나는 자연증가에 의한 것이고 나머지 $\frac{1}{3}$이 인구의 이동으로 나타난 것이다(Kendall, 2013). 충분히 도시화가 진행된 것으로 여겨지는 선진국들에서도 도시화는 계속되는데 2050년에 이르면 도시화의 정도가 86%까지 갈 것이라고 UN은 예상하고 있다. 저개발국들은 선진국보다 도시화가 늦게 시작되었지만 위의 통계에서 보듯이 도시화의 속도는 한층 더 빠르게 진행되고 있다.

인구의 도시 이동은 지역적 특성, 역사적, 환경적 배경과 경제발전의 단계 등과 같은 다양한 원인이 있다. 지금까지 선진국들에서 이루어진 도시화 현상은 산업화와 밀접한 관계가 있다. 농업위주의 사회에서 공업, 상업, 금융 서비스업 등 새로운 산업이 발전하였는데, 이러한 새로운 산업들이 자리 잡은 곳을 중심으로 사람들이 모이기 시작했다. 사람들이 몰려들기 시작하자 그 곳에서 또 다른 종류의 다양한 산업들이 발전하기 시작했고, 사람들은 새로운 일자리를 찾아 도시지역으로 더욱 많이 몰려들었다. 도시는 블랙홀처럼 사람들을 빨아들였지만, 문제는 몰려드는 사람들을 감당할 수 있을 만큼 충분한 일자리와 사회경제적 기반을 갖추고 있지는 못했다. 따라서 도시지역의 실업률은 높아졌으며 일자리를 찾지 못한 사람들은 거리에서 겨우 생계를 유지할 정도의 막노동일이나 노점상 등과 같은 일 등을 할 수 있을 뿐이었다. 이마저도 하지 못하는 사람들은 가난과 질병에 시달릴 수밖에 없었다. 도시지역으로 사람들이 많이 몰리자 주택가격과 도심의 물가는 더욱 올라가서 가난에 처한 많은 사람들은 이를 감당할 수가 없었다. 그렇지만 도시에 가면 좋은 일자리를 찾을 수 있다는 희망으로 점점 더 많은 사람들이 모여들었다. 도시의 중심이 이렇게 모여든 사람들로 북적대자 삶의 환경이 급속도로 나빠지기 시작했다.

도심에 모여 살던 중산층이상 부자들은 조금 더 나은 환경을 찾아 교외지역으로 하나 둘씩 빠져나갔다. 이러한 현상을 교외화(suburbanization)라고 한다. 자동차 같은 교통이 발달한 것도 교외지역으로 사람들이 빠져나가는 것에 일조를 하였다. 교외에는 부유한 계층들이 모여 사는 새로운 마을이 생겨나기 시작했다. 그들이 떠난 도시에는 낮에는 사람들이 여전히 북적이지만 저녁이면 모두 도시를 빠져나가는 도시 공동화 현상이 나타났다. 사람들이 빠져나간 도심에는 가난한 사람들과 시골에서 그리고 외국에서 일자리를 찾으러 온 사람들이 자리를 채우고 집중적으로 몰려 살게 되었는데 이것을 도시의 슬럼화(slum) 현상이라고 한다. 슬럼화 현상이 가속화되면서 도시를 찾지 않는 사람들의 수는 점점 늘어나고 도시는 활력을 잃게 되어 점점 황폐화 되어져 갔다. 미국을 포함한 선진국들의 많은 도시들이 이러한 변천과정을 겪었으며 지금도 해결해야 할 많은 문제점들을 가지고 있다. 선진국에 있는 일부 도시를 중심으로 도시 재개발 정책이 세워지고 실행에 옮겨져서 도심의 활력이 되살아난 성공적인 경우도 더러 생기고 있다. 그러나 도시재개발을 위해서는 사회적, 경제적 기반을 새롭게 다져야 되기 때문에 큰 재정이 투입되어야 하므로 손쉽게 도시문제가 해결될 수 있는 것은 아니다.

　도시화에 따른 세계적 차원에서 일어나는 문제들을 살펴보면 무엇보다 농촌지역의 인구가 전반적으로 줄어들면서 수백만의 사람들이 도시지역으로 몰리는 뚜렷한 현상이 나타나고 있다. 세계 곳곳의 도시들이 겪는 문제들은 나라들마다 다르지만 공통적으로 겪고 있는 문제들도 상당히 많다. 도시의 과밀화, 환경오염, 농사를 짓던 농장들의 감소 등이 그러한 예들이다. 개발도상국이나 저개발국들의 도시들은 식량, 주택 그리고 기본적인 공공재들의 공급 문제에 대한 심각성이 더 빠른 속도로 그리고 더 크게 나타나고 있다. 물부족 문제는 특히 심각해서 대도시들이 비상사태를 선포할 정도로 어려움을 겪고 있다. 예컨대 호주의 멜버른, 스페인의 바르셀로나, 멕시코의 멕시코시티, 미국의 로스엔젤리스 등과 같은 대도시들도 모두 포함되어 대도시의 물 부족 현상이 선진국들에서도 예외가 아니다(Prud'Homme, 2011). 한편, 아프리카 사하라사막 남부지역, 알제리, 인도 그리고 이집트 등 저개발 국가들과 개발도상국들을 중심으로 인구의 이동에 따른 도시화 현상들이 보다 뚜렷하게 나타나고 있다. 특히 이들 국가의 도시화의 문제들은 국가 전체적으로 식량 공급이 원활하지 않은 상태에서 시골지역에서 농사를 짓던 많은 사람들이 도시지역으로 이동하면서 식량생산을 더욱 어렵게 만들고 있다. 인구의 국내 이동으로 인한 도시화 문제는 선진국 보다는 산업화가 덜 진행되어 1차 산업의 비율이 높은 저개발국에서 더욱 심각하게 나타난다. 결국 가난한 나라에서의 모든 사회문제는 바로 도시에서 잉태되어 도시에서 확장된다는 말이 허공에 그냥 외치는 말은 아니다(Crossette, 1996).

2) 인구의 국제이동

국경을 넘어 한 국가에서 또 다른 국가로 사람들이 이주하는 국제적인 인구이동은 가장 뚜렷하게 나타나는 세계화의 증거이다. 세계화가 진행되면서 국가의 경계가 흐려지기 시작했고, 자본과 인력의 이동도 더욱 활발해 졌다. 세계화 이전에는 아주 제한적인 지역에서만 국경선을 넘는 인구의 이동현상이 있었다. 그렇지만 이제는 일자리와 안전한 거주지가 있다면 자신의 나라를 떠날 준비가 되어 있는 사람들이 점점 더 많아지고 있는 것이 현실이다.

인구의 이동에는 크게 두 가지 요인이 적용된다. 하나는 밀어내기(push factor) 요인이고 또 다른 하나는 끌기(pull factor)요인이다. 밀어내기 요인은 사람들을 어떤 지역에서 떠나가게 하는 요인들을 말한다. 예컨대 어느 지역에 일자리가 없다든지, 환경이 나쁘다든지, 재해가 많다든지 해서 그 지역을 떠나가게 만드는 요인들이 밀어내기 요인들이다. 끌기 요인들은 그 반대로 어떤 지역으로 사람들을 모이게 만드는 요인들을 말한다. 일자리가 많다든지, 좋은 환경을 제공한다든지, 좋은 날씨 등이 바로 그러한 요인들이라고 할 수 있다. 인구의 이동은 끌기 요인과 밀어내기 요인이 맞아 떨어져서 함께 상승작용을 할 때 가장 원활하게 일어난다. 예를 들어 시골지역에서 도시지역으로 인구가 급격하게 모여든다면, 시골지역에서 일자리 부족, 재해, 불편함 등의 밀어내기 요인이 뚜렷하게 있고, 반면 도시지역에서 그 반대되는 급부인 일자리 공급, 안전, 편리함 등의 끌기 요인이 있다면 그곳의 인구는 시골지역에서 도시지역으로 아주 급속하게 이동할 것이다. 반면 시골지역에 밀어내기 요인들이 많이 있다고 할지라도 도시 지역 또한 시골지역과 마찬가지로 일자리가 부족하다든지, 치안이 위험하다든지 등과 같은 밀어내기 요인이 끌기 요인보다 더 뚜렷하게 작용한다면 시골에서 도시지역으로의 인구 이동은 주춤할 것이다. 국가 간의 인구이동도 마찬가지이다. 인구의 유출이 많은 나라는 밀어내기 요인이 끌기 요인보다 더 크게 작용하는 나라인 반면, 인구유입이 많은 나라는 밀어내기 요인보다 끌기 요인이 더 크기 때문이다.

  해외이주를 하는 사람들의 이동 형태는 육체노동자부터 전문가, 기업인, 난민, 가족 등과 같이 다양하지만 크게 보면 세 가지 정도로 분류해 볼 수 있다. 첫째, 더 나은 일자리를 찾아서 이주하는 경우이다. 경제의 세계화가 진행되면서 나타난 가장 많은 이주 형태이다. 더 나은 삶을 추구하려는 열망이 이러한 이동을 만든다. 둘째, 난민들과 같이 정치적 이유로 어쩔 수 없이 이주하게 되는 경우이다. 자신의 국가가 여러 정치적 이유로 힘들거나 어렵게 되어 그곳에서 계속 살아가기 힘들어 탈출하게 되거나 추방되었을 경우가 여기에 해당된다. 특히 난민들은 자발적으로 자신의 국가를 떠난 것이라기보다는 주어진 환경 때문에 어쩔 수 없이 그렇게 되었다고 볼 수 있다. 셋째, 가족이나 친척들에 의해서 이루어지는 이주이다. 이미 먼저 다른 나라에 이주한 가족들이 초청하거나, 혼인 등의 이유로 이주하게 된 경우가 여기에 해당한다. 최근에 들어서는 은퇴한 후 더 나은 생활을 할 수 있는 곳으로 이주하는 것, 그리고 직장으로 인해 세계 곳곳에 반복적으로 또는 순환 근무함으로 나타나는 이주 등 새로운 형태의 인구이동이 늘어나고 있다.

인구의 국제이동은 한 국가의 인구구조를 바꾸는 것만 아니라 경제, 사회, 문화 각 영역에서의 변화를 가져온다. 특히 글로벌 차원에서의 인구이동은 국민 구성의 다양성을 높임과 동시에 국민 정체성에도 심각한 변화를 가져온다. 예컨대 한국의 경우만 보더라도 국제결혼을 통한 동남아 출신 이주자들이 늘어나서 소위 말하는 '다문화가정'이 많아지자 국민의 통합을 위해 단골로 사용하던 '민족 단결' 등과 같은 말이 정부의 기치에서 사라지기 시작했다. 더 이상 한국이 하나의 민족 대단결로 통합될 수 있는 것은 아니기 때문이다.

세계화로 인한 인구이동의 방향은 대체로 저개발 국가들에서 선진국으로 나타난다. 다시 말하면, 선진국들은 인구를 끄는 요인들인 일자리와 사회경제적 환경이 저개발국보다 낫기 때문에 주로 저개발국 국민들이 선진국으로 이주를 한다. 적절한 노동력이 저개발국에서 선진국으로 이주를 하면 선진국이든 저개발국 국민이든 모두 유익할 수 있다. 그러나 국제인구 이동으로 인한 문제는 결코 이와 같이 단순하지는 않다. 국내의 인구이동과는 다르게 민족적으로 문화적으로 전혀 다른 사람들이 유입되어 새롭게 터전을 잡아서 이웃하고 함께 살게 되면서 많은 나라들이 복잡하고 풀기 힘든 문제에 직면하고 있다. 특히 이러한 문제를 더욱 어렵게 만드는 것은 인구유입이 적절한 통제를 넘어설 때이다. 예컨대 서유럽과 동유럽 국가들은 유럽의 여러 나라들에서 뿐 아니라 지리적으로 멀리 떨어진 아프리카, 아시아 등지에서 정치적 망명이나 신업 노동자에 의한 대규모 인구의 이동 문제에 직면하고 있다. 최근에는 시리아 난민들의 유입이 유럽 전체에 걸쳐서 큰 사회문제로 대두되고 있다.

이러한 대규모의 인구이동은 그 이유를 막론하고 인구 유입국가에는 사회적, 경제적으로 큰 부담으로 다가올 수밖에 없다. 적절한 일자리의 공급의 문제는 차치하고서라도 당장 대규모의 유입인구들이 정착하여 살아갈 수 있는 공간도 제공하기가 쉽지 않다. 시간이 지날수록 문제는 더욱 심각해져서 대규모로 유입된 난민들은 그 사회에서 최하위 계층으로 전락하게 될 가능성이 크다. 그 결과 계급계층 간의 갈등, 인종과 민족 차별, 문화적 차별 등이 사회에 만연해져서 사회적으로 큰 갈등의 소지가 될 수 있다. 무엇보다도 불법이민자 문제는 선진국들이 고심하고 있는 중요한 사회문제이다. 독일 등의 유럽 선진국들은 터키계를 비롯하여 여러 국가들에서 몰려든 불법이민자의 문제들이 산적해 있다. 이민자의 나라 대표 격인 미국에서도 멕시코 등지에서 넘어 온 불법이민자 문제는 사회적으로 많은 논쟁거리를 불러일으키고 있다.

3) 이민과 사회문제

이민은 단순히 개인이 국경을 넘어 다른 나라로 이주해서 살아가는 것으로 개인적인 문제로만 다루어질 수 있는 것이 아니다. 물론 개인적으로는 낯선 환경에 적응하고 새로운 삶을 꾸려나가야 하는 어려움이 있다. 그러나 이민자를 받아들이는 사회에서는 새로운 구성원들이 유입됨으로써 기존 국민들과의 관계 형성, 사회적 통합, 경제적 영향, 문화적 통합 등 다양한 문제들이 동시에 발생한다. 소수의 개인적인 이민은 큰 영향을 미치지 못하지만 세계화가 급속히 진행되고 집단적이고 대대적인 인구의 이동이 일어나는 현실에서 이주자들의 대거 유입은 그 사회에 심각한 영향을 준다. 그럼 구체적으로 이민이 이민자 자신과 사회에 어떠한 영향을 미치는지 살펴보자.

이민자들은 본국에서의 사회경제적 지위가 그리 높지 않았던 사람이 대부분이다. 뛰어난 삶의 질을 누리고 있음에도 외국으로 이민 가는 사람은 드물다. 이민자들의 본국이 어떠한 곳인지에 따라 조금씩은 다를 수 있겠지만 주로 이민자들은 주변적인 지위에 있든지, 아니면 낮은 사회경제적 지위에 있기 때문에 좋지 않은 환경의 영향을 더 크게 받은 사람들이다. 그래서 환경과 문화가 낯선 외국임에도 불구하고 더 나은 기회를 찾아 이주를 결심한다. 그렇기 때문에 처음 이민 갔을 때 그들의 사회경제적 지위는 이민 간 나라에서 최하위를 차지하는 경우가 대부분이다. 일반적으로 주어진 사회경제적 지위가 낮을수록 경제적으로 성공할 확률도 더 낮다. 이민자들이 비록 더 나은 일자리, 더 나은 삶을 찾아 국경을 넘어 왔다고 하더라도 제대로 된 교육을 받지 않았고, 경제적인 자산이 없이 이주한 대다수의 이민자들이 그 사회에서 성공할 확률은 그 사회의 구성원들 중 제일 낮을 수밖에 없다.

문화적 장벽과 낯선 환경을 이기고 새로운 삶을 성공적으로 살아나가는 것 또한 쉬운 일은 아니다. 특히 사회문화적 동화의 요구는 이민자들이 직접적으로 체험할 수밖에 없다. 우선 언어가 모국어와 다를 경우 그것을 익히지 않으면 좋은 일자리를 찾을 수 없다. 해당 국가의 언어를 제대로 하지 못하면 소규모 자영업이나 단순 노동력을 제공하는 일자리만 구할 수 있다. 성공과는 거리가 먼 것이다. 또한 이민 간 나라의 규범적 기준에 동화되어야 한다. 그 기준을 넘어서는 행동이나 생활은 무시되거나 차별의 대상이 된다. 바로 자민족 중심주의(ethnocentrism)의 희생양이 되는 것 또한 이민자들인 것이다. 자민족 중심주의란 다른 문화를 판단하거나 규정할 때 자신의 문화적 정체성과 가치판단을 기준으로 한다는 것이다. 누구나 세계를 바라볼 때 어느 정도는 자기중심적인 사고를 통해 볼 수밖에 없다. 그래서 이민자들을 바라 볼 때도 그들은 자신과 아주 다른 사람으로, 이민자 집단은 이질적인 사람들의 모임으로 인식하게 되고 그러한 인식은 부정적으로 나타나는 것이 대부분이다. 이러한 인식은 이민자들에게 편견과 차별을 부과한다.

이민자들도 이에 대응하기 위해 같은 국가, 민족 출신 별로 유대를 형성하고 공동주거지인 민족집단거주지(ethnic enclave)를 만들어 자신들의 문화공동체를 형성함으로써 타국에서 받는 스트레스를 해소하고 문화적 안온감을 찾는다. 이민자들이 민족집단거주지를 형성하는 주된 이유는 첫째, 이민자들이 다수집단과 인종적, 문화적으로 다르기 때문에 차별을 받는다는 스트레스가 있기 때문이다. 그래서 서로 간에 그 차이를 느낄 수 없는 그들만의 공간은 차별에 대한 스트레스를 피할 수 있는 공간으로 작용한다. 둘째, 서로 비슷한 가치와 문화를 가지고 있는 사람들이 함께 거주함으로써 새로운 사회에서의 적응을 보다 수월하게 할 수 있다. 특히 처음 이민 오는 사람들에게 이민자집단거주지는 이질적인 사회가 줄 수 있는 혼란을 줄여주는데 큰 도움을 준다. 시간이 지나면서 점진적으로 새로운 곳에 적응할 수 있게 하는 완충제의 역할을 하는 것이다. 셋째, 이민자들 대부분이 큰 개인적 자산을 가지고 이주한 것이 아니기 때문에 민족집단거주지가 가지고 있는 사회적 자산, 즉 일자리 제공, 민족끼리의 상부상조, 정보의 제공 등이 이민자의 정착과 이주한 사회에서 성공할 수 있는 기회를 높인다. 마지막으로 큰 민족적 집단을 구성하는 것은 정치적으로도 영향력을 끼쳐서 개인들에 대한 차별을 줄이는 역할을 한다. 그러나 이러한 장점들에도 불구하고 거대한 민족공동체가 형성될수록 기존의 다수집단이 두려움을 느끼게 될 가능성도 동시에 커지기 때문에 또 다른 차원의 사회문제를 발생시킬 소지도 다분히 있다.

또 다른 한편, 이민자들은 본국과 이민을 와서 살고 있는 나라 사이의 관계 정립에 있어서 혼란을 느낄 수 있다. 새로운 나라에 충성심과 애국심을 가져야 하는지, 아니면 이민 오기 전 모국에 대한 충성심과 애국심을 지켜야 하는지와 같은 문제 사이에서 갈등한다. 물론 평소에는 두 나라 모두 상관없이 동일한 가치를 부여하며 살아갈 수 있다. 그러나 이민 온 나라와 모국의 국제적 관계가 껄끄럽거나 갈등 관계에 있다면 어느 편에 서야 하는지 고민할 수밖에 없는 입장이 된다.

이민자들은 주로 도시지역에 정착하는 경향이 강하기 때문에 인구과밀과 자원 고갈의 문제를 비롯하여 도시화로 나타나는 문제를 악화시킬 수도 있다. 도시지역은 일자리와 사회, 경제적 자원이 많기 때문에 기회를 찾아 온 이민자들은 도시지역에 대부분 자리를 잡는다. 통계자료를 보면 국제 이주를 한 이주자들의 50% 가량이 도시화가 가장 많이 진행된 10개의 국가에 거주하고 있다.14) 그러나 선진국을 포함한 이들 국가의 대도시들은 이미 과밀화 된 지역이 많다. 그래서 이민자의 유입은 인구 과밀화를 더욱 심화시키고 자원을 고갈시킨다. 도시환경이 이민자들에 의해 악화된다는 여론이 생기면 다수집단의 비난의 화살은 모두 이민자들에게 돌아가게 된다. 이민자들은 개인적인 능력이나 사회적 기여와는 상관없이 다수집단에 의해 모든 사회문제에 대한 책임을 떠안게 되는 희생양의 역할을 하게 된다. 이민자들에 대한 이러한 문제는 이민자들이 대도시지역으로 몰려서 일어나는 현상이기 때문에, 중소도시나 농촌지역에서는 이민자의 유입으로 인한 문제가 상대적으로 그렇게 심

---

14) 호주, 캐나다, 미국, 프랑스, 독일, 스페인, 영국, 러시아, 사우디아라비아, 아랍 에미리트,
World Migration Report 2015, International Organization for Migration

각하게 일어나지는 않는다.

4) 이민자와 경제적 영향

이민자들에 대한 경험적 연구들에 따르면 이민자들은 이민 온 후 그 사회에 대체적으로 잘 적응하고 있으며 지역의 경제에도 기여하는 바가 뚜렷하다고 밝히고 있다(김정규, 2016a). 이민자들이 대규모로 짧은 시간에 대도시 지역으로 몰려들게 되면 지역의 사회경제적 기반이 몰려드는 이민자들을 한꺼번에 다 수용하기에는 역부족인 상황이 발생한다. 그러한 상황에서는 이민자들이 부담이 되고 또 이민자를 위한 사회적 자원을 많이 소진하게 되는 것이 사실이다. 그러나 장기적으로 보면 이민자들은 소비활동을 통해 그 지역의 경제에 활력을 불어넣고 새로운 사업을 촉진하는 역할을 한다. 또한 일자리를 잡아 일함으로써 세금을 납부해서 지역의 재정에 기여하기도 한다(Camarota, 2006). 사실 이민자들이 이민한 나라에서 일하는 것 자체가 그 나라에 이익이다. 대부분의 이민자들 일자리는 3D 업종을 포함하여 사람들이 싫어하고 힘든 일들이 많기 때문에 사회전체로 보면 큰 기여를 하는 셈이다.

그러나 한편으로 이민자들은 사회적 자원을 유출한다는 비판을 받는다. 이민자들이 돈을 벌어서 그 일부분을 자신들의 모국에 있는 가족들에게 송금하기 때문에 국가의 부를 유출할 수 있다는 것이다. 그 나라에서 번 돈을 그 나라에서 모두 소비한다면 경제가 잘 돌아갈 수 있을 것이다. 이민자들이 돈을 벌어 그 돈을 소비하지 않고 다른 나라로 보낸다면 그만큼 경제적으로 손해가 난다는 것은 분명하다. 그런데 일자리를 찾아온 이민자들이 번 돈을 본국에 송금하는 국가들은 거의 대부분 가난한 저개발국들이라고 할 수 있다. 이민자들이 송금하는 돈은 외화 수입으로 저개발국들의 경제 발전에 큰 역할을 할 수 있다. 다시 말하면, 선진국들의 부가 저개발국으로 흘러 들어가는 것이다. 그런데 이러한 자금의 이전은 선진국들이 저개발국에게 선진국 정부의 재정적 손실이 없이 원조해 주는 것과 동일한 효과를 거두는 것이다. 선진국과 저개발국의 경제가 세계화로 인해 점점 하나가 되어 가고 있는 상황에서 저개발국의 경제적 발전은 선진국에도 이익이다. 따라서 미시적으로는 이민자들의 해외송금이 선진국 부의 유출로 나타날지라도 거시적인 측면에서는 세계 경제가 안정되는데 기여하기 때문에 궁극적으로는 선진국들의 이익으로 돌아오게 된다. 만약 저개발국의 경제가 어려워진다면 선진국들이 무상원조라도 해서 저개발국들의 경제를 안정시키려 할 것이다. 그렇지 않으면 세계 경제 전체가 불안정해지기 때문이다. 경제적으로 불안한 저개발국들에게 무상원조나 돈을 빌려 주게 되면 선진국들은 재정적인 손해를 감수할 수밖에 없다. 이민자들의 해외송금은 적어도 이러한 문제에 대해서는 기여를 하고 있다.

무엇보다 이민자들에 의해 발생하는 가장 심각한 문제로 고려되는 것은 일자리 경쟁을 토착시민들과 하게 된다는 점이다. 이민자는 보통 비숙련 노동시장으로 진입하기 때문에 기존다수집단의 노동자들과 일자리 경쟁을 하게 되어 이들로부터 반발을 사고 있다. 이민자들이 노동시장으로 진출하게 되면 임금을 떨어뜨린다. 그리고 아주 낮은 임금에도 이민자들은 일하기 때문에 기존 노동자들은 수입이 줄거나 일자리를 잃게 되어 그들의 생활은 더욱 궁핍해 진다. 이러한 패턴이 오랜 기간 동안 반복적으로 진행되면 토착 국민인 노동자들과 이민자의 관계에서 긴장의 정도는 높아지고 결국에는 갈등 상황이 표출된다. 따라서 이민자들에 대한 적대감은 커지기 시작한다. 그러나 이러한 경쟁이 다수집단 전체에게 어려움을 던져 주는 것은 아니다. 이민자와 토착 노동자들의 경쟁의 산물로 나타난 임금하락과 생산비 절감으로 생긴 이익은 소비자와 고용자에게 돌아간다. 생산비용이 떨어져서 소비자들은 값싼 제품을 쓸 수 있게 되고, 고용자들은 제품 값이 내려가 더 많이 팔리게 되어 그만큼 이익을 더 보게 되는 것이다. 결국 이민자를 가장 경계하는 계층은 하층계급 노동자들이고 이민자들에 대한 편견과 차별도 바로 이 계층에서 가장 뚜렷하게 나타나는 경향이 있다.

그런데 주목할 점은 이민자들에 의해 발생하는 여러 문제의 심각성은 이민 온 국가의 경제적 상황과 밀접한 관계가 있다는 것이다. 경제적 상황이 성장기이거나 호황기에 있다면 이민자들에게 충분한 일자리가 제공되고, 이민자들의 경제적 활동이 경제 활성화를 이끌어 내는 선순환의 고리가 작용한다. 이러한 경우에는 노동자계층 토착시민들과 이민자들 사이에 발생할 수 있는 갈등의 여지도 최소화된다. 그러나 경제적으로 쇠퇴기나 불황기에 있다면 경제가 신속하고 적절하게 반응하지 못하기 때문에 이민자들이 경제적으로 부정적인 영향을 끼칠 확률이 높아진다. 이민자와 토착시민 노동자들의 긴장과 갈등의 관계는 커지게 되고 다수집단은 경제적 불황과 그로 인한 사회문제의 책임을 이민자들에게 돌림으로써 이민자들은 모든 책임을 지는 희생양의 역할을 벗어날 수 없게 된다.

5) 이민자와 범죄문제

이민자에 대한 부정적인 인식 중 가장 심각한 것은 이민자를 범죄자 또는 범죄를 유발하는 사람으로 비난 하는 것이다. 외국에서 이민자가 짧은 시간에 대규모로 유입하면 기존의 사회질서를 깨고 여러 사회문제를 일으켜서 기존의 토착시민들을 위협하는 존재로 부각된다. 이민자는 사회 공동체에 이질성을 증가시켜서 공동체 안의 비공식적 통제를 무력화 시킬 수 있다는 우려도 크다. 특히 이민자들은 범죄를 저지르기 쉽기 때문에 사회를 불안과 혼란에 빠뜨릴 가능성이 높은 사람들로 쉽게 간주된다. 게다가 이민자들이 처음으로 정착하는 지역은 주로 사회적 통제가 느슨한 빈민지역이기 때문에 범죄를 할 수 있는 기회가 더 많을 수도 있다. 또한 이민자들은 일터에서나 일상생활에서 사람들과의 유대관계가 강하지 못하기 때문에 자신의 행위를 통제해 줄 수 있는 사회적 조건이 결핍되어 있을 수 있다. 그래서 이민자들은 일탈행위와 범죄를 더 많이 저지를 가능성이 크다는 것이 일반적인 믿음이다.

그러나 이민과 범죄와의 관계를 조사한 최근의 논의에 따르면 관계성이 없거나 불확실하다. 예를 들어, 1990년에서 2000년 사이가 미국에서는 역사적으로 가장 많은 이민자들이 발생한 시기이다. 약 1,300만 명 정도가 이 시기에 이민해 왔다고 한다. 다양한 사람들이 이주해 왔지만 가장 많은 부분을 차지한 사람들은 하층 계급 노동자였다. 이민이 범죄에 영향을 끼친다는 일반적인 믿음에 따르면 가장 많은 이민자들이 정착한 시기에 미국의 범죄율도 당연히 높아야 한다. 그러나 이민자들의 범죄율은 예상과는 달리 1990년대 초부터 줄어들기 시작했다(Wadsworth, 2010). 범죄율이 이 시기에 줄어든 이유는 다양하게 제시되고 있다. 범죄자에 대한 처벌이 더 엄격해졌고, 범죄자를 구금하는 비율도 높아졌으며, 경찰력이 강화되었다. 범죄를 가장 많이 저지르는 연령층인 젊은 세대의 인구 비율이 감소하였으며, 범죄와 관련된 마약통제와 총기정책이 더 엄격해졌다. 그리고 미국의 경제도 지속적으로 성장한 시기여서 삶의 질이 높아졌기 때문이라는 주장을 비롯한 많은 합리적 이유들이 제시되었다(Blumstein & Wallman, 2000; Conklin, 2003; Useem & Piehl, 2008; Whitemute, 2000; Zimring, 2007).

이러한 이유들 속에 미국의 범죄학자인 샘슨(Sampson)은 이민의 증가가 오히려 범죄율 감소에 가장 중요한 직접적인 요인이라고 주장하였다. 그의 주장은 지금까지 이민이 범죄를 유발하는 요인이라는 일반적인 믿음과는 정반대의 입장이어서 특히 관심을 끌었다(Sampson, 2006). 그는 뉴욕 타임즈(New York Times)에 기고한 글에서 새로 이민 온 사람들은 오래 전에 이민 와서 이미 완전한 미국인으로 정착한 이민 3세대와 비교해서 폭력범죄를 45%나 덜 저지른다고 밝히고 있다. 더구나 이민자들이 몰려 살고 있는 지역 공동체에서의 폭력범죄 발생 비율은 상대적으로 더 낮아서 전체 범죄율 감소에 오히려 도움을 준다는 것이다. 이것은 이민자들이 더욱 열악한 환경에서 살아가고 있지만 그렇다고 범죄를 더 많이 저지르는 것은 아니라는 것을 말한다.

미국의 FBI 공식범죄통계자료(Uniform Crime Report)에 기초한 분석도 샘슨의 주장을 뒷받침하고 있다. 미국의 메트로폴리탄 대도시 지역에서 외국에서 태어나 이민 온 사람은 그렇지 않은 사람에 비해 범죄율이 더 낮았고, 대도시 지역의 범죄 감소에 기여하는 면이 더 크다는 것이다(Reid et al., 2005). 그리고 시간의 흐름에 따라 이민과 범죄와의 관계를 살펴 본 종단적인 연구에서도 대도시 지역에서 이민이 늘어난 시기에는 범죄가 줄어들고, 이민이 줄어든 시기에는 오히려 폭력범죄가 늘어나서 이민은 범죄를 줄이는 역할을 한다는 결과를 내놓고 있다(Stowell et al., 2009). 말하자면 사회적 다양성과 이민의 증가는 범죄율 감소에 오히려 효과적이라는 것이다.

서구 유럽의 국가들에서도 1990년대 많은 이민이 발생했다. 한해에 이민자 수가 165만 명에 이를 정도로 급증하였다. 이러한 이유는 유럽 통합으로 인해 EU에 속한 국가들끼리는 자유롭게 이동하거나 이주 할 수 있게 되어서이다. 그래서 EU 국가들 안에서 이민이 빈번해지기 시작했다. 또 다른 한편 EU 이외의 국가에서도 선진국들의 통합체인 EU 국가들로 일자리와 보다 나은 환경을 찾아 이주한 사람들이 지속적으로 늘어났다. 그런데 EU 국가들에서는 이민과 범죄와의 관계가 미국과는 달리 그 국가가 처한 환경에 따라 조금씩 다르게 나타났다(Solivetti, 2010). 어떤 국가에서는 이민과 범죄가 큰 관계가 없는 경우도 있었고 또 다른 국가에서는 이민이 증가함에 따라 범죄도 증가하여 사회적 문제로 야기되는 경우도 있었다.

이민과 범죄와의 관계에 있어서 미국과 서구 유럽, 그리고 EU 국가들 내에서도 차이가 나는 것은 이민의 패턴, 이민자에 대한 정책, 그리고 국가마다 경제적, 정치적, 사회적 환경이 크게 다르기 때문이다. 그럼 이민과 범죄에 영향을 미치는 요인들은 어떤 것인지 살펴보자(김정규, 2016b). 소수의 테러리스트를 제외하고 다른 나라로 이민을 가는 이유가 그 나라에서 범죄를 저지르기 위해서인 사람들은 없다. 현재 보다 나은 삶과 환경을 찾아서 살기 위한 희망을 가지고 이민을 가는 것이 일반적이라고 할 수 있다. 더구나 처음 이민을 온 사람들은 새로운 사회에서는 이방인이며 경제적, 사회적 지위가 가장 낮은 힘이 없는 존재이다. 삶의 터전도 모두 다 낯설다. 그렇기 때문에 이민 온 사람들이 범죄를 막 저지를 것이라는 생각은 논리적으로도 맞지 않다. 그렇다면 이민자들이 범죄를 저지를 수밖에 없게 만드는 환경이 무엇인지를 살펴보는 것이 중요하다.

첫째, 이민자의 특성이 어떠하냐에 따라 다르다. 이민자의 특성은 국가의 이민제도가 어떠하냐에 따라 다르다. 이민을 가고 싶다고 해서 아무 나라로 갈 수 있는 것은 아니다. 그 나라의 이민제도에 합당한 조건이 충족되어야만 이민을 갈 수 있다. 미국으로의 합법적인 이민을 위해서는 일정한 자격요건을 갖추어야 한다. 예컨대, 직업이 있거나 아니면 직업을 가질 수 있는 충분한 능력을 입증해야한다. 아니면 투자를 할 만한 충분한 자금을 가지고 있든지, 가족이 있어서 초청을 받아서와 같은 조건을 충족해야만 한다. 그러므로 미국으로 오는 합법적인 이민자는 최소한 위의 조건 중 하나는 가지고 있는 사람들이라고 할 수 있다. 그러나 유럽의 국가들은 EU가 출범하면서 국경이 유명무실해져서 누구든지 EU 국가 국민이면 자유롭게 또 다른 EU 국가로 이주할 수 있게 되었다. 이민에 적합한 이민자의 자격이 존재하지 않는다. 부자든 가난한 자든, 가족이 있든 없든 상관없이 이주가 이루어진다. 따라서 이민자의 자격을 엄격히 제한하는 국가들 보다 EU 국가 내의 이민자들은 개인적 사회적 자산이 적고, 힘들고 어려운 상황에 대처할 수 있는 능력이 떨어질 수밖에 없다. 따라서 범죄의 길로 빠질 수 있는 확률이 더 높을 수 있다.

둘째, 이민자 수의 통제 능력의 차이에 따라 달라진다. 무엇보다 적절한 수의 이민자를 받아들이는 것이 중요하다. 국가나 지역사회가 수용할 수 있는 능력보다 훨씬 많은 이민자를 받아들인다면 기존 질서가 깨지고 혼란에 빠질 수 있는 확률이 더 높다. 상대적으로 미국은 인구도 많고, 사회경제적 기반도 크기 때문에 이민자의 수를 조절할 수 있는 여력이 유럽국가들 보다 더 크다. 이민자의 수를 완전히 제한하지는 못해도 경제적 상황이나 국가의 제반 여건에 따라 유입 속도의 완급을 조절할 수 있는 능력이 아무래도 미국이 더 크다. EU 국가들은 국가 인구수도 상대적으로 적은데다가 경제의 크기도 작아서 한꺼번에 이민자가 유입될 경우 심각한 문제가 발생할 확률이 더 높다.

셋째, 고용과 해고의 탄력성에 따라 차이가 난다. 미국의 경제구조는 유럽에 비해 고용과 해고가 보다 자유롭다. 그렇기 때문에 저숙련 이민 노동자들을 필요에 따라 쉽게 고용할 수도 있고 또 회사가 어려울 때는 보다 쉽게 해고도 할 수 있다. 노동의 유연성이 높으면 이민자들로 인해 노동력이 풍부할 때 그 노동력을 쉽게 수용할 수 있다. 만약 유럽처럼 해고가 어렵다면 노동력이 필요할 때도 충분히 고용할 수 없게 된다. 왜냐하면 경제사정이 좋을 때도 있고 나쁠 때도 있기 때문에 경제 사정이 좋을 때 많이 고용했다가 경제사정이 좋지 않게 되었을 때 쉽게 해고 하지 못한다면 회사가 큰 어려움에 처할 수 있기 때문이다. 미국에서 가난한 라티노 공동체 이지만 폭력범죄 발생률이 높지 않은 것은 짧은 기간 안에 곧 일자리를 찾을 수 있다는 기대가 있기 때문이라는 연구가 이를 뒷받침하고 있다(Martinez, 2002). 하지만 유럽은 미국 보다 노동의 유연성이 크게 떨어진다. 따라서 국가의 경제사정과 관계없이 고용의 기회가 많지 않고, 한번 해고당하게 되면 다시 복직할 수 있으리라는 희망을 가지기가 쉽지 않기 때문에 불법적인 범죄행위로 빠질 수 있을 가능성이 높다.

넷째, 이민자들의 민족공동체가 활발하게 존재하고 있느냐 하는 것도 이민과 범죄사이의 관계에 영향을 미친다. 민족공동체는 이민자들이 새롭고 낯선 환경에서 보다 쉽게 적응할 수 있도록 돕는다. 이민자들이 적응과정에서 받을 수 있는 스트레스를 민족공동체 안에서 풀 수도 있고, 낯선 사회에서 삶을 시작하기 위한 여러 가지 정보도 제공받을 수 있다. 더구나 민족공동체 자체가 하나의 생산과 소비의 시장역할을 동시에 하기 때문에 이민자들이 민족공동체 안에서 일자리를 구할 수도 있다. 그러므로 도시지역으로 이민자들이 이주해 오더라도 민족공동체가 활성화 되어 있으면 그 만큼 이민자들의 긴장을 줄이는 완충역할을 할 수 있기 때문에 이민자들이 범죄와도 같은 극단적인 방식을 선택하지 않을 수 있다. 미국은 대도시 마다 민족집단주거지가 활발하게 형성되어 있는 곳이 많지만 유럽은 미국에 비하면 전혀 그렇지 못하다. 게다가 유럽 국가들에 존재하는 민족공동체는 그 안에서 일자리를 만들어 낸다든지 이민자들의 긴장을 줄이거나 그들을 수용할 수 있을 정도로 크지도 않고 영향력도 작다.

다섯째, 이민자에 대한 편견과 차별의 정도가 이민자들이 범죄를 저지르는데 있어서 중요한 요인이 될 수 있다. 미국은 이민의 역사가 오래되었고 이민자의 수도 많기 때문에 이민자에 대한 편견이 다른 어떤 나라보다 적은 편이다. 그리고 소수 민족공동체가 형성되어 있는 것에 대하여 다른 민족공동체가 차별을 하는 것도 아니다. 지배집단이 하나의 민족공동체로 형성되어 있지 않기 때문에 소수 이민자들의 민족공동체에 대해서 심각한 정도의 편견을 표출하는 것도 아니다. 하지만 유럽의 여러 국가들은 지배집단이 하나의 큰 민족공동체로 구성되어 있는 곳이 많고, 민족공동체 안에서의 내부적 통합력이 매우 강하다. 그래서 외부로부터 이민자가 오게 되면 낯선 사람들이 자신들의 공동체 질서를 해친다고 생각할 수 있는 여지가 크다. 따라서 이민자에 대한 편견과 차별의 정도도 그 만큼 클 수 있으며, 이민자가 느끼는 긴장의 강도도 커서 이민 온 국가에서의 적응에 어려움을 겪을 가능성도 더 클 수밖에 없다. 따라서 이러한 점들의 차이가 이민과 범죄와의 관계에 영향을 미친다고 할 수 있다.

6) 불법이민자

불법이민자는 인구의 국제이동에 대한 논의들 중 가장 뜨거운 이슈이다. 흔히 두 가지 이유로 불법이민자의 지위를 갖게 된다. 첫째, 불법으로 국경을 넘어 들어오는 경우이다. 이주와 관련된 합법적인 비자나 정부의 허가 없이 국경을 넘어서 들어온 사람들이 여기에 해당한다. 둘째, 합법적으로 들어오긴 했으나 체류 허가 기간을 넘겨서 본국으로 돌아가지 않고 지속적으로 거주하고 있는 경우이다. 예컨대 관광을 위한 비자를 받아서 합법적으로 입국했지만 그냥 그대로 눌러 앉아 거주하는 사람들이 여기에 포함된다. 결국 불법이민자는 합법적인 체류 서류 등이 없이 이주하였거나 체류기간을 넘긴 사람들을 말한다. 불법이민자들이 자기 나라로 돌아가지 않고 머무는 것은 자기 나라 보다 이주한 나라에서 더 나은 일자리를 찾을 수 있고, 생활환경과 조건도 더 좋을 것이라는 희망을 가지고 있기 때문이다. 불법이민자들은 일시적으로만 체류하는 것이 아니라 오랜 기간 합법적인 이민자들과 크게 다름없이 살아가면서 경제활동을 하고 있는 경우가 대부분이다. 불법이민자라고 해서 특별히 삶의 모습이라든지 생활환경이 합법적 이민자와 크게 다르지 않다. 불법이민자들의 수는 세계화의 진행과 맞물려 세계적으로 그 숫자가 점점 증가하는 추세이다. 국경 없는 자본과 노동력의 이동이야 말로 경제적 세계화의 궁극적인 목적이므로 그러한 이동은 점점 일반화되어져 가고 있다. 그러다 보니 합법적인 체류기간을 넘긴 불법이민자들의 수는 자연스럽게 늘어나게 된 것이다. 노동력의 이동은 대체로 저개발국가에서 선진국으로 이루어진다. 그러므로 불법이민자의 문제는 주로 선진국들이 겪는 것으로 저개발국에서 이주해 온 사람들이 불법이민자의 대부분을 차지한다.

 불법이민자들은 선진국 국민들이 꺼려하는 3D 직종에서 대부분 일하기 때문에 오히려 필수적인 노동력의 공급 역할을 하고 있다. 경제활동으로 인해 얻는 세금을 납부하기도 하며 소비생활도 하기 때문에 선진국 경제의 중요한 부분을 차지하기도 한다. 예를 들어 미국의 불법이민자의 75%는 주정부와 연방정부에 세금을 납부하고 있지만, 불법이민자라는 이유로 세금 환급이나 복지혜택 등을 신청하지는 않아서 상당한 정도로 국가와 지역재정에 기여하고 있다는 보고도 있다(김정규, 2016b). 한 통계에 따르면 2006년 불법이민자들이 미국재정에 기여한 액수가 90억 달러나 된다고 한다(Lipman, 2008). 그러나 불법이민자들은 사회적으로 이슈가 되는 문제가 일어나기만 하면 그 문제 발생에 대한 책임과 비난의 화살을 한꺼번에 받는 존재가 된다. 국가의 경제사정이 나빠져서 많은 사람들이 해고되고 일자리가 줄어들어 실업률이 높아지면 이 문제의 책임을 불법이민자들에게 돌린다. 불법이민자들이 합법적인 노동자들의 일자리를 가로챈다는 것이 그 이유이다. 또한 불법이민자들은 범죄와 테러를 일으키는 사람들로 비난받는다. 그러나 실제적으로 불법이민자들이 일으키는 범죄는 아주 미미하고 토착 시민들과 비교할 수 없을 정도로 범죄율이 낮다. 불법이민자들 중 테러리스트가 있을 수는 있으나 그것은 전체 불법이민자들 중 극히 제한적인 사람들에 한한 것이다. 이 또한 합법적 이민자나 토착 시민들과 비교해도 그 비율이 더 낮다.

그런데 문제는 불법이민자에 대한 이러한 부정적인 여론이 이민자들에 대한 정책에 영향을 미쳐서 불법이민자를 더욱 엄격히 제한하고 통제하게 된다는 것에 있다. 예컨대 불법이민자들의 취업을 원천적으로 하지 못하도록 고용법을 바꾼다든지, 불법이민자를 채용했을 경우 해당 사업주를 처벌하는 규정을 더욱 엄격하게 한다든지, 사회복지 혜택을 불법이민자는 전혀 받지 못하게 한다든지 등과 같은 제약을 더욱 강하게 하는 것이다. 따라서 불법이민자들의 삶은 더 힘들어져서 빈곤에 빠지게 된다. 합법적인 방법으로는 제대로 된 삶을 영위할 수 없게 된 불법이민자들은 생존을 위해 불법적인 방법에 의지할 수밖에 없게 된다. 그리고 이것이 범죄나 다른 사회문제로 연결되면서 결과적으로는 기존 사회의 부담을 가중시키는 악순환의 고리가 만들어진다. 말하자면 불법이민자에 대한 통제의 강화가 오히려 사회문제가 발생할 수 있는 요인을 제공할 수 있는 것이다.

7) 국제인구 이동의 추세와 난민문제

세계적으로 국제이주자의 수는 점점 늘어가고 있는 추세이다. 유엔 보고서에[15] 따르면 2000년에는 17,300만 명 정도의 국제이주자가 있었는데 2010년에서 22,200만 명으로 늘어났고, 2015년에는 24,400만 명으로 더 늘어났다. 모든 국제이주자들 중 ⅔ 가량이 유럽(7,600만)과 아시아 지역(7,500만)에 거주하고 있다. 그리고 북미 지역에 5,400만 명이, 아프리카에 2,100만 명, 남미와 캐리비안 지역에 900만, 그리고 오세아니아 대륙에 800만 명이 살고 있다. 세계 곳곳에 국제 이주자들이 이렇게 흩어져서 살고 있는 것처럼 보이지만 2015년 기준으로 국제이주자들 중 67%가 20개 정도의 국가에 집중적으로 이주하여 살고 있다. 가장 많은 이주자가 있는 곳은 미국으로 4,700만 명이 이주하였는데 세계 전체 19%에 해당되는 수치이다. 그 다음이 독일과 러시아로서 각각 1,200만, 그리고 사우디아라비아가 1,000만 명의 국제이주자가 있다.

국경을 넘는 이주자들에 대한 문제는 인구 유출국이나 인구 유입국 모두에게 큰 영향을 미친다. 앞서는 주로 인구 유입국인 선진국들에 미치는 영향들을 중심으로 살펴보았다. 그러나 인구 유출국도 이에 못지않은 많은 문제를 가지고 있다. 무엇보다 인재유출은 저개발국들이 당면하고 있는 가장 심각한 문제이다. 그럼에도 불구하고 세계화가 급속하게 진행되어 가고 있는 가운데 국제인구 이동을 막을 뚜렷한 방법은 없다. 캐슬즈와 밀러(Castles & Miller, 2009)는 국제 인구이동이 앞으로도 지속적으로 진행될 것이라고 예측하면서 일반적인 경향을 제시하고 있다. 첫째, 이민 유출국가와 이민 유입국가의 수가 크게 증가할 것이다. 그래서 인구이동의 세계화가 본격화될 것이다. 둘째, 국제인구 이동의 규모가 점점 더 커지고 확대

---

[15] International Migration Report 2015, UN.

될 것이다. 아직까지는 제한된 국가들에서만 이주가 집중적으로 이루어지지만 점점 더 많은 나라와 지역으로 이주가 이루어질 것이다. 셋째, 이민자들이 훨씬 더 다양한 원인과 이유로 이주할 것이다. 단순히 일자리를 찾아 이주하는 것을 넘어 은퇴 후 더 나은 기후와 경제적 조건이 좋은 국가로 이주하는 것, 계절에 따라 가장 살기 좋은 곳으로 옮겨 다니며 사는 경우도 많이 발생할 것이다. 넷째, 여성 노동력이 국제 노동시장에 전 세계적으로 참여하는 비율이 높아질 것이다. 2015년 현재 국제이주자들 중 여성이 차지하는 비율은 48%로 남성보다 조금 낮다. 유럽과 북미지역에서는 여성 이주자들이 남성 이주자들 보다 조금 더 많지만 아프리카와 아시아 지역은 남성 이주자들이 압도적이다.16) 그러나 세계화가 지속되면서 여성의 노동참여율은 점점 높아지고 있으며 여성의 일자리도 늘어나서 여성인력의 이주는 더 활발해 질 것으로 예상된다. 그런데 여성은 노동시장에서 남성보다 더 차별 받기 쉽고 노동의 조건도 더 좋지 않은 곳에서 일하고 있는 경우가 많기 때문에 이러한 문제를 어떻게 해결할 것인지도 새롭게 논의되어야 할 부분이다. 다섯째, 인구의 국제이동은 국가들마다 국내 정치에 더욱 중요한 이슈로 떠오를 가능성이 높다. 선진국은 이민자의 유입으로 인해서, 저개발국은 인구의 유출 문제가 심각한 사회문제로 제기될 여지가 커서 국내 정치에도 이주의 문제가 쟁점으로 등장할 것이다.

이와 더불어 국제이주자들은 이민국가의 평균 연령을 낮춘다. 2015년 국제이주자 연령의 중앙치는 39세이고 연령은 점점 더 젊어지고 있는 추세이다. 2000년과 2015년 사이 아시아, 라틴 아메리카, 캐리비안과 오세아니아 지역의 국제이주자 중앙치는 점점 줄어들고 있다. 그리고 같은 기간 동안 북미의 인구증가 중 42%가 이주에 의해 늘어난 것이다. 오세아이나의 인구 증가 분 중 32%가 이주자에

---

16) International Migration Report 2015, UN.

의한 것이다. 반면 유럽은 인구가 그 기간 동안 줄었는데 그 이유는 그 만큼 이주가 없었기 때문이다.17) 이처럼 국제이주는 이주한 나라의 인구구조를 변화시킬 정도가 되었고 그 영향력은 점점 더 커질 것이다.

국제인구 이동의 이러한 추세와 더불어 난민의 문제는 국제적인 이슈로 부상하고 있다. 난민이란 인종, 종교, 국적, 정치적 견해 등의 이유로 인해 탄압을 받거나 심각한 차별을 받을 두려움 때문에 조국을 떠난 사람으로서 국가적 보호를 받지 못하거나 조국의 보호를 거부하는 사람을 일컫는다. 국제이주가 개인의 자발적 선택에 의해 이루어진 것이라고 한다면 난민은 최종 결정은 개인이 했더라도 완전히 자유로운 의사결정에 의한 것이라기보다는 사회적, 정치적 환경에 의해 어쩔 수 없이 조국을 떠나게 된 비자발적 성격을 더 많이 띠고 있다. 난민은 전쟁과 정치적 억압, 가난과 굶주림을 피해 다른 나라로 이동하지만 난민을 흔쾌히 보호하거나 받아들이는 인접 국가는 별로 없어서 국경지대 등에 임시로 정착함으로써 정치 경제적 불안요인으로 작용하고 있다.

세계 난민의 수는 세계정세와 국가적 정치 상황에 따라 해마다 조금씩 바뀌고 있다. 최근 UN 보고서를18) 중심으로 난민 수의 변화를 살펴보면, 1990년대 초반기에는 상대적으로 난민이 많아서 1992년 1,780만 명으로 정점을 찍었다. 그 이후 점차 줄기 시작해서 2005년 후반기에 840만 명까지 줄어들었다. 그러다 다시 증가하기 시작해서 2011년에는 1,040만 명으로 늘어났다. 최근에는 더욱 가파르게 늘어나는 추세인데 2015년에는 1,610만 명이 되었고, 2016년 현재 1,650만 명으로 2013년 이후 500만 명이 더 늘어났다.

이렇게 최근에 난민의 수가 늘어나게 된 것은 시리아 내전을 피

---

17) International Migration Report 2015, UN.
18) Mid-Year Trends 2016, The UN Refugee Agency(UNHCR)

해 시리아 국민들이 인접국가인 터키, 레바논, 요르단, 이라크 등의 나라로 탈출하여 난민의 대열에 합류하였기 때문이다. 시리아 난민 문제는 2011년 15,000명 정도의 시리아 국민들이 터키와의 국경지역에 난민촌을 만들어 거주하기 시작함으로써 본격화 되었는데 최근까지 40만 명이 넘는 시리아 국민들이 나라를 떠나고 있다. 인접국인 터키는 20만 명이 넘는 난민을 수용해서 그 지원 비용이 60억 원이 넘는다고 한다. 2015년에는 EU도 심각해지는 난민 문제를 그냥 둘 수 없어 12만 명의 시리아 난민들을 받아들이는 계획을 승인하였다. 이러한 시리아 난민들은 최근 발생한 새로운 난민들 수의 절반가량을 차지한다. 그 외에 세계 곳곳에서 내전, 삶의 황폐화, 인권 탄압 등에 의해 브룬디, 중앙아프리카공화국, 콩고, 이라크, 나이지리아, 남수단 등의 국가에서 2016년 새로운 난민들이 다수 발생하고 있다. 그리고 미얀마 북부의 카친주와 샨주에서 내전으로 인해 미얀마 국민들이 중국으로 대피하기 시작하면서 난민의 수가 15,000명에 이르러 새로운 난민 문제로 떠오르고 있다.

그런데 문제는 살기 힘든 조건 때문에 조국을 떠나 난민이 되면 일정 기간 지난 후 다시 자신들의 조국으로 돌아가야 하지만 그러한 난민들의 수가 새로 발생하는 난민들의 수에 비해 상대적으로 적다는 것이다. 예컨대 아프가니스탄이나 소말리아 난민들은 자신들의 조국으로 돌아가는 것이 여전히 요원하다. 난민이 자신의 조국으로 돌아가기 위해서는 난민이 될 수밖에 없었던 국가적 상황이 해결이 되어야 하는데 그것이 하루아침에 쉽게 이루어질 수 있는 것이 아니기 때문이다. 따라서 대부분의 난민들이 수년에 걸쳐서 그들의 조국에서 추방되거나 탈출한 난민의 상태로 살아갈 수밖에 없고 그들의 삶도 어려운 처지에 놓이게 된다. 동시에 난민을 받아들이거나 임시적으로 수용한 국가들에게도 큰 부담으로 작용하고 있다. 특히 난민들이 가장 많이 발생하는 지역이 저개발 국가들이 모여 있는 지역이기 때문에 난민 수용의 문제와 난민들의 지원에 더 큰 어려움이 있다. UNHCR 보고서에 따르면 난민들이 가장 많이 집중해 있는 지역은 중동지역과 북아프리카지역으로 581만 명이 거주하고 있고, 그 다음이 나머지 아프리카 지역으로 527만 명의 난민들이 살고 있다.

에듀컨텐츠·휴피아
CH Educontents·Huspia

Chapter 6.
전쟁과 테러

1) 전쟁과 무기 확산

　전쟁은 나라와 나라 또는 정치적으로 다른 정파 간에 조직화된 무력 충돌을 말한다. 두 국가 또는 그 이상의 국가들 간에 아니면 내전과 같이 동일한 국가 안에서 서로 다른 정치적 집단들 사이에 일어나는 것을 전쟁의 전형적인 모습으로 떠 올릴 수 있다. 그러나 전쟁이 선언 된 전쟁만을 의미하는 것은 아니다. 선언되지 않은 전쟁들, 예컨대 게릴라전이라든지, 시민저항전쟁, 비밀군사작전 등과 같은 다양한 형태들도 모두 전쟁의 범주에 넣을 수 있다. 전쟁은 폭력을 수반하며, 육체적 고통뿐만 아니라 정신적 고통을 사람들에게 부과하고 재산을 파괴한다.
　그럼 어떻게 전쟁에서 서로 간에 극단적으로 싸우고 아무렇지도 않게 사람이 사람을 죽일 수 있을까? 다양한 이유가 있겠지만 지나친 애국심은 전쟁을 일으키는 하나의 주요 요인으로 작용할 수 있다. 과도한 애국심은 우리나라와 남의 나라를 구분하고, 나와 남을 구분하고, 민족을 구분하고, 이데올로기를 구분하여, 우리 군대, 우리가 살아갈 이유, 우리의 이익 등에 반하는 외부의 적을 만들고 증오의 대상으로 삼는다. 우리는 당연히 휴머니스트인 반면 우리에게 대적하는 사람들은 모두 비인간화시킨다. 그래서 전쟁은 우리는 선, 적은 악마라는 선과 악의 투쟁으로 바뀌게 된다. 그 투쟁의 과정에서 우리는 항상 정의이고 공평함이지만 적들은 사회적, 도덕적으로 타락한 존재로 형상화된다(Shibutani, 1970). 마침내 그러한 적을 죽이는 것은 당연한 일이 되는 것이다. 그래서 전쟁은 정의라는 이름으로 그에 반하는 수많은 적들을 서로 죽이는 싸움의 장이 된다.

그런데 심각한 폐해를 낳는 전쟁을 결정하는 사람은 소수의 엘리트 계층이다. 국가가 어느 방향으로 나아갈지를 결정할 수 있는 권력을 가진 소수의 사람들을 파워 엘리트라고 부른다. 이들은 정치 지도자, 대기업의 최고위층, 군대의 최고위급 장성 등을 모두 포함한다. 파워 엘리트에 속한 사람들은 보다 많은 정보를 가지고 있고, 그 정보의 흐름을 꿰뚫으며, 국가의 방향을 결정할 수 있는 권력을 가지고 있다(Mills, 2000). 대부분의 전쟁도 이들이 결정한다. 물론 독단적인 결정을 할 경우도 있고, 국민적 공감대를 모을 수도 있겠지만 최종 결정은 그들이 한다. 민주사회는 소수의 사람들에게 권력이 독점되지 않는 사회라고 믿어질 뿐이지 모든 사항을 국민들에게 묻고 투표로 결정할 수 있는 것은 아니다. 특히 전쟁과도 같은 긴급한 사항일 경우에는 국민들의 모든 의견을 수렴할 수 있는 시간적 여유도 없다. 그렇기 때문에 소수의 권력자들이 전쟁을 결정할 수밖에 없는 구조를 가지고 있다.

또 다른 한편, 전쟁이 발발하게 되면 그로 인한 피해도 크지만, 그것으로 인해 이익을 얻는 개인이나 집단도 분명히 있기 때문에 그러한 개인이나 집단은 파워 엘리트들과 연합하여 전쟁을 결정하는데 영향력을 미친다. 예컨대 대표적인 것이 군대와 방위산업체이다. 군대의 목적은 외부의 위협으로부터 자국의 안전을 확보하기 위한 것이다. 만약 평화만이 존재한다면 군대의 기본적인 목적이 사라지게 된다. 군대의 구성원과 군대내 권력자들의 입지도 좁아지고, 군대예산도 삭감된다. 그러므로 주변의 위협이 항상 도사리고 있든지, 아니면 간헐적으로라도 전쟁이나 분쟁이 발생하여야 그 존재자체가 유지될 수 있다. 방위산업체는 무기를 생산하여 공급하는 업체들의 연합이라고 할 수 있는데 대체로 그들의 산업은 독점구조를 가지고 있다. 그리고 소비자도 자기 나라 정부나 아니면 몇 개 되지 않은 무기 수출 국가 정부가 전부이다. 그래서 생산자와 소비자가 1:1의 구조를 가진 특수한 산업이다. 그렇기 때문에 정부는 그들의 유일한 고객이다. 문제는 방위산업체가 이익을 얻으려면 무기를 만들어 공급해야 하는데 무기가 소모되지 않으면 방위산업체의 존재자체가 유명무실해진다. 무기를 대량으로 소비하기 위한 가장 좋은 조건은 전쟁이나 분쟁이 발생하는 것이다. 그래서 방위산업체의 파워 엘리트들은 정치지도자와 정부의 결정에 깊이 간여 하고자 한다. 반면, 정치지도자들과 정부도 최신 무기를 방위산업체가 거의 독점적으로 공급하고 있기 때문에 방위산업체의 이익을 확보해 주지 않으면 새로운 무기 개발도 적절한 무기 공급도 받을 수 없게 된다.

근래 세계사에서 가장 큰 전쟁은 제1차 세계대전과 연이은 제2차 세계대전이다. 두 전쟁은 큰 다른 점이 있다. 제1차 세계대전에서는 시민들을 죽이는 것은 부당한 폭력으로 간주되어서 무고한 시민들에 대한 공격은 제한되었다. 그러나 제2차 세계대전에서는 이와 달리 시민들에 대한 공격이 고의적으로 진행되어서 공격 자체의 대상이 시민들이 되기 시작했다. 예컨대 대규모 공습이 대도시를 중심으로 개시되었고, 그러한 상황에서 민간인들이 공격의 주된 대상이 될 수밖에 없었다. 전쟁은 더 이상 군인들만의 전쟁이 아니게 된 것이다(Haynes, 1997). 두 세계대전은 막대한 피해를 낳았다. 제1차 세계대전에서는 800만 명의 군인들이 전사하였고 100만 명의 시민들이 사망하였다. 상대적으로 시민들의 피해는 적은 편이었다. 제2차 세계대전은 피해가 더 커서 1,700만 명의 군인들이 전사하였고 3,500만 명의 시민들이 목숨을 잃어 총 5,000만 명 이상의 사람들이 전쟁으로 사망하였다. 더구나 군인들보다 시민들이 훨씬 더 많이 사망한 비참한 전쟁이었다(Sivard, 1991, 1993). 그 이후에 발생한 전쟁인 한국 전쟁에서는 총 120만 명이 사망하였다(Lacina, 2005). 베트남 전쟁의 사망자 수는 통계에 따라서 차이가 있긴 하지만 96만 명에서 최대 380만 명이 전쟁으로 인해 목숨을 잃었다고 한다(Hirschman et al., 1995; Obermeyer et al., 2008). 아프가니스탄 전쟁에서는 1978년부터 현재까지 적게는 124만 명에서 많게는 200만 명의 사망자가 났다(Dowling, 2015).

그런데 최근으로 올수록 민간인들의 피해가 점점 늘어나고 있다는 것은 심각한 문제이다. 폭탄의 위력이 강해지고, 미사일과 같은 대량살상무기가 동원되어 피해 규모와 피해 지역이 더 커져서 더 이상 군인과 시민을 구별할 수 없을 정도로 전쟁이 수행되고 있다. 한 분석에 따르면 1980년대 일어난 전쟁과 관련해서 사망한 민간인들은 전체 전쟁 사망자의 75%나 되고, 1990년대 이르러서는 그 비율이 더 늘어나 총 사망자의 90%가 민간인이라고 한다(Renner, 1993). 보다 최근에는 '스마트 무기(smart weapons)'로 통칭되는 새로운 무기들이 개발되어 민간인들을 피해서 타겟으로 정한 건물만 폭격함으로써 민간인 피해자를 줄일 수 있는 시도도 진행되고 있다. 그러나 이라크 전쟁 기간 중 약 4만 명의 이라크 군인들이 사망한 반면, 민간인들은 폭격에 의해 그 두 배인 8만 명이 사망했다는 보고가 있다(Colhoun, 1992). 전쟁의 민간인 피해자는 주로 저개발국들에 집중되는데 그것은 대부분의 전쟁이 바로 저개발국이나 그 인접

지역에서 발생하고 있기 때문이다.

　제2차 세계대전은 피해도 막심했지만 국가들의 힘의 균형이 재편되는 계기를 만들었다. 특히 세계대전은 미국이 자유주의 진영 국가를 대표하는 지도자 국가로 위상을 높이는 것에 크게 기여했다. 두 세계대전에 모두 참전했으나 직접적인 국토의 피해가 거의 없었던 미국은 군복부터 시작해서 탱크, 비행기, 군함 등에 이르기까지 전쟁에 필요한 군수물자를 생산하기 위한 대규모 산업을 일으켜서 경제적으로 대단한 호황을 맞았다. 동시에 군사대국으로 입지도 갖추게 되었다. 제2차 세계대전 이후 맞게 된 냉전체제는 1990년대 중반까지 지속되었다. 이 시기 동안 미국은 소련과의 군비 경쟁을 위해 막대한 예산을 투입하였는데 대규모 방위산업체 등이 생겨난 것도 바로 이 시기이다. 방위산업체가 국가 경제의 한 축을 담당할 정도로 커지자 이제는 방위산업체의 유지를 위해서 미국 정부는 무기를 소모하거나 수출하는 방위 산업 육성책을 쓰지 않으면 안 되었다. 예컨대 1991년에 미국 정부와 계약을 한 방위산업체의 금액은 1,210억 달러에 이르렀다.

　국제안보에 있어 가장 민감하고 중요한 이슈는 바로 무기 확산에 관한 것이다. 국가 간의 긴장과 전쟁, 테러의 위협 등 모두 무기 확산과 밀접한 관계가 있다. 특히 오늘날 대량살상무기(WMD: Weapons of Mass Destruction)의 확산은 가장 심각하게 거론되는 문제이다. 국가가 대량살상무기를 보유하고자 하는 이유는 크게 두 가지를 들 수 있다(Snar & Snar, 2014). 첫째, 국가의 안보를 위해서이다. 대량살상무기를 보유하는 것이 다른 나라로부터 자신의 나라를 지킬 수 있는 유일한 방법이라고 믿는다. 냉전시대 미국과 소련의 무기경쟁은 자신의 진영을 지키는 길이 상대 진영보다 더 많은 대량살상무기를 확보하는 길이라고 생각했다. 그래서 핵무기를 비롯하여 생물, 화학무기 등 다양한 형태의 무기를 축적하였다. 중동지역에서는 이스라엘이 자국의 안보를 위해 핵무기를 보유하고자 하는 강력한 의지를 나타내고 있다. 이스라엘을 둘러싸고 있는 대부분의 나라는 이스라엘과 좋지 않은 관계를 가지고 있다. 수적으로 열세에 놓인 이스라엘이 선택할 수 있는 가장 좋은 방법 중의 하나가 핵무기를 비롯한 대량살상무기를 보유하는 것이다. 아시아지역에서는 인도와 파키스탄의 핵무기 보유는 또 다른 안보경쟁의 결과이다. 인도와 파키스탄은 국경분쟁으로 서로 갈등하고 있었다. 인도는 평화의 목적으로 핵 개발을 한다는 명목으로 핵무기를 개발하여 파키스탄을 위협하자 파키스탄도 여기에 대응하여 핵무기를 갖추게 되어 이 지역의 군비경쟁이 치열하게 진행되었다.

둘째, 핵무기를 포함한 대량살상무기를 보유하는 것이 국가의 자존심을 높이고 자국의 영향력을 다른 나라에 떨치기 위한 중요한 수단이라고 믿는다. 대표적인 국가가 동북아시아에 위치한 북한이다. 북한은 최근까지 핵탄두 개발과 연구에 박차를 가하고 있다. 여러 번 핵실험을 통하여 세계에 핵무기 보유국으로 인정받기 위해 노력하고 있다. 북한의 핵탄두 개발은 한국과의 군비경쟁에서의 열세를 만회함과 동시에 미국을 포함한 중국, 러시아 등의 강대국 영향력 아래서 벗어나기 위한 하나의 방편으로 보인다. 특히 3세대 부자세습으로 이어지는 독재 권력의 정통성을 확보하고 내부적인 통치를 확고하게 구축하기 위해 핵탄두 개발은 중요한 도구로 사용되고 있다. 핵무기를 개발하여 보유하는 것이 강대국들과 어깨를 나란히 하는 국가가 되는 것이라고 선전함으로써 국내 경제의 피폐와 정치적 어려움을 동시에 극복하기 위한 필사의 노력이라고 할 수 있다. 이와 비슷하게 리비아의 강력한 지도자였던 카다피(Muammar Qaddafi)는 핵무기 보유가 국가의 위상을 올려줄 것이라고 믿어서 1970년대 후반부터 핵무기 개발을 추진한 적이 있다.

냉전체제를 통하여 강대국만 핵을 가진 것은 아니었다. 그 사이 여러 국가들이 핵무기 보유를 인정하고 있는데, 미국, 러시아, 프랑스, 영국, 중국, 인도, 파키스탄, 이스라엘을 비롯하여 북한까지 자국이 핵무기를 보유하고 있다고 시인하고 있다. 이제 핵무기는 특정한 강대국이 독점적으로 가지고 있는 것이 아니라 정책적 결정만 하게 되면 어느 나라나 빠른 시일 내에 보유할 수 있는 것이 되고 있다. 그런데 문제는 핵무기와 같은 대량살상무기는 그것이 사용되었을 경우 지구상의 인류 모두에게 치명적인 결과를 가져다 줄 수 있다는 것이다. 핵무기가 전쟁 억지력을 위해서 사용되지 않고 공격이나 다른 국가에 압력을 가하기 위해 사용된다면 문제의 심각성은 더해진다. 게다가 몇몇 나라가 아니라 여러 나라에서 핵을 보유하고 있다는 것은 핵 통제력이 점점 약해진다는 것을 의미 한다. 특히 독재국가나 내전과 반란 등 정치적으로 불안정한 위험도가 높은 국가가 핵무기를 보유한다는 것은 지구 전체가 위험에 처하게 된다는 것을 의미한다. 따라서 핵확산은 한 나라의 문제가 아니라 지구전체 차원의 문제이고 이를 해결하기 위한 노력도 국제적인 협력이 바탕이 되지 않으면 안 된다.

세계 정상들이 모여서 핵무기를 포함한 대량살상무기가 없는 지구를 만들자는 약속과 선언을 지속적으로 해왔지만 그 효과는 여전히 불분명하다. 무기의 확산은 정치인, 군인만 관련되는 사항이 아니라 모든 사람들에게 그 피해가 돌아가게 된다. 또 한편으로 무기 구매에 국가 재정을 투입하게 됨으로써 경제 발전이나 사회복지, 보건과 의료 등에 사용될 수 있는 막대한 재원을 무기와 바꾸게 되는 셈이다. 결국 무기 확산의 문제는 개인의 삶의 질의 문제와도 직접적으로 연결된다.

2) 핵 확산 금지 노력

핵무기가 여러 나라로 확산된다는 것은 국제안보의 평화로운 유지라는 측면에서는 심각한 과제라고 할 수 있다. 그리고 핵 확산의 문제는 한 국가의 노력으로는 대처할 수 없기 때문에 국제적인 수준에서 국가들 간에 서로 협조하고 통제하는 것이 필요하다. 핵확산 금지운동은 핵무기가 개발되면서부터 시작되어 지속적으로 진행되어 왔다. 핵무기가 처음으로 제2차 세계대전에서 미국에 의해 일본의 히로시마와 나가사키에 사용된 후 핵무기의 파괴력과 위험성은 모든 세계의 이목을 집중시켰다. 당시 미국 대통령이었던 트루먼은 핵물질과 핵기술을 유엔의 통제 아래에 두고 관리하자고 제안하기도 하였다. 그의 제안이 실현되지는 못했지만 핵무기에 대한 문제를 세계적으로 공론화 하는 것에는 일조하였다(Snarr & Snarr, 2014). 1960년대에 들어와서 대기, 우주공간 그리고 수중에서의 핵실험을 금지하는 부분적 핵실험금지조약(Partial Nuclear Test Ban Treaty)과 같은 구상에 주요 국가들이 합의했다. 1967년에 남미대륙은 라틴아메리카 핵무기금지조약(Treaty for the Prohibition of Nuclear Weapons in Latin America)을 맺어 라틴아메리카의 비핵화를 선언하였다.

핵확산을 막기 위한 가장 대표적인 조약은 1968년부터 서명을 시작한 핵확산금지조약(Treaty on the Non-Proliferation of Nuclear Weapons: NPT)이다. 이 조약의 주요내용을 살펴보면, 먼저, 핵무기를 보유한 국가가 핵무기나 폭발물, 그리고 이러한 무기 등에 대한 통제를 다른 대상에게 이전해서는 안 된다는 것이다(제1조). 그 다음으로, 비핵국가가 핵무기를 받든지, 제조하든지, 제조하기 위한 원조든지 핵무기에 관한 뭐든 받아서는 안 된다고 규정했다(제2조). 그리고 모든 핵무기 보유국들이 엄격하고 효율적인 국제통제 하에서 무기를 줄여나가는 것을 의무화 하였다(제6조). 핵확산금지조약은 실제적으로 핵이 확산되는 것을 막는다는 측면에서는 상당한 정도의 효과를 거두고 있다.

그러나 핵무기의 공급을 통제하는 핵확산금지조약도 여전히 한계를 지니고 있다. 지금 현재 핵미사일을 개발하고 있는 국가들이 핵개발을 더 이상 하지 않도록 하는 측면에서는 분명히 효과가 있지만 이미 핵을 보유하고 있는 국가들에 대해서는 크게 제한을 가하지 못한다는 것이다. 또한 민간과학기술로 개발하다가 도중에 군사적 용도로 바꾸어 핵무기 개발을 시도하는 것을 원천적으로 막을 수는 없다. 예컨대 이란의 비밀 핵연구 프로그램은 1990년부터 러시아와 중국으로부터 기술을 이전받아 지속적으로 핵무기를 비밀리에 개발해 왔으며 2006년에는 상당한 정도의 단계에 도달하였다고 이란 정부는 주장하였다. 이에 국제사회는 이란에 대한 경제적인 제재를 가하였다. 그럼에도 불구하고 이란 정부의 핵개발 노력은 계속되었고 국제원자력기구(International Atomic Energy Association: IAEA)의 봉인과 검사 장비를 제거하는 등 핵확산금지조약을 명백하게 위반하였다.

이러한 이란의 핵개발 프로그램을 중지하라는 국제사회의 요구를 이란은 받아들이지 않고 핵 개발 자체를 하나의 협상도구로 활용하였다. 그러나 국제사회의 엄격한 경제 제재로 이란이 점점 어려움에 처하였고 미국과의 관계가 조금씩 회복되면서 핵협상이 진전을 보게 되어 2015년 주요 6개국과 최종 핵협상을 타결했다. 핵협상의 주요 내용은 이란의 군사시설을 비롯한 핵무기 개발 의혹이 있는 모든 시설을 국제원자력기구(IAEA) 사찰단이 살펴볼 수 있도록 하였다. 그 결과 핵무기 개발과 관련 없다는 결론이 내려지면 이란에 가했던 경제적인 제재를 해제하기로 한 것이다. 그리고 2006년에 내려진 이란에 대한 무기금수 조치와 2010년에 내려진 탄도미사일

관련 제재는 각각 5년과 8년간 유지하기로 하였다. 이란과 핵협상이 어느 정도 의미 있는 차원으로 도달하게 된 것은 국제사회가 협력한 경제 재재가 효과적으로 작용한 결과이다. 산유국인 이란은 석유 수출이외에는 마땅한 산업이 없다. 이러한 이란의 석유 수출을 국제사회가 규제하게 되자 이란의 경제는 큰 어려움에 빠질 수밖에 없었다. 결국 이란은 핵협상을 통해 경제적 실익을 추구한 것이다.

세계 핵확산금지와 관련하여 국제사회의 주목을 받고 있는 또 다른 국가는 북한이다. 북한은 핵원자로와 플루토늄 재처리 시설을 영변에 건설하여 핵무기를 제조하기 위한 플루토늄을 확보하였다. 더구나 북한은 2003년 공식적으로 NPT를 탈퇴하였다. 그리고 2005년에는 스스로 핵무기 보유국이라고 선언하고 미국을 비롯한 국제사회와 핵협상을 하지 않겠다고 선언함으로써 현재 핵과 관련하여 국제사회의 지탄을 받고 있는 대표적인 국가가 되었다. 그 이후 2006년 첫 번째 핵실험을 성공적으로 끝낸 후 2016년 현재까지 5차 핵실험을 강행하였다.

북한의 핵보유는 북한과 대치하고 있는 한국 뿐 아니라, 일본, 중국, 그리고 미국을 포함하여 국제안보에 심각한 위해를 가하는 것이다. 북한과의 핵협상이 어려운 것은 북한이 가지는 몇 가지 특수성이 있기 때문이다. 먼저 핵협상이 나름 성공적으로 이루어진 이란과는 북한의 입장이 다르다. 이란은 핵무기를 가진 것이 아니라 핵무기 개발과 보유를 막기 위한 '비확산' 차원에서의 협상이었다. 그러나 북한은 이미 수차례의 핵실험을 진행하며 핵보유국임을 스스로 선언한 상태이기 때문에 핵의 확산 차원이 아니라 핵 포기를 전제하는 것이다. 둘째, 이란은 산유국이기 때문에 석유수출이 경제에 차지하는 바가 상당히 크다. 그래서 석유수출을 제재하는 국제사회의 무역제재는 이란의 경제에 큰 타격을 줄 수 있었다. 그러나 북한은 상대적으로 수출에 의존하는 정도가 적은 고립적인 경제구조를 가지고 있고 핵과 경제를 따로 분리하는 '병진 노선'을 채택하고 있기 때문에 북한에 대한 경제제재가 얼마나 효과적일지 잘 알 수 없다. 셋째, 한국과 군사적으로 대치되어 있는 상태에서 재래식 무기를 중심으로 하는 군사비 경쟁에서 한국을 따라가지 못하자 안보차원에서 핵무기 개발을 통한 선택과 집중의 전략을 북한은 채택할 수밖에 없는 실정이다. 그래서 북한 스스로 자신의 안보와 핵이 직접적으로 연결되어 있다고 생각하기 때문에 핵보유를 포기하는 것은 안보차원에서 막대한 취약성을 드러내는 것이 된다. 마지막으로 핵무기 개발은 북한 내 권력 통치와 유지를 위해서도 중요한 역할을 한다. 3대 부자세습으로 국가 내 독재 권력을 유지하려는 김정은과 공산당 지배세력은 핵무기 보유야말로 강대국과 어깨를 나란히 하는 것으로 선전한다. 그리고 핵무기 개발은 국가의 위신을 올리고 권력의 정당성을 확보하는 중요한 전략으로 이용된다. 그러므로 북한과의 핵협상은 굉장히 어렵고 복잡한 과제들로 얽혀 있다.

핵확산금지조약을 비롯하여 다양한 노력과 정책들이 수행되어 온 것 중 가장 획기적인 것은 미국의 오바마(Barack Obama) 대통령의 구상으로 2009년에 선언한 핵무기 완전 제거(Nuclear Zero)에 대한 요구라고 할 수 있다. 오바마 대통령은 냉전시대 이후 핵확산을 금지하기 위한 여러 노력들이 있어왔지만 여전히 핵무기를 개발하고 만드는 국가들이 있으며 그 제조기술이 확산되고 있다고 주장한다. 그래서 더 이상 핵무기 없이 세계의 평화와 안보를 추구하기 위한 미국의 공약을 선언하였다. 세계가 핵무기를 금기시하고 노예제도나 대량학살과 같이 구시대적인 것으로 세계 정치에서 간주하며 규범적 틀을 만들어 나가야 한다는 것이다. 그래서 세계 정치지도자들과 행동가들은 '글로벌 제로 행동 계획'을 통하여 핵무기를 확실히 제거할 도덕적 의무를 만들어 나가야 한다는 것이다.

　이러한 주장은 일견 핵확산금지를 위해서 획기적인 제안으로 받아들일 수 있다. 그러나 실천적인 문제로 들어가게 되면 얼마나 실효성이 있을지는 여전히 의문이다. 실제로 미국의 정책도 핵무기 철폐와는 상반되는 방향으로 나가는 경우도 있는데다가 핵을 가지고 있는 많은 국가들의 입장이 다양하기 때문에 핵무기 철폐 정책의 실행은 여전히 큰 장벽을 넘어야 한다.

3) 무기 축적 비용과 삶의 질

　일반적으로 무기를 만들거나 구입하는 것은 자신을 지키기 위해서이다. 그것이 국가일 경우 국가 안보를 위해서, 또 평화를 지키기 위해서라는 믿음이 그 바닥에 있다. 그러나 무기의 보유가 많으면 많을수록 평화가 지켜지는 것이 아니라 분쟁과 전쟁이 발발하였다는 것을 인류의 역사는 보여주고 있다. 무기가 발달하고 군사 전략이 발달하면 전쟁에 참여할 기회가 늘어난다. 예컨대 제1차 세계대전과 제2차 세계대전도 새로운 무기의 발달과 확산이 중요한 원인이 되었고, 베트남 전쟁도 북베트남의 무장에서 비롯되었다. 말하자면 무기축적이야말로 전쟁의 원인이라고 할 수 있다.

　새로운 무기의 개발도 국제안보를 위협하고 안보와 관련된 국가 간의 관계 재편에 영향을 미친다. 재래식 무기가 대부분일 때에는 한 국가가 무기를 축적하면 그 주변 국가에만 주로 영향을 미쳤다. 그러나 원거리를 정밀 타격할 수 있는 신무기가 개발되든지 대륙간 탄도 미사일 같은 파괴력이 강한 무기를 갖는 국가들이 하나 둘씩 늘어나면서 한 나라의 무기 축적은 더 이상 이웃나라에만 영향을 주는 것이 아니다. 지구 반대편에 있는 국가도 그 영향력에서 벗어날 수 없게 된 것이다. 그래서 오늘날의 세계는 특정 지역에 나타난 국지전이 언제든지 전 세계에 확산될 수 있는 여지를 가지고 있다. 다시 말하면 지역분쟁이 국제분쟁으로 확산될 위험성이 지구 곳곳에 항상 존재한다.

스톡홀름 국제 평화 연구소(Stockholm International Peace Research Institute: SIPRI)의 통계에 따르면, 전 세계적으로 군사비 지출은 냉전시기가 한참이었던 1980년대 15,000억 달러에 육박하다가 냉전이 끝나가는 1990년대에는 거의 5,000억 달러 정도가 감소한 후 정체되기 시작했다. 그러나 2000년대 초반부터 본격적으로 다시 증가하기 시작해서 2008년에는 다시 15,000억 달러를 돌파하였고 2010년까지 지속적으로 증가하였다. 예를 들어, 2002년 아프리카의 군사비 지출이 184억 달러였는데 매년 증가하여 2010년에는 285억 달러에 이르렀다. 아시아와 오세아니아 지역도 2002년에는 1,860억 달러에서 2010년에는 2,900억 달러로 크게 증가했다. 북미지역도 2002년에는 4,390억 달러에서 2010년에는 7,070억 달러로 대규모로 증가하였다. 남미도 2002년 383억 달러에서 2010년에는 548억 달러로 늘어났다. 유럽은 3,470억 달러에서 3,760억 달러로 증가하였는데 그 나마 증가폭은 그리 크지 않다. 세계 전체 군사비 지출이 2002년에는 11,070억 달러였는데 2010년에는 15,690억 달러로 크게 늘었다. 그 다음해인 2011년은 16,990억 달러로 최고점을 찍었다(SIPRI, 2011).

그 이후부터 2016년 현재까지 큰 변동 없이 약 16,000억 달러 수준에서 전 세계 군사비 지출이 정체되어 있는 추세이다. 가장 최근인 2016년의 전 세계 군사비 지출은 16,860억 달러를 기록해서 2015년 보다 0.4%가 늘어났는데 이것은 2011년 가장 많은 군사비지출을 기록한 이후로 처음으로 두해 연속으로 군사비 지출이 증가한 것이다. 지역별로 보면 군사비 지출의 변화는 다르게 나타난다. 북미지역은 2010년 이후 처음으로 증가한 것이고 서구 유럽은 2년 연속 증가하였다. 아시아, 오세아니아, 중동부 유럽과 북아프리카 지역의 군사비 지출은 지속적으로 증가하는 추세를 보이고 있다. 그러나 중앙아메리카와 캐리비안, 중동, 남아메리카, 사하라남부 아프리카 지역의 군사비 지출은 감소하고 있다(SIPRI, 2017).

  세계에서 가장 국방비 지출이 많은 나라는 미국이다. 미국의 국방예산은 가장 높았던 해인 2010년을 기준으로 보면 7,410억 달러까지 이르렀다. 육군사단이 10개, 항공모함 12척, 해병사단 3개, 육군 특공부대 5개, 공군 전투 비행단 12개를 포함하여 137만 명 수준의 군대를 유지하고 있다. 이들 중 20만 명이 해외에 주둔하고 있다. 당시 미국의 국방예산은 두 번째로 군사비 지출이 많은 국가인 중국의 5배가 넘었고 세계 군사비 지출의 43%를 차지하였다. 가장 최근인 2016년은 한 해전 보다 1.7%가 증가한 6,110억 달러를 군사비로 지출하여서 여전히 세계 1위를 고수하고 있다. 그 다음이 바로 중국으로 군사비 지출이 지속적으로 늘고 있는데 한 해전 보다 5.4%가 더 늘어난 2,150억 달러를 지출하였다. 세 번째는 러시아인데 2015년 보다 5.9%가 늘어난 692억 달러를 기록했다. 사우디아라비아가 그 뒤를 이어서 네 번째를 기록하고 있다. 사실 사우디아라비아는 2015년 세 번째로 군사비를 많이 쓰는 나라였지만 2016년에는 30%나 감소해서 637억 달러에 머물렀다. 중동지역에서 내전이 여러 곳에서 발생하고 있지만 사우디아라비아의 군사비 지출액이 감소한 것은 특이할 만한 사실이다. 아마 세계적으로 원유가격의 하락에 따른 사우디아라비아의 경제적 어려움이 영향을 미친 것이 아닌가 생각된다. 다른 원유생산국인 베네수엘라는 56%, 남수단은 54%, 아제르바이잔은 36%, 그리고 이라크도 36%나 한 해 동안 군사비 지출이 감소했다. 가장 많이 군사비 지출이 떨어진 15개국 중 2개국을 제외하곤 모두 원유수출국이다. 다섯째는 인도인데 한 해 전 보다 8.5%가 증가한 559억 달러를 군사비로 지출했다. 주요국들

중에 사우디아라비아만 제외하고는 군사비 지출이 모두 증가하고 있는 추세이다. 유럽에서 2015년과 2016년 사이 상대적으로 증가폭이 큰 나라들은 러시아로부터 위협을 느끼고 있는 중부 유럽에 위치해 있는 국가들로서, 2015년 보다 평균적으로 2.4%가 늘었다(SIPRI, 2017).

군사비 지출은 각국이 처한 경제적, 정치적 상황에 크게 영향 받는다. 2016년 군사비 지출이 감소한 아프리카 국가들과 중동의 국가들은 주로 원유가격 하락에 따른 경제적 어려움이 크게 작용하였음은 위에서 논의한 바와 같다. 남미지역의 산유국들도 마찬가지이다. 브라질의 군사비지출도 감소하였는데 브라질 경제위기가 큰 영향을 미쳤다. 반면 아시아와 오세아니아지역이 2016년 군사비 지출이 증가한 것은 남중국해를 비롯하여 영유권 분쟁을 포함한 정치적, 군사적 긴장이 크게 발생하였기 때문이다.

이렇게 막대한 자금이 군사비로 지출되면 국민들의 삶의 질을 향상시키기 위한 재원은 그만큼 줄어들 수밖에 없다. 2016년 기준으로 세계 전체 군사비 지출은 글로벌 GDP의 2.2%를 차지하고 있다. 가장 많이 차지하는 지역은 군사적, 정치적인 환경이 불안정한 중동지역으로 GDP의 6%를 군사비로 지출하였다. 반면 군사적 긴장도가 낮은 미주대륙은 2016년 한 해 동안 GDP의 1.3%만 증가하는데 그쳤다. 국가 재정에서 군사비 지출이 많으면 많을수록 해당 국가의 국민들의 삶의 질은 낮아질 수밖에 없다. 예컨대, 평균적으로 정부의 교육비 지출은 학생 한 명당 899달러밖에 되지 않으며, 의료보험비 지출도 평균적으로 231달러에 불과하다(Sivard, 1996). 세계 인구를 기준으로 인구 1인당 군사비 지출은 220달러가 넘는 액수이다. 군사비에 막대한 돈을 투입함으로써 국민들의 삶의 질을 향상시킬 수 있는 교육과 의료 등을 비롯한 복지의 수준은 저하된다.

특히 이러한 점은 선진국보다 저개발국들에서 더 심각하게 나타난다. 군사비에 가장 많이 돈을 쓰는 미국이나 유럽의 선진국들은 절대적인 경제규모가 크기 때문에 많은 군사비 지출에도 불구하고 국민들의 삶의 질을 확보할 수 있는 재정이 있다. 그러나 아프리카의 저개발국들이나 북한과도 같은 나라는 군사비의 지출로 인해 국민들의 삶이 피폐해 질 정도로 군사비 지출이 전체 경제에 미치는 영향이 크다. 이러한 국가들은 군사비 지출이 다른 나라로부터 자국을 지키기 위한 안보를 위해서도 사용되지만, 그것이 독재정권이나 지도층의 권력을 유지하기 위한 수단으로도 사용된다. 말하자면 무기가 나라 밖에 존재하는 위협적인 세력의 견제를 위해서도 사용되지만, 국내적으로 권력유지에 저항하는 자국민을 위협하고 통제하는 것에도 사용되기 때문에 더 큰 문제가 된다.

4) 테러리즘

테러는 정부, 단체, 개인 등에 대하여 정치적, 종교적, 경제적, 사회적 목적을 달성하기 위해 불법적인 무력이나 위협 등과 같은 계획된 폭력을 사용하는 것을 말한다. 그러나 일률적으로 무엇이 테러리즘인지 규정하는 것은 쉽지 않다. 왜냐하면 모든 테러조직이 비슷하게 구성된 것도 아니고, 테러 행위도 아주 다양한 방식으로 진행되며, 그 목적과 동기도 다양하기 때문이다. 그래서 테러 행위를 보는 시각이나 입장에 따라서 테러리즘으로 인지되기도 하고 그렇지 않기도 하다. 그럼에도 공통적으로 규정해 볼 수 있는 것은 테러리즘은 특정 신념에 의해 동기화된 위협적이고 불법적이면서 비정규적인 폭력의 형태라고 할 수 있다(Turk, 2004). 그래서 테러리즘은 항상 정치적인 상징성을 띠고 있다. 테러리스트의 행위와 테러조직의 공통된 특성을 살펴보면 다음과 같다(Damphouse & Smith, 2004; Carl, 2013).

첫째, 테러리스트 행위는 사전에 모의되고, 계산되었으며, 계획적인 것이다. 대표적으로 미국의 9.11테러는 오랜 기간 동안 한 번의 테러행위를 위해 준비되고 훈련된 것이다. 둘째, 테러리즘은 정부기관과 시민들을 모두 대상으로 한다. 대부분 테러리스트 조직들은 자신들의 요구사항에 대해서 정부기관이 받아들이도록 만들기 위한 하나의 수단으로 무고한 시민들을 공격 대상으로 삼는다. 셋째, 테러리즘은 심리적인 위협과 두려움을 이용한다. 이를 위해서 크게 두 가지 방법을 쓴다. 하나는 테러행위의 예측불가능성이고 다른 하나는 급진적이고 극단적인 방법을 사용한다. 예컨대 자살폭탄 테러는 언제 어디서 누구를 대상으로 어떻게 일어날지 알 수가 없다. 그래서 사람들을 항상 두려움에 떨게 만든다. 또한 테러방식도 잔인해서 여성, 어린이 할 것 없이 자살폭탄 테러의 도구로 이용한다. 넷째, 테러리스트는 구체적인 목표물에 집중한다. 테러의 목표물은 아주 뚜렷해서, 그것이 시민들인지, 특정건물이나 장소인지, 다리나 도로 아니면 공공시설인지 명확히 설정한다. 다섯째, 테러리즘 조직들은 실제 테러 행위 여부와는 관계없이 위협의 요소들을 사용한다. 위협 다음에 반드시 테러행위가 따르는 것은 아니다. 테러행위 자체를 실행하지 않는다 할지라도 끊임없이 협박과 위협을 해대서 사람들과 정부를 두렵게 만든다.

테러리스트 형태도 몇 가지로 나누어 볼 수 있다(Carl, 2013). 첫째, 미치광이 유형이다. 테러행위의 동기는 가해자 자신에게만 분명하지 다른 사람들은 이해하기 어렵다. 협상이 가능할 수도 있지만 동기를 명확히 알고 대안을 제안할 수 있을 때에만 해당한다. 그리고 가해자는 살고자 하는 강한 기대가 있지만 그것이 현실적이지는 않다. 둘째, 범죄자 유형이다. 테러의 동기는 주로 개인적인 이익을 얻기 위해서이다. 일반적으로 이익이나 안전한 탈출의 대가로 협상할 의사를 가지고 있으며 자신의 생존에 대한 강한 기대가 있다. 셋째, 십자군 유형이다. 테러행위의 동기는 더 높은 요인에 있다. 지고지순의 테러동기를 가지고 있기 때문에 협상의 여지가 아주 적다. 테러로 죽고 나면 죽어서 보상이 따른다고 믿기 때문에 생존에 대한 의지는 최소이다.

테러리스트 집단은 100명 이하의 조직원을 갖는 아주 적은 형태로도 종종 운영된다. 왜냐하면 대부분의 테러집단은 조직원들끼리 아주 밀접한 관계를 유지하면서, 마음이 일치하는 사람들로 구성되어야 되기 때문이다. 단 한 명의 배신자가 나와도 조직 전체가 와해되고 만다. 그래서 테러리스트 집단의 구성원은 같은 윤리적 정치적 배경을 가지고 있는 사람들이면서 가장 가까운 사람들, 예컨대 친구, 가족, 친척 등으로 구성된다(Laqueur, 1999). 그러나 오늘날에는 테러조직이 점점 커져서 여러 나라에 테러집단의 지부를 두거나, IS처럼 테러집단 자체가 한 국가 크기만큼이나 거대한 조직으로 성장한 경우도 없지 않다.

테러리스트들이 실행하는 테러의 방식은 아주 다양하다. 예를 들어 폭탄 설치, 자살폭탄, 주요 인사납치와 인질 감금, 비행기나 열차 납치, 암살 등이 자주 사용하는 방식들이다. 이러한 테러는 개인들에 의해 이루어지기도 하고, 소규모의 집단이 자신들의 목적을 이루기 위해 수행하기도 한다. 그렇지만 가장 큰 파괴력과 영향력이 있는 테러는 정치적 테러리즘이라고 할 수 있다. 정치적 테러리즘은 실제로 비정규전의 형태를 띠고 있을 정도로 파급효과가 크다. 정치적 테러리즘은 크게 세 가지 형태로 구분된다(Kendall, 2013).

첫째, 혁명적 테러리즘(revolutionary terrorism)이다. 정치적 변화를 요구하는 반정부 세력들에 의해 시민들에게 가해지는 폭력행위를 말한다. 반정부 세력들은 테러가 계속적으로 수행되면 자신들이 원하는 정치적 목표가 이루어진다고 믿는다. 오사마 빈 라덴(Osama bin Laden)과 알 카에다(al Qaeda) 네트워크 같은 테러집단이 이러한 유형에 속한다. 이들은 아주 조직적으로 테러리스트를 훈련하여 미국의 9.11테러 사건과도 같은 치명적인 파괴력이 있는 테러를 기획한다. 그래서 미국을 비롯한 서방국가 정부들의 주된 목표도 이러한 조직적인 테러집단의 계획을 사전에 차단하고, 테러집단의 최종적인 소탕을 하는 것이다. 테러리스트들의 계획실행을 사전에 파악하기 위해 사용하는 가장 흔한 방법은 자금의 흐름을 잡아내는 것이다. 테러를 수행하기 위해서는 큰 자금이 필요하기 때문에 이들의 자금이 어떻게 형성되고 유통되어 테러리스트들에게 전달되는지를 감시하고 찾아내는 것은 테러를 사전에 방지하기 위한 중요한 기술이다.

둘째, 억압적 테러리즘(repressive terrorism)이다. 이것은 혁명적 테러리즘과는 달리 정부가 기존의 정치적 질서를 보호하고 유지하기 위한 목적으로 시민들을 향하여 가하는 폭력이다. 정부는 거리에 나온 시민들을 향해 무기를 발포하고, 반체제 인사들을 잡아 처형하거나 고문하기도 한다. 튀니지, 이란, 이집트, 리비아, 시리아, 바레인 등에서 억압적 테러가 발생하였는데 특히 독재국가 정부들에 의해 이러한 테러는 자행되고 있다. 한국의 광주 민주화운동의 경우도 바로 정부기관에 의한 억압적 테러 유형에 속한다고 할 수 있다.

셋째, 국가지원 테러리즘(state-sponsored terrorism)이다. 정부가 테러리스트들에게 자금과 무기를 지원하고, 훈련까지 시켜 다른 국가에 테러행위를 가하는 것을 말한다. 이 국가들은 테러리즘을 국제사회에서 자국의 정치적 목적을 달성하기 위한 수단으로 이용한다. 이란, 이라크, 시리아, 리비아, 쿠바, 북한 그리고 수단 등과 같은 국가들이 미국 정부에서 규정한 테러리스트 지원국의 리스트에 올라와 있는데 억압적 테러리즘을 자행하는 독재국가들이 대부분 여기에 속한다.

최근에 빈번하게 나타나는 테러로서 그 피해의 파급효과도 막대한 테러는 바로 사이버테러이다. 사이버테러는 국가지원 테러리즘의 새로운 형태로 떠오르고 있다. IT기술과 인터넷의 발달로 세계는 사이버 공간에서 서로 연결되어있고, 막대한 정보와 자금 그리고 누적적 지식이 사이버 공간에 존재한다. 컴퓨터 해킹기술을 이용하여 국방부서의 컴퓨터에 접근하여 정보를 빼간다든지, 컴퓨터를 무력화시킴으로써 군사전력에 큰 타격을 줄 수 있다. 미사일 등을 포함한 최신 첨단무기들도 모두 컴퓨터 없이는 무용지물이 되기 때문에 테러지원국들이 자신들의 목적을 달성하기 위해 적국에 대한 사이버테러를 적극적으로 지원하고 있다. 또한 각국 정부기관의 컴퓨터를 해킹하여 중요한 정보를 캐낸다든지, 은행이나 기업들의 컴퓨터를 해킹하여 자금이나 정보를 빼내거나 기능을 마비시켜 큰 손실을 입히는 것이 주요 목표이다. 대표적인 사이버테러 지원국인 북한이 2015년에서 2016년 동안 세계 각국의 은행을 상대로 해킹으로 1천억 원 이상을 탈취했다는 보고도 있다.19)

해커들에 의해서 정부나 기업의 주요 정보가 손실되거나 마비되면 시민들의 삶에 큰 타격을 가져다 줄뿐만이 아니라 국가적 안전에도 위협이 되고 더 나아가서는 국가의 기반마저 흔들릴 수 있을 정도의 파급효과가 있다. 그런데 더 큰 문제는 이러한 사이버테러 공격에 적절하게 대응하고 가해자들을 찾아서 처벌하기가 그렇게 쉽지 않다는 것이다. 사이버테러 가해자들을 사이버 공간에서 역추

---

19) 연합뉴스, 2017 4. 26. "북한 사이버 공격 집단, 세계 은행들 상대 1천억 탈취"
http://www.yonhapnews.co.kr/bulletin/2017/04/26/0200000000AKR20170426119151017.HTML

적하여 가해자가 누구인지 밝히는 것도 어렵지만, 그 배후에 누가 있는지를 알아내는 것은 더욱 힘들다(Pilkington, 2011). 그래서 알카에다와 같은 테러집단은 글로벌 지하드(jihad)를 위해 사이버공간에 보다 더 집중한다(Ferran, 2011). 작전을 원격으로 공간적 제한 없이 통제할 수 있고, 폭탄을 설치하는 것과 비교해서 자신들에게 더 안전한 방법이기 때문이다. 북한도 이에 못지않게 최근 활발하게 사이버테러 공격을 감행하는 나라이다. 남한의 관공서, 은행 등에 이미 수차례 공격을 하였고, 세계 곳곳의 주요 정보에 대한 해킹을 시도하고 있다. 보다 최근에는 페이스북 등을 비롯한 SNS를 통하여 IS 같은 테러단체나 테러지원국들이 자기를 선전하고 조직원을 모집하는 등 세력 확장을 위해 적극적으로 활동하고 있다.

에듀컨텐츠·휴피아
Educontents·Huepia

Chapter 7.

세계화와 인권문제

1) 인권이란?: 세계인권선언

인권은 인간의 기본적인 권리다. 세계인권선언 제1조는 "모든 인간은 태어날 때부터 자유로우며 존엄성과 권리에 있어서 평등하다. 인간은 이성과 양심을 가지고 태어났으며 서로를 형제자매의 정신으로 대해야 한다."라고 적시하고 있다. 세계인권선언은 1948년 12월 10일 유엔총회에서 승인하였다. 세계인권선언이 발의 되고 승인될 시점에는 총48개 국가가 찬성했고 8개의 국가가 기권하였으며 반대하는 국가는 없었다. 그러나 그 이후 유엔에 참여하는 국가는 200여개 국가에 이르고 있다. 나중에 참여한 국가들은 신생국들이 다수를 이루게 되었는데 주로 선진국들의 식민지배하에 있던 국가들이 대부분이다. 1960년대와 70년대를 거치면서 독립을 하게 되었고 이어서 유엔에 참여하게 되었다. 그런데 나중에 참여하게 된 국가들은 유엔의 인권기준에 미달할 뿐 아니라 자국 시민의 인권을 탄압하는 국가들이 적지 않아서 유엔 내에서 이러한 국가들에 대해서 어떠한 조치를 취해야 하는지와 관련하여 여러 가지로 논란이 많다.

세계인권선언에서 말하는 인간의 권리는 크게 세 가지 부분으로 나누어서 살펴 볼 수 있다. 첫째, 시민적, 정치적 권리이다. 둘째, 사회, 경제적 권리이다. 셋째, 연대의 권리이다. 먼저 시민적, 정치적 권리를 살펴보자. 제2조부터 제21조까지 전체 선언문의 약 ⅔ 정도는 개인의 권리를 강조하면서 국가나 정부에 의해 개인의 기본적인 권리가 침해되면 안 된다는 것을 강조하고 있다. 인종, 종교, 출신 등 다양한 개인적 배경에 의해 탄압받아서도 안 되며, 개인이 속한 국가나 집단에 따라서 탄압받아서도 안 된다(제2조). 생명권과 신체의 자유가 보장되어야 하며 노예가 될 수도 없고, 고문이나 비인도적인 형벌도 받아서는 안 된다(제3, 4, 5조). 법 앞에서는 평등해야 하고 법률적 기본권과 사법과정에서도 공정하게 대우받아야한다(제6,7,8,9,10,11조). 사생활이 보호되어야 하고, 주거 이전 자유도 보장되어야 한다(제12, 13조). 박해를 피해 타국에 피난처를 구할 수 있으며, 국적을 가질 권리, 국적을 바꿀 권리, 국적을 박탈당하지 않을 권리 등을 가진다(제14, 15조). 혼인하고 가정을 가질 권리, 재산을 소유할 권리, 종교를 가질 권리, 표현의 자유 권리, 집회와 결사의 자유에 관한 권리, 자국의 정치에 참여할 수 있는 권리를 가진다(제16,17,18,19,20,21조). 세계인권선언은 이와 같이 시민 개인의 권리와 정치적 권리를 광범위하게 인정하고 있으며 이를 바탕으로 시민적 권리, 시민의 자유를 규정하고 있다. 일반적으로 우리가 인간의 기본적인 권리라고 말하는 것이 바로 이러한 시민적 권리를 말한다.

둘째, 세계인권선언 제22조부터 제26조까지는 인간이 누려야할 사회, 경제적인 권리를 담고 있다. 제22조에서는 사회보장제도와 각국의 조직과 자원에 따른 경제적, 사회적, 문화적 권리에 대해서 명시하고 있으며 제23조와 제24조에서는 근로조건과 직업에 관한 기본적인 권리를 규정하고 있다. 제25조에서는 건강과 사회적으로 어려움에 처한 사람들이 가진 권리를 말하고 있으며, 제26조에서는 교육받을 권리에 대해서 명시하고 있다. 사회, 경제적 권리는 인간이 기본적으로 삶을 영위하기 위해서 필요한 경제적 조건을 충족시킬 수 있도록 그 과정에서 갖추어야할 필수적인 권리들에 대해서 말하고 있다.

셋째, 연대의 권리를 강조한 것이 제27조와 제28조이다. 인간의 권리를 실현하기 위해서 개인 혼자의 노력만으론 불가능하다. 개인적인 차원을 넘어 보다 큰 집단과 공동체 그리고 국가 차원에서의 협력 없이는 제대로 된 개인적 권리의 실현이 어렵다. 따라서 연대를 통하여 공동체와 개인과의 유기적 관계, 그리고 더 나아가 국제적 질서를 제대로 유지할 필요성이 있다. 제27조에서는 공동체의 문화생활에 참여하고 과학적, 문화적 창작물에서 나타날 수 있는 이익을 보호받을 권리를 명시하고 있다. 그리고 제28조는 권리와 자유의 실현을 위한 사회적, 국제적 질서에 대한 권리에 대해 말하고 있다. 실제로 제27조와 제28조는 선진국들보다는 산업화의 물결에 뒤처진 저개발국이나 제3세계 국가의 국민들을 위한 것이다. 선진국들은 이미 연대적 권리가 광범위하게 보장되어 있지만 신생국이나 식민지에서 독립한 국가들은 인간이 누려야할 권리를 차단당하거나 억압당한 경험이 있다. 그리고 그러한 사실에 대한 저항조차 하지 못한 구조 속에 놓여있었으며 그러한 경험의 연장선에 여전히 놓여 있는 국가들이 많다. 따라서 이들 국가의 국민들에게도 기본적인 복지에 대한 권리, 보다 나은 기회를 추구할 수 있는 권리, 평화와 기본적인 환경을 요구할 권리가 국제 공동체 안에서 확보되어야 한다는 점을 강조하고 있다.

〈세계인권선언〉

제1조
모든 인간은 태어날 때부터 자유롭고, 존엄성과 권리에 있어서 평등하다. 인간은 이성과 양심을 부여받았으므로 서로에게 형제자매의 정신으로 행해야 한다.

제2조
모든 인간은 인종, 피부색, 성, 언어, 종교, 정치 또는 그 밖의 견해, 민족 또는 사회적 출신, 재산, 출생 또는 다른 지위 등과 같은 그 어떤 종류의 구별도 없이, 이 선언에 제시된 모든 권리와 자유를 누릴 자격이 있다. 더 나아가 한 사람이 속한 나라 또는 영토가 독립국이건 신탁통치지역이건, 비자치지역이건 또는 그 밖의 다른 어떤 주권상의 제한을 받고 있는 곳이건, 그 나라나 영토의 정치적, 사법적, 국제적 지위를 근거로 차별이 자행되어서는 안 된다.

제3조
모든 인간은 생명권과 신체의 자유와 안전을 누릴 권리가 있다.

제4조
아무도 노예의 신분이나 노예의 상태에 얽매어 있지 아니한다. 노예제도와 노예매매는 어떤 형태이건 금지된다.

제5조
아무도 고문이나 가혹하거나 비인도적이거나 모욕적인 처우 또는 형벌을 받지 아니한다.

제6조
모든 인간은 어디에서나 법 앞에서 한 인격체로 인정받을 권리를 갖는다.

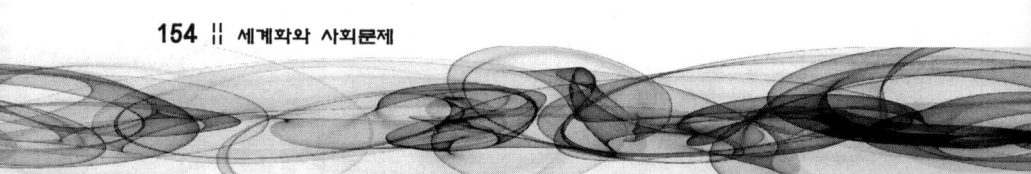

제7조
모든 인간은 법 앞에 평등하며, 어떠한 차별도 받지 않고 법의 동등한 보호를 받을 권리를 갖는다. 모든 사람은 이 선언을 위반하는 그 어떤 차별에 대해서도, 또한 그러한 차별의 선동에 대해서도 동등한 보호를 받을 권리를 갖는다.

제8조
모든 인간은 헌법 또는 법률이 부여하는 기본권을 침해하는 행위에 대해 해당 국가법정에서 유효한 구제를 받을 권리를 갖는다.

제9조
아무도 자의적인 체포, 구금 또는 추방을 당하지 않는다.

제10조
모든 인간은 자신의 권리와 의무, 그리고 자신에 대한 형사상의 혐의에 관하여 재판을 받게 될 때, 독립되고 편견 없는 법정에서 공정하고도 공적인 심문을 완전히 평등하게 받을 권리를 갖는다.

제11조
1. 형사상의 범죄로 소추당한 모든 사람은 자신의 변호를 위해 필요한 모든 보장들이 행사된 공적 재판에서 법률에 따라 유죄로 판정받을 때까지 무죄로 추정 받을 권리를 갖는다.
2. 아무도 그것이 범해질 당시에 국내법 또는 국제법상으로 형사범죄를 구성하지 않았던 행위나 태만으로 인해 형사범으로서의 유죄의 선고를 받지 아니한다. 또한 형사범죄가 행해졌을 당시의 적용 가능한 형벌보다 무거운 형벌이 부과되지 아니한다.

제12조
아무도 자신의 사생활, 가족, 집 또는 통신에 대하여 자의적인 간섭을 받지 않으며, 또한 자신의 명예와 신용에 대하여 공격당하지 않는다. 모든 인간은 그러한 간섭과 공격에 대하여 법률의 보호를 받을 권리를 갖는다.

제13조
1. 모든 인간은 각국의 경계 안에서 이동과 거주의 자유를 누릴 권리를 갖는다.
2. 모든 인간은 자국을 포함한 어떤 나라에서도 떠나고 또 자국으로 돌아올 권리를 갖는다.

제14조
1. 모든 인간은 박해를 피해 타국에서 피난처를 구하고 또 누릴 권리를 갖는다.
2. 이 권리는, 비정치적 범죄 또는 유엔의 목적과 원칙에 반하는 행위가 진정한 원인이 되어 발생하는 소추의 경우에는 호소될 수 없다.

제15조
1. 모든 인간은 어느 한 국적을 가질 권리를 갖는다.
2. 아무도 자의적으로 자신의 국적을 박탈당하거나 그의 국적을 바꿀 권리를 부인당하지 아니한다.

제16조
1. 성년에 이른 남녀는 인종, 국적 또는 종교를 이유로 한 그 어떤 제한도 받지 않고 결혼하여 가정을 이룰 권리를 갖는다. 이들은 결혼의 기간 동안과 그 해소의 시점에 있어 결혼에 관한 동등한 권리를 갖는다.
2. 결혼은 장래의 배우자의 자유롭고도 완전한 동의에 의해서만 성립된다.
3. 가정은 사회의 자연적이고 근본적인 집단의 단위이며 사회와 국가에 의해서 보호받을 권리를 갖는다.

제17조
1. 모든 인간은 타인과의 연합을 통해서 뿐만 아니라 단독으로 자신의 재산을 소유할 권리를 갖는다.
2. 아무도 자신의 재산을 자의적으로 박탈당하지 않는다.

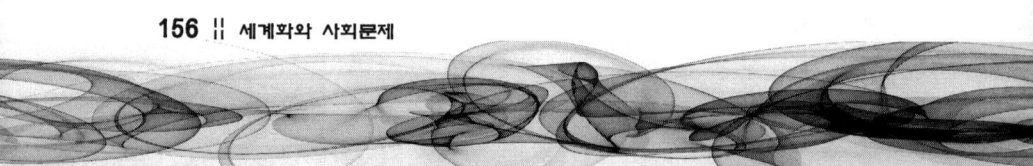

제18조
모든 인간은 사상, 양심, 종교의 자유를 누릴 권리를 갖는다. 이 권리는 자신의 종교 또는 신념을 바꿀 자유와, 교리, 전례, 예배, 의식에 있어서 혼자 또는 타인과 공동으로, 공적 또는 사적으로 자신의 종교 또는 신념을 표현할 자유를 포함한다.

제19조
모든 인간은 의견의 자유와 표현의 자유를 누릴 권리를 갖는다. 이 권리는 간섭받지 않고 의견을 가질 자유와 모든 미디어를 통해서 국경에 무관하게 정보와 사상을 추구하고 받고 전달할 자유를 포함한다.

제20조
1. 모든 인간은 평화적 집회와 결사의 자유를 누릴 권리를 갖는다.
2. 어느 누구도 어떤 결사에 소속될 것을 강요받지 않는다.

제21조
1. 모든 인간은 직접 또는 자유롭게 선출된 대표를 통해 자국의 통치에 참여할 권리를 갖는다.
2. 모든 인간은 자국 내의 공공기관에 대한 동등한 접근권을 갖는다.
3. 국민의 의사는 정부의 권위의 기초가 된다. 이 의사는 보통 및 평등 투표권에 의거하며, 또한 비밀투표 또는 이와 동등한 자유로운 투표 절차에 따라 실시되는 정기적이고 진정한 선거에서 표현된다.

제22조
모든 인간은 사회의 일원으로서 사회보장제도에 대한 권리를 가지며, 국가적 노력과 국제적 협력을 통해서 그리고 각국의 구조와 자원에 따라서, 자신의 존엄성과 인격의 자유로운 발전을 위해 불가결한 경제, 사회, 문화적 권리들을 실현할 권리를 갖는다.

제23조
1. 모든 인간은 일, 자유로운 직업의 선택, 공정하고 유리한 노동조

건, 실업에 대한 보호 등의 권리를 갖는다.
2. 모든 인간은 어떤 차별도 받지 않고 동일 노동에 대해서 동일한 보수를 받을 권리를 갖는다.
3. 모든 일하는 인간은 자신과 가족에게 인간적 존엄에 합당한 생존을 보장해 주며, 필요할 경우 다른 사회적 보호의 수단에 의해서 보충되는, 정당하고 유리한 보수를 받을 권리를 갖는다.

제24조
모든 인간의 합리적인 노동시간의 제한과 정기적인 유급휴가를 포함한 휴식과 여가의 권리를 갖는다.

제25조
1. 모든 인간은, 의식주와 의료, 필수적인 사회보장제도를 포함하는, 자신과 가족의 건강과 안녕을 위해 적합한 생활수준을 누릴 권리와, 실업, 질병, 불구, 배우자와의 사별, 노령 또는 그 밖의 자신의 통제할 수 없는 상황에서의 생계의 결핍의 경우에 보장 제도를 누릴 권리를 갖는다.
2. 모자는 특별한 보살핌과 도움을 받을 권리를 갖는다. 모든 어린이는 적서에 관계없이 동등한 사회적 보호를 누린다.

제26조
1. 모든 인간은 교육받을 권리를 갖는다. 교육은 최소한 초등기초단계에서는 무상이어야 한다. 초등교육은 의무적이어야 한다. 기술교육과 직업교육은 원하는 누구나 받을 수 있어야 하며, 고등교육은 실력 있는 모든 사람에게 평등하게 개방되어야 한다.
2. 교육은 인격의 온전한 발전과 인권과 기본적 자유에 대한 존중을 강화하는 데로 나아가야 한다. 교육은 모든 나라들과 인종 또는 종교 집단 사이에서 이해, 관용, 우호관계를 증진시키며 평화를 유지하기 위한 유엔의 활동을 촉진해야 한다.
3. 부모는 자녀에게 제공되는 교육의 종류를 선택함에 있어 우선권을 갖는다.

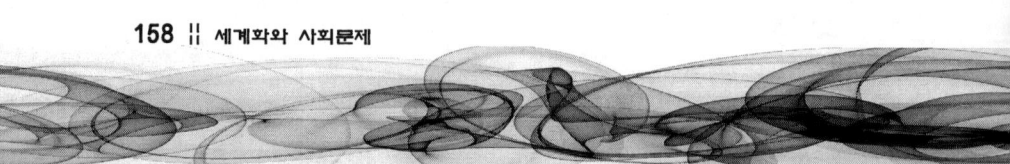

제27조
1. 모든 인간은 자유롭게 공동체의 문화생활에 참여하고 예술을 감상하며 과학의 진전과 그 혜택을 나눠 가질 권리를 갖는다.
2. 모든 인간은 자신이 창조한 모든 과학적, 문학적, 예술적 산물에서 생기는 정신적, 물질적 이익을 보호받을 권리를 갖는다.

제28조
모든 인간은 이 선언에 제시된 권리와 자유가 완전히 실현될 수 있는 사회적, 국제적 질서에 대한 권리를 갖는다.

제29조
1. 모든 인간은 그 안에서만 자신의 인격이 자유롭고 완전하게 발전할 수 있는 공동체에 대한 의무를 갖는다.
2. 모든 인간은 자신의 권리와 자유의 행사에 있어, 타인의 권리와 자유에 대한 합당한 인정과 존중을 보장하고, 민주사회의 도덕, 공공질서, 일반인의 안녕을 위한 공정한 필요를 충족시키기 위해서만 법률이 정한 바에 따라 제한받는다.
3. 이러한 권리와 자유는 어떤 경우에도 유엔의 목적과 원칙에 반해서 행사될 수 없다.

제30조
이 선언의 그 어떤 조항도 어떤 국가, 집단 또는 개인에게, 이 선언에 제시된 권리와 자유 중 어느 것이라도 파괴할 목적을 갖는 어떤 활동에 종사하거나, 어떤 행위를 할 수 있는 어떤 권리가 있음을 뜻하는 것으로 해석될 수 없다.

2) 세계화와 세계인권

세계화 이전에는 국가주권이 모든 국가의 절대적 가치로 자리 잡고 있었다. 자국의 영토를 보전하고, 자결과 내정 불간섭 등이 국가주권의 기본 조건이었다. 따라서 어떤 나라가 이웃나라의 영토는 물론이고 내정에 간섭하는 것은 하나의 불문율이었다. 그러나 세계화는 이러한 국가주권주의의 흐름을 바꾸어 놓았다. 세계화가 진행되면서 국가 간의 관계가 더욱 밀접하게 연결되었다. 그래서 한 국가에서 일어난 일이 또 다른 국가, 더 나아가서는 세계 전체에 즉각적으로 영향을 미치게 되는 일들이 다반사로 일어난다. 이제 더 이상 하나의 국가가 자신의 운명을 스스로의 판단만으로 결정하는 시대는 지나게 된 것이다. 세계화는 국가중심의 가치관을 다른 방향으로 바꾸어 놓았다. 인권의 문제도 이와 분리해서 생각할 수 는 없다.

이러한 변화를 가져온 몇 가지 뚜렷한 사실들이 있다(Snarr & Snarr, 2014). 첫째, 국경과 국적을 초월한 다국적 기업 또는 초국가적 기업들의 등장이다. 이 기업들은 한 나라에 소속되어 있는 것이 아니라 정책적 결정에 의해 다른 나라로 쉽게 이동할 수 있다. 예컨대 초국가적 기업이 자리 잡고 있는 국가에서 경제적 권리가 침해된다거나, 인권의 문제가 크게 발생하여 기업의 운영과 이익에 심각한 영향을 줄 수 있다고 판단되면 보다 좋은 조건을 제공하는 국가로 이전한다. 거대한 초국가적 기업의 영향력은 대단해서 경제적으로는 웬만한 나라보다 더 큰 힘을 가지고 있는 경우가 많다. 경제규모가 작거나 부유하지 못한 저개발국들일수록 이러한 초국가적 기업의 영향을 더 크게 받는다. 따라서 개인의 인권에 대한 문제도 초국가적 기업의 기준에 맞도록, 다시 말하면 세계적인 기준에 맞출 수 있도록 인권문제에 취약한 저개발국의 정부는 압력을 받을 수밖에 없다. 둘째, 세계화의 진행 속에 태어난 다양한 국제기구는 개별 국가가 내린 결정을 무효화 시킬만한 큰 힘을 가지고 있다. 예컨대 세계무역기구, 국제통화기금, 세계은행 등은 자신들이 가지고 있는 독점적인 권한을 사용하여 국가에 대한 개발지원과 같은 다양한 지원을 이용하여 개별 국가에 영향을 미칠 수 있다. 따라서 경제적으로 국제기구 등에 의존도가 높은 저개발국 정부는 국제기구가 요구하는 수준의 인권을 마냥 무시할 수 없다. 셋째, 다양한 형태의 비정부기구(NGO)의 등장이다. 비정부기구는 저개발국들이 맞닥뜨리고 있는 문제를 해결하기 위해 여러 가지 방편으로 노력하고 있다. 저개발국의 경제적 문제를 적극적으로 나서 도와주기도 하지만 저개발국 국민들의 인권향상을 위해 노력도 하고 해당 정부에 대해서 압력도 행사한다.

세계화가 진행되면서 나타난 이러한 현상은 인권의 문제가 개별 국가만의 문제가 아니라는 점을 분명하게 드러내면서 특히 저개발국의 인권강화에 긍정적인 영향을 미쳤다. 그러나 한편으로 비국가 행위자들의 등장으로 해당 국가 시민들의 인권을 오히려 해치는 경우도 나타났다. 예컨대 소말리아나 아프가니스탄 등지에서는 국가의 통제력을 넘어서는 무장단체나 민병대 등이 특정 지역을 장악하여 그 지역 사람들의 인권을 억압하고 있다. 멕시코에서는 '멕시코 마피아'라는 범죄 집단이 등장하여 국가의 통제가 미치지 않는 곳에서 무고한 시민들을 해치는 사건들도 빈번하다. 최근 세계적인 문제 꺼리가 되고 있는 속칭 '이슬람국가(IS)'의 등장은 비국가 행위자들이 거의 국가에 비견될 정도로 강력한 군사력과 통제력을 가지고 광활한 지역을 장악하여 반인권적인 행위를 자행하고 있음을 보여주고 있다. 이러한 현상은 모두 국가주권주의가 약화되고 있다는 증거이지만 그렇다고 국제적으로 이를 해결할 수 있는 여건이 구축된 것도 아니고 해결할 수 있는 뚜렷한 방법이 있는 것도 아니다.

다시 말하면 세계화로 인해 국가의 힘이 약화되었지만 그것으로 인한 문제를 해결할 수 있을 정도의 대체기구나 집단은 아직 형성되지 않아서 세계가 여전히 함께 고민해야 할 숙제이다.

그렇다면 세계화로 국가와 국가가 서로 연결이 강화되고 있는 시대에 각국의 인권에 대해서 어떻게 이해해야 하는가? 국가마다 저마다의 인권이 있는 것은 아닌가? 무엇이 반인권이고 그것을 어떻게 규정할 수 있는 것인가? 세계인권선언을 포함하여 세계화 속에서 거론되는 인권은 보편적인 인권이 있음을 전제한다. 모든 개인이 인권을 가지고 있다는 말 자체에는 모든 개인이 공통으로 누려야 마땅한 인간적 가치가 존재한다는 말이다. 그러나 또 다른 한편으로 유엔헌장은 국가주권과 자결, 내정불간섭 등을 보장하고 있다. 그래서 어떤 국가는 전통적인 가치관에 입각해서 인권에 대한 자기 국가만의 독특한 입장이 있기 때문에 다른 국가나 외부집단의 간섭은 옳지 않다고 주장하기도 한다. 다시 말하면 오랜 전통, 종교, 그리고 문화에 따라 행해지는 의식이나 습관은 외부자의 입장에서는 인권의 억압으로 보여 질 수 있지만 정당한 행위로 인정해야 한다는 것이다. 인권의 상대주의적 가치가 존재한다는 것이다. 특히 이러한 국가들은 정부나 국가가 독자적으로 인권과 관련된 가치를 결정할 수 있다고 믿는 경우가 대부분이다. 이들 국가에서 행해지는 여성의 억압, 여성할례, 어린이들의 조혼 등은 바로 인권 상대주의의 대표적인 예들이다.

그러나 유엔기구들은 이러한 인권의 상대주의에 동의하지 않는다. 특히 여성과 어린이들에 대한 인권 억압은 사회적 약자들에게 행해지는 것이라고 할 수 있다. 종교와 인종 등의 갈등에서 오는 대량학살, 고문, 집단처형 등은 그것을 행하는 집단의 입장에서는 정당하고 떳떳한 행위일 수 있지만, 그렇다고 해서 이러한 행위가 상대주의적 관점에서 이해되어야 할 행위들은 결코 아니다. 유엔은

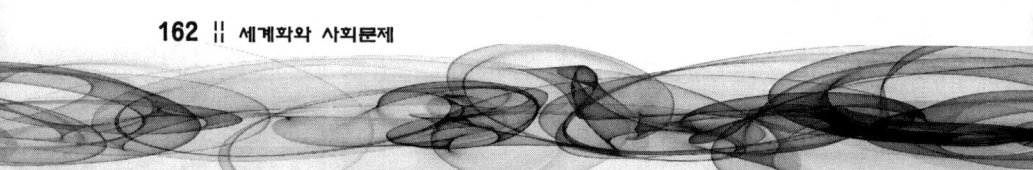

여성과 아이들의 인권 차별행위를 포함한 인권 탄압을 근절시키기 위해 엄청난 노력을 하고 있지만 해당 국가의 저항 또한 만만치 않다. 그리고 설사 국가적으로는 인권 탄압을 금지하였다고 해도 오랜 기간 동안 행해져 왔던 행위들이 하루아침에 근절되어 사라지는 것은 아니다. 예컨대 인도의 명예살인제도 등은 법적으로 금지되었지만 인도 안에서는 여전히 공공연하게 자행되고 있다.

보편적인 인권이 무엇인지는 명확하게 규정하기 어렵다. 왜냐하면 사람들이 가진 생각들은 너무나 다양하고, 사람들이 살아오고 있는 환경도 다르기 때문이다. 게다가 어떤 지역에서는 아무렇지 않게 행해지는 일들이 외부 사람들의 시각으로 보면 인권의 억압으로 보여 지는 일들이 많다. 그렇다고 하더라도 인류가 보편적으로 지켜야할 가치와 인권은 세계화의 과정 속에서 공유해야 할 필요가 있으며 지켜져야 한다. 자신의 의지와 반하여 인간의 기본적인 권리가 박탈되거나 침해되는 모든 행위는 인류 전체의 관심사가 되어야 하며 공동으로 대처할 필요가 있다.

3) 인권 억압의 감시와 이행

1948년 세계인권선언 이후 인권의 억압에 대한 국제적인 감시의 필요성이 제기 되었다. 유엔은 인권과 관련하여 범세계적으로 가장 중요한 역할을 하는 기구이다. 물론 인권에 대한 문제를 감시하고 인권에 대한 억압을 방지하는 가장 직접적인 역할을 맡고 있는 것은 개별국가이다. 자국 내의 인권과 관련된 문제가 발생하면 공공기관과 사법기관을 통해 방지하는 것이 국가가 해야 할 가장 중요한 일 중의 하나이다. 그러나 국가가 그러한 통제력이 없을 정도로 미약할 수도 있고, 또 국가 자체가 인권을 억압하는 주체가 되기도 하고, 또 인권의 상대주의 입장에서 인권 탄압의 행위를 묵인할 수도 있다. 그러므로 유엔을 중심으로 여러 국가들은 인권 탄압 국가들에 대해서 직접적인 군사행동을 하고, 경제적인 재제도 가하는 한편, 인도적 물자지원과 난민의 보호 등과 같은 구조행위도 함께 하고 있다. 특히 분쟁지역에 평화유지군을 파병하여 민간인을 보호하고 분쟁집단들의 무력적인 충돌을 방지하는 것은 유엔이 인권의 보호와 관련하여 수행하는 중요한 일이다.

그러나 유엔의 인권 감시의 제약 또한 존재한다(Snarr & Snarr, 2014). 그러한 이유는 첫째, 개별 국가가 자국 내의 인권 상황과 관계없이 유엔의 인권협약에 서명하기 때문이다. 인권협약에 서명하는 것은 자기 나라 시민들이 정당하게 대우받고 있다는 것을 알리는 하나의 방편이 되기 때문에 자국 내의 인권상황이 그렇지 않다고 하더라도 인권협약에 서명한다. 인권협약에 서명하지 않으면 스스로 인권이 보장되지 못하는 국가라고 자임하는 꼴이 되어서 국가적인 자존심의 문제가 걸려있기도 하다. 또한 인권이 보장되지 못하는 국가라는 오명을 가지게 되면 외국으로부터 투자를 받거나 다른 나라와 관계를 형성 할 때 불리한 위치에 놓이게 된다.

둘째, 자국의 인권에 대한 통제를 자국이 아닌 국제기구의 관할권에 두는 것을 좋아하지 않기 때문에 유엔의 간섭을 받는 것을 싫어한다. 이 경우는 그 나라의 인권 환경이 나쁜지 아니면 좋은지와는 상관이 없는 별개의 문제이다. 인권상황이 좋지 않은 국가는 당연히 국제기구 간섭을 받지 않길 원할 것이다. 그렇지만 인권상황이 좋은 나라도 예외는 아니다. 예컨대 미국은 인권 상황이 좋은 국가이지만 다른 국제기구가 미국의 인권문제를 간섭하는 것에 대해서 그다지 우호적이지 않다. 자국의 인권문제는 스스로 해결하겠다는 의지의 표현이기도 하고 다른 어떤 나라나 기구로 부터의 간섭도 받지 않겠다는 국가적 자존심을 드러내는 것일 수도 있다.

셋째, 유엔이라는 기구가 갖는 특수성 때문이다. 유엔은 세계 정부를 대표하는 기관도 아니고 독립적인 기관도 아니다. 유엔은 여러 회원국들의 이해관계가 얽혀 있어서 독자적인 권력을 행사하기가 상당히 어렵다. 예컨대 어떤 나라의 인권 침해 문제를 결정하기 위해서는 안전보장이사회에서 최종 결정이 내려지는데, 만약 다섯 상임이사국 중 하나의 국가라도 거부권을 행사하면 결정에 도달할 수가 없다. 특정 국가에서 명백한 인권 침해 문제가 발생하여 유엔에서 그 국가를 제재하려고 시도해도 인권 침해국가와 강력한 동맹관계나 국가적 협력관계가 있을 경우 상임이사국들은 쉽사리 그 국가를 제재하는 결정을 내리지 못한다.

넷째, 유엔은 가입 국가들의 분담금으로 운영된다. 그래서 분담금을 많이 내는 국가의 의견에 영향을 받을 수밖에 없다. 예컨대 분담금을 가장 많이 내고 있는 나라는 미국인데, 유엔의 활동 및 정책이 미국의 의사에 반할 경우 미국이 그걸 이유로 분담금을 내지 않는다면 유엔은 재정적으로 어려움을 겪을 수밖에 없다. 실제로 부시 행정부 때 유엔의 정책에 반대해서 미국이 내지 않은 분담금은 100억 달러가 넘었다. 상임이사국들을 포함한 선진국들이 주로 분담금을 많이 내기 때문에 유엔에서 그들의 목소리는 당연히 클 수밖에 없고, 유엔도 그러한 국가들의 압력에 영향을 받지 않을 수 없다.

한편, 국가가 자국민을 상대로 자행하는 인권 탄압은 국가 내에서는 해결 될 수 있는 성질의 것이 아니다. 왜냐하면 국가 안에서 가장 권력이 강한 사람이나 집단의 범죄행위를 처벌하기는 쉽지 않기 때문이다. 따라서 문제의 해결을 위해서는 국제기구나 다른 나라들의 협력이 필수적이다. 그래서 반인도적 범죄행위를 저지른 사람들을 처벌하기 위한 국제재판소를 설치할 필요성이 생기기 시작했다. 냉전 체제가 지속되는 기간 동안에는 양 진영을 대표하는 미국과 소련을 비롯하여 강대국들은 자기 진영의 세력을 확장하기 위해 한 국가라도 자기 진영으로 끌어들이려고 노력하였다. 그 과정에서 여러 국가들이 처한 내부적인 인권 상황은 무시되거나 간과되어 왔다. 비록 인권침해 국가라고 할지라도 자기진영에 속해 있는 한 방관해왔다. 그러다가 냉전체제가 무너지면서 체제 안에서 보호받거나 감시의 대상에서 벗어나 있던 여러 국가들의 인권 상황에 세계의 관심이 돌려지기 시작했다. 그런데 사건이 일어날 때 마다 그것을 판단할 재판소를 설치할 수는 없는 일이었기 때문에 1998년 국제형사재판소(International Criminal Court: ICC)를 설립하게 되었다.

국제형사재판소는 국가 간 조약에 기초한 최초의 영구적인 기구로서 법에 의한 지배를 확보하고 중대한 국제범죄는 반드시 처벌된다는 것을 확실하게 만들기 위해서 설립되었다. 특히 냉전 후 1990년대 구 유고슬라비아와 르완다에서 발생한 인종 학살과도 같은 반인륜적 문제가 발생하자 국제형사재판소 설립문제가 국제적 관심사로 등장해서 로마회의가 개최된 것이다. 로마회의에서 '로마 규정'이 만들어졌는데, 집단살해 범죄, 반인도적 범죄, 전쟁범죄와 같은 중대 범죄를 저지른 사람을 형사 처벌하기 위한 것이었다. 이러한 '로마 규정'에 바탕을 둔 ICC의 규정은 60여 개 국에 의해 인준되어 2002년 7월 1일부터 효력을 발휘하게 되었다. ICC 본부는 네덜란드 헤이그에 있으며 2004년까지 100여 개의 국가들이 ICC 규정의 인준절차를 마쳤다. ICC는 인종 학살이나 전쟁범죄 등과 같이 해당 국가에서 관련 재판을 할 의사가 없든지 재판할 능력이 없다고 판단되면 기소하여 재판절차에 들어간다. 다만 '불소급원칙'을 두어 국제형사재판소의 규정이 효력을 발생한 2002년 7월 이전에 발생한 행위에 대해서는 기소할 수 없도록 하고 있다. 한국은 2003년 2월 정식 가입국이 되었다.

그러나 ICC 역시 많은 제한점들이 있다. 미국, 중국, 일본과도 같은 주요한 강대국들이 ICC의 규정을 아직 비준하지 않고 있기 때문이다. 이 국가들은 자국의 과거 행적이나 앞으로 일어날 행위들이 ICC의 재판을 받을 수 있다는 것을 우려한 까닭이다. 예를 들어 세계 곳곳의 분쟁지역에 개입하는 미국은 혹시라도 분쟁지역의 개입에 의해 자국민이 기소될 수 있다는 것을 염려하지 않을 수 없다. 중국도 국가 안에 존재하는 다양한 소수민족들의 저항 등에 대처하는 방법이라든지 주변국가와의 갈등으로 인한 분쟁이 일어날 가능성이 높기 때문에 쉽게 ICC를 인준하지 못하고 있다. 이와 같이 주요 강대국들이 ICC 규정을 인준하는 것을 미루고 있기 때문에 ICC의 영향력은 아직까지 제한적이다.

인권의 감시를 위해서 NGO(Non Government Organization)라고 통칭해서 불리는 비정부기구의 역할도 크다. 비정부기구는 정부로부터 독립되어 활동하는 합법적인 단체를 일컫는다. 전 세계적으로 수많은 비정부기구가 있으며, 이중 상당수는 인권과 관련된 일을 하고 있다. 인권감시기구(Human Rights Watch)는 대표적인 예이다.[20] 인권감시기구는 글로벌 차원에서 활동하면서 각 나라의 주요도시에 지부를 두고 있다. 세계 각 국에서 인권이 무시되고 있는 사례를 조사하고 감시하는 한편, 인권 정책을 보호하고 지지하는 것을 목표로 두고 있다. 다양한 배경을 가진 전문가들이 활동하고 있으며 사회적 차별, 성차별, 고문, 어린이들에 대한 군사행동, 정치적 부패, 교도소 등과 같은 사법기관에서의 학대, 낙태합법화 등과 같은 이슈들에 집중해서 감시 활동을 하고 있다. 특히 국가나 사법기관으로부터 자신의 저작물 때문에 기소된 작가들을 지원하는 일들도 하고 있다.

---

20) Human Rights Watch, https://www.hrw.org/

국제인권협회(International Society for Human Rights)는 제네바와 뉴욕에 기반을 두고 국제적인 인권강화를 위해 활동하고 있는 단체이다.21) 특히 인권 옹호를 위한 정보와 지식을 제공하는 것이 주요한 목표 중 하나로써 인권 법과 인권을 지키려고 활동하는 사람들의 지원을 위해 설립되었다. 주요 활동으로는 여성과 성적소수자들에 대한 폭력과 차별을 감시하고 저지하기 위한 노력, 인권활동가에 대한 위협과 보복을 억제하기 위한 노력, 기업의 인권 남용에 대한 책임 조사, 민주주의 발전 과정에서의 인권 보호 활동, 그리고 이와 관련된 인권 관련 정책연구와 정책개발 활동을 지원하고 있다.

국제 엠네스티(Amnesty International)는 인권에 대한 차별 없이 모든 사람들이 살아갈 수 있는 세상을 만들어 나가는 것에 목적을 두고 있는 국제인권단체이다.22) 주로 인권 침해가 일어난 현장을 조사하고 인권실태를 파악하며 인권 침해 사례와 유형을 발견하여 널리 알리고 있다. 다양한 미디어와 언론 등을 통해서 보도자료 배포, 출판, 포스터, 광고 등을 비롯하여 인권수호를 위한 캠페인을 적극적으로 수행하고 있다. 그리고 회원들과 시민들을 대상으로 인권강좌와 학교방문 교육, 세미나 등과 같은 인권교육을 통해 인권에 대한 의식을 고취시키는 활동도 하고 있다.

이러한 단체 외에도 수많은 인권 NGO 단체들이 활동하면서 국제적인 차원에서 인권을 감시하고 인권교육을 실시하며, 인권을 위해 활동하는 사람들을 지원 보호하고 있다. NGO 인권단체들은 자신들의 인권 침해에 대한 조사와 발견이 특정 국가나 정부에 의해 영향 받을 것을 우려하여 정부의 재정지원을 받지 않는 경우가 대부분이다. 그렇지만 활동 부분에 있어서 인권 교육을 위한 부분이라든지 직접적인 조사와 관련이 적은 부분에서는 일정정도 재단, 정부, 기

---

21) International Society for Human Rights(ISHR), http://www.ishr.org/
22) Amnesty International, https://www.amnesty.org/en/

업 등의 지원을 받기도 한다. 인권관련 NGO 단체들의 영향력은 점점 커져서 유엔과 유엔이 지원하는 관련 국제회의에 공식적인 대표성을 가지고 참여할 수 있는 법적 제도적 장치까지 갖추어지기 시작했다. 더 나아가서 인권 관련 NGO 전문가들이 유엔의 위원회와 위원장에 선임되거나 참여할 수 있도록 해야 한다는 주장도 힘을 얻고 있다.

IT 기술과 인터넷은 인권억압의 국제적 감시와 이행을 위해서 큰 영향력을 발휘하고 있다. IT 기술의 발전과 이를 통한 인터넷의 세계적인 확산은 인권과 관련한 글로벌 차원에서의 감시와 인권 억압 실태에 대한 고발과 인권투쟁에 대해서 새로운 장을 열었다. IT 기술의 발달은 인터넷의 보급을 확대하고 가격을 내리게 하였으며, 지구 어느 곳에 있든지 즉각적으로 세계의 모든 사람들과 연결될 수 있는 연결망을 구성할 수 있게 만들었다. 인터넷을 통한 의사소통망의 확대로 인해 이전에 존재했던 것과는 전혀 다른 차원으로 인권에 대한 이슈를 생산하고, 인권을 감시하며, 인권 억압에 저항할 수 있게 되었다. 특히 인터넷과 함께 발달한 페이스북, 트위터, 유튜브 등과 같은 SNS는 인권과 관련한 이슈를 지역에서 공동체로 그리고 세계전체로 단시간에 확산되고 공유될 수 있도록 하는 중요한 도구로 활용되고 있다. 예컨대 2011년 아랍의 봄 혁명기간 동안 이집트를 포함한 아랍국들의 독재에 저항하는 반정부 세력의 확산에 SNS는 큰 역할을 하였다. 특히 정부군과 경찰의 잔학성과 인권침해 관련한 현장 사진이나 동영상을 SNS에 게시하고 공유하여 수많은 사람들이 저항할 수 있도록 하였다. 그리고 이러한 SNS의 확산은 정부와 인권을 억압하는 세력에게도 압력으로 작용하여 인권침해가 더 이상 일어나지 않도록 방지하는 효과를 보기도 하였다. SNS가 효과적인 것은 인권 침해를 당한 국민들 뿐 아니라 온 세계 사람들이 인권의 현장을 함께 지켜보게 함으로써 인권 침해 상황을 고발할 수 있다는 점이다.

　스마트폰의 발달 또한 인터넷 SNS의 발달과 함께 인권 감시를 하는 중요한 역할을 하고 있다. 스마트폰은 사진과 동영상을 아주 뛰어난 수준으로 촬영하고 즉각적으로 인터넷, SNS에 게시하여 공유할 수 있도록 하고 있다. 인터넷과 연결된 개인 컴퓨터가 각 사람들의 손바닥에 놓여 있는 것과 같아서 어디서 무슨 일이 생기는지 모든 것을 즉각적으로 기록할 수 있게 되었다. 그래서 인권의 사각지대를 줄이는데 큰 역할을 하고 있다.

　그러나 이러한 IT기술과 인터넷의 발달에도 불구하고 지구상 여러 곳에는 아직까지 이러한 기술이 미치지 않는 곳이 많다. 특히 인권에 대한 억압이 가장 심하다고 할 수 있는 가난하고 열악한 환경에 놓인 사람들일수록 더욱 그러하다. 또한 기술적으로는 문제가 없다 하더라도 중국과 북한 등과 같은 국가들처럼 인터넷을 부분적으로 또는 전적으로 통제 감시함으로써 자국의 인권 상황을 은폐하려는 시도들도 있다. 이러한 지역에서는 억압의 피해자 당사자들이 인권 환경을 직접 고발하기는 쉽지 않다. 그렇기 때문에 NGO 단체를 포함한 인권 감시기구들이 인권이 열악한 지역에 대해서 여전히 감시와 보고활동을 지속적으로 수행해야 할 필요가 있다.

Chapter 8.
여성과 아동의 인권문제

1) 가부장제의 확산과 유엔의 역할

　인류역사를 거슬러 올라가 보면 최초 인류사의 기록들은 남자와 여자, 어린아이들이 구체적이고 특별한 권력관계를 형성하며 살아온 것은 아니다. 함께 무리를 이루어 채집과 수렵활동을 통해서 생활을 유지하였고, 남자와 여자의 공간이 분리되거나 뚜렷한 역할의 차이도 존재하지 않았다. 물론 여성은 남성과는 달리 출산과 자녀양육이라는 생물학적 차이가 있었지만 그것으로 인해 남녀의 생활에 있어서 뚜렷한 권력관계가 형성된 것은 아니었다(Snarr & Snarr, 2014). 그러나 인류역사가 지속되면서 촌락이 형성되고 자원이 집중되는 도시가 건설되면서 남성의 권력이 커지게 되었으며 가부장제가 본격적으로 등장하게 되었다. 여성의 활동 공간은 집안으로 제한되었고, 외부세계와는 단절되기 시작되었다. 외부의 모든 정보는 남성이 독점하기 시작했고 그것은 곧 권력으로 연결되었다.

산업화가 진행되면서 여성들이 공장으로 진출하여 일자리를 가지게 되었으나 그것은 곧 열악한 삶을 반영하는 것이지 여성의 권력 신장과는 큰 관계가 없었다. 여성의 권리가 본격적으로 관심을 받게 된 것은 20세기에나 이르러서였다. 그 이전 까지 여성들은 시민적, 법적 정체성도 없었고 따라서 권리도 제한되었다. 모든 사람들에게 시민적 권리가 필요하다는 주장들이 제기되기 시작해서야 여성의 권리도 함께 주장하게 된 것이다. 20세기를 지나면서 여성들이 공공부문에 대거 진출하게 되고, 남성의 전유물로 여겨졌던 영역과 일자리 등에서도 여성들의 수가 늘어나게 되었다. 이와 더불어 여성참정권 운동, 페미니즘 운동 등이 함께 펼쳐지기 시작했다. 따라서 여성의 권리도 획기적으로 신장되었다.

그러나 남성이 가정 안에서 권력을 잡고 지배하고 통제하는 가부장제는 거의 전 세계에 걸쳐 퍼져있었으며 가부장제는 가족 안에서만 아니라 사회 모든 영역에도 널리 퍼져서 하나의 사회제도의 형태로 자리 잡았다. 교육, 경제, 시민생활과 정치, 군대와 국방 등 가부장제가 뿌리 내리고 있지 않은 영역이 거의 없을 정도이다. 오늘날 대부분의 선진국들에서는 남성과 여성의 권력이 거의 대등한 상태로 변화되었지만, 여전히 지구상 수많은 국가들에서 가부장제가 중요한 사회제도로 자리 잡고 있으며, 그 제도 안에서 여성은 여성이라는 이유만으로 인권이 억압되고 차별받고 있는 것이 사실이다. 물론 이러한 제도를 개선하려는 노력과 투쟁이 지속적으로 진행되고 있지만 가부장제가 짧은 시간에 형성된 것이 아니라 오랜 인류 역사 가운데 형성되었기 때문에 하루아침에 이것을 바꾸거나 폐지한다는 것은 쉬운 일이 아니다. 그러므로 가부장제를 대체하는 새로운 모델을 제시하고 변화시키기 위한 투쟁은 인내를 가지고 지속적으로 오랜 기간 동안 해 나가야 하는 과제라고 할 수 있다.

여성 인권에 대한 시각이 본격적으로 전환하게 된 것은 여성들을 가정주부에서 노동자로 여성들의 역할을 재규정하기 시작한 것과 때를 같이 한다. 가정주부는 실제적으로는 많은 시간 노동하고 있지만 '가정주부'로 불리는 것은 당연히 해야 할 일을 하는 사람으로, 다시 말하면 생산물을 내 놓지 않는 노동을 하는 사람으로 인식되었다. 그러나 가사노동도 사회적으로 가치 있는 노동으로 인정하는 것은 여성이라는 존재가 아무것도 아님에서 무엇인가 하는 존재로 인식의 전환이 이루어진 것을 말한다. 여성들은 가사노동을 넘어 사회적인 일에 참여하기 시작했다. 그리고 점점 사회의 요직에 진출하였다. 이러한 여성인권신장에 대한 변화는 근세기 들어 일어나기 시작하였고, 여성의 인권이 제대로 인정받고 남성과 동등하게 대우받게 된 역사는 수 만년 인류역사에서 겨우 최근 50년 사이에 일어난 일이다.

여성인권신장에 대한 노력은 국제적인 차원에서도 이루어졌다. 유엔은 경제사회이사회(Economic and Social Council)의 산하에 여성지위위원회(Commission of the Status of Women)를 1946년에 설치하였다. 그리고 유엔 '세계인권선언'에도 성(gender)을 하나의 분야로 포함시켰다(Snarr & Snarr, 2014). 여성지위위원회는 유엔시스템 안에서 여성들이 참여하고 활동하게 함으로써 여성들이 활동 경험을 축적하게 하였다. 이에 여성들도 국제적인 사안에 적극적으로 역할을 맡기 시작했다. 유엔은 1972년 최초의 여성 사무차장으로 핀란드 출신의 시필라(Helvi Sipila)를 임명하였다. 시필라는 유엔의 사회발전과 인도주의 문제를 담당하면서 여성지위위원회를 지원하였으며, 여성지위위원회는 본격적으로 여성을 위한 아젠다를 만들고 기획하면서 여성단체들과 유기적으로 협력해 나갔다.

이러한 노력은 유엔총회가 1975년을 '국제여성의 해(International Women's Year)'로 선포하는 것으로 결실을 맺게 된다. 멕시코시티에서 최초로 '세계여성회의'가 열려서 글로벌 차원에서의 여성인권신장을 위한 행동계획을 만들었다. 글로벌 행동계획에서 여성의 '지위(status)'라는 개념을 설정하고 여성의 지위를 남성과 동등하게 만들기 위한 것으로써 여성 운동의 핵심적인 주제를 제공하였다. 이후 '국제여성의 해'는 '유엔 국제여성 10년(UN International Decade for Women 또는 Women's Decade)'으로 바뀌어 그 후속회의가 1980년 코펜하겐, 1985년 나이로비, 1995년 베이징 등에서 열렸다. 회의의 규모도 점점 커져서 멕시코시티에서는 6,000명 정도가 참여했다면 베이징에서는 5만 여명으로 참여자가 폭발적으로 늘어났다. 이 회의는 여성의 삶을 새롭게 규정하고 세계의 참여자이자 공동건설자로서의 여성의 입지를 확고히 하는 계기가 되었다. 여성회의를 통하여 만들어진 여성 행동 가이드라인은 오늘날까지 여성인권신장에 중요한 토대를 제공한다. 국가별 행동 가이드 라인에서는 여성들이 국내 정치 참여뿐만 아니라 국제 안보와 평화를 위해 국가 정부와 국제기구 등에 참여하는 것, 여성노동자를 노동인구에 제대로 포함시키고 여성을 위한 교육 프로그램을 강화하는 것, 여성의 건강과 영양 상태의 질적 향상, 다양한 사회정책과 프로그램에 여성을 직접 참여시키는 것 등을 포함하고 있다.

여성인권 신장의 노력으로 여성의 역할과 참여에 관해서 국제적으로 큰 진전이 나타났다. 1997년 '유엔 여성지위 향상국(Division for the Advancement of Women: DAW)', '유엔여성발전기금(UN Development Fund for Women: UNIFEM)', '국제여성연구훈련원' 등의 기구가 조직 되었고 국제여성문제를 지속적으로 감시하고 여성인권의 신장을 위해 '우먼와치(Women Watch)'를 설립하여 인터넷 공간에서 여성인권문제를 다룰 수 있도록 하였다. 이러한 회의와 정책 등의 결과로 각 나라에서 여성들에게 차별적이었던 제도와 법을 개정하는 노력들이 잇따랐다.

또 한편, 국제적으로 '성평등'이라는 개념이 널리 받아들여지기 시작했다. 성평등이라는 개념은 남성과 여성의 성이 인권의 개념에서 평등하게 고려되어야 한다는 점을 포함해서 남성과 여성에게 주어진 다양한 사회적 참여 기회에서도 동등해야 함을 말하는 것이다. 지금까지는 여성이 상대적으로 남성에 비해 차별적 지위에 있었기 때문에 성평등이라는 개념의 등장은 곧 여성의 지위 상승에 대한 요구를 반영한 것이기도 하다. 여성이 가부장적인 권력과 지배의 대상에서 벗어나서 개인으로서, 그리고 시민으로서 국가 안에서 또 국제사회에서 독립적인 행위주체로 참여할 수 있게 하는 것이 성평등의 달성 목표이다.

2) 성차별에서 성평등으로

여성이 처한 상황은 과거에는 차별이 매우 컸지만 오늘날에 이르면서 그 차별은 개선되어 오고 있다. 이러한 현상은 세계적으로 일어나는 일반적인 현상이다. 그러나 UN 등의 여성인권향상을 위한 노력에도 불구하고 지역별, 국가별로 여성의 지위와 처한 상황은 아주 다르다. 또한 한 국가 내에서도 여성의 계급적 지위에 따라 차별 정도의 차이가 존재한다. 특히 선진국보다 제3세계 저개발국들에서 성에 바탕을 둔 이중적인 차별 구조가 더욱 뚜렷하게 형성되어 있다. 저개발국 여성들은 생계에 묶여 가족 안에서 움직일 수 없는 입장에 처해 있는 반면, 경제적으로 한 단계 도약할 수 있는 교육을 받거나 기술을 습득할 수 있는 기회는 차단되어 있는 경우가 대부분이다.

실제적으로 세계 곳곳에서 여전히 수많은 여성들이 육체적으로 또 성적으로 학대받으며 살아가고 있다. UN 보고서에 따르면, 세계 여성 3명 중 1명꼴로 매 맞고, 성폭력을 당하고, 평생을 걸쳐서 학대받는다고 한다.[23] 자신의 파트너에게 학대받는 여성은 그렇지 않은 여성들에 비해 두 배 이상이나 유산을 더 경험하고, 두 배정도의 심리적 좌절감을 경험하며, 지역에 따라서는 1.5배나 많이 HIV에 감염된다. 또한 2012년 통계에 따르면, 전 세계적으로 여성 살인 피해자들 중 절반 정도가 가까운 파트너나 가족 구성원들에 의해 살인을 당하지만 남성들의 경우는 6%만 그러하다. 세계 여성 인구 중 7억 명이 18세 미만의 미성년자일 때 결혼하고 이들 중 ⅓이상이 15세 이전에 결혼한다. 미성년 신부는 안전한 성관계를 효과적으로 가질 수도 없으며, 어린 나이에 임신하게 되어 건강에 해를 끼치고, HIV를 비롯한 성병 등에 감염될 확률도 더 높다. 2016년 보고서에 따르면, 적어도 30개국의 2억 명의 여성들이 여성할례를 경험했으며 이들 중 대부분은 5세 이하에서 그러한 일을 당하였다. 더 나아가 전 세계에서 일어나는 인신매매의 70%는 여성들이 대상이다.

여성에 대한 폭력은 단순히 개인적 수준에서 일어나는 것이 아니라 집단적이고 사회구조적으로 발생한다. 그렇기 때문에 여성의 지위가 올라가지 않는 한 여성들이 폭력의 주된 피해자가 되는 현실을 피할 수 없다. 따라서 여성의 지위와 권력을 남성과 비슷하거나 동등한 위치로 올려놓을 수 있는 방법을 강구할 필요가 있다.

자본주의 사회에서 살고 있는 한 선진국이든 저개발국이든 관계없이 여성의 경제참여는 여성의 권력을 증대시키며 가족 안에서의 영향력을 높이는데 기여 한다. 또한 여성의 경제 참여로 인해 더 많은 경제적 부가 만들어지기 때문에 사회 전체를 위해서도 바람직

---

23) UN Women, "Facts and Figures: Ending Violence against Women." http://www.unwomen.org/en/what-we-do/ending-violence-against-women/facts-and-figures

한 일이다. 그런데 성평등의 관점에서는 여성이 경제참여를 하는 것에만 그치지 않고, 여성과 남성이 동일한 노동에 대해서는 동일한 환경을 제공받고 동일한 임금을 받는 것을 목표로 두어야 한다. 그러나 저개발국은 말할 것도 없고 선진국에서 조차 경제적인 분야에서 성평등의 목표가 아직 달성되고 있지 않다. 여성들이 경제적 기회를 갖는 것을 넘어 양질의 일자리를 갖는가 하는 것이 중요하다.

예를 들어, 의사, 변호사, 교수, 기술자 등과 같은 전문직에서 여성들이 차지하는 비율이 얼마나 되는지, 정치적 리더로서의 여성의 역할이 어느 정도 되는지, 그리고 기업의 CEO 등과 같이 기업이나 단체의 리더인 여성이 얼마나 되는지와 같이 여성이 참여하는 노동의 질과 영향력의 정도를 파악하는 것이 성평등 문제에서 핵심적 이슈가 되어야 한다. 그러나 노동의 질이 높고, 전문직이면서, 사회적으로 영향력이 있는 직업에서의 여성 비율의 증가 속도는 여전히 느리다. 특히 제도와 법을 만드는데 가장 중요한 역할을 할 수 있는 정치적 리더로서의 여성의 참여는 다른 부분에 비해 상대적으로 아주 떨어진다. 많은 국가들에서 여성의 정치참여는 상징적인 차원으로만 머무르는 경향이 크다. 예컨대 가족과 아동 복지 등 여성과 관련된 부분에서 여성 정치지도자가 활동하는 경우는 종종 있지만, 사회 전 분야에 영향을 끼칠 수 있는 영역에서의 정치 참여는 그리 많지 않다. 〈표 3〉에서 보듯 2017년 5월 기준으로 한 IPU 통계에 따르면[24] 세계 평균 여성 국회의원 수는 2001년에는 14%였는데 2011년에는 19.2%, 2017년에는 23.3%를 기록하였다. 조금씩 여성의 의회 참여 비율이 증가하고 있지만 그렇게 큰 증가폭은 아닐뿐더러 여성이 차지하는 비율은 남성의 ¼도 채 안 된다. 여성이 전체 인구

---

24) Inter-Parliamentary Union(IPU), "Women in National Parliaments." http://www.ipu.org/wmn-e/arc/world010517.htm

의 절반을 차지하고 있는 것을 생각하면 여성정치 참여는 한참이나 부족하다. 지역별로는 무슬림의 종교적 전통이 있는 아랍 국가들에서 여성 정치 참여는 가장 낮다. 2001년 아랍 국가들에서의 평균 여성 국회의원 수는 3.6%에 불과했다. 그러나 2011년에는 11.7%로 3배가량 증가했고 2017년에는 18%로 더 늘어났다. 그러나 여전히 세계 평균보다는 많이 낮다. 아메리카 지역이 2017년 28.1%로 가장 높고 그 다음이 유럽으로 26.4%를 차지하고 있다. 그러나 아시아지역은 19.4%로 아랍 국가들보다 조금 높은 정도에 불과해서 아시아 지역에서 여성이 정치적 지도자가 된다는 것은 상당히 어렵다는 것을 보여 준다.

<표 3> 세계 여성들의 의회 참여비율

지역	Single House or Lower House	Upper House	Both Houses combined
Nordic Countries	41.7%	---	---
Americas	28.2%	27.2%	28.1%
Europe-OSCE member countries including Nordic countries	26.6%	25.9%	26.4%
Europe-OSCE member countries excluding Nordic countries	25.1%	25.9%	25.3%
Sub-Saharan Africa	23.8%	22.2%	23.6%
Asia	19.7%	16.0%	19.4%
Arab States	18.9%	12.6%	18.0%
Pacific	15.0%	37.1%	17.4%
World Average	23.4%	22.8%	23.3%

출처: Inter-Parliamentary Union(IPU), "Women in National Parliaments."

여성의 지위와 밀접한 관계가 있다고 생각되는 또 다른 중요한 요소는 바로 교육이다. 일반적으로 교육수준이 높을수록 직업의 기회는 더 많아지고, 여성에 있어서도 예외는 아니다. 교육수준이 높은 여성들일수록 임금도 더 높고, 더 높은 지위의 일자리를 차지한다. 정치참여에 있어서도 교육은 중요한 역할을 한다. 교육은 일자리와 같은 경제적 기회를 더 많이 가질 수 있게 하는 직접적인 역할 외에도 여성이 여성 스스로 가지고 있는 고정관념을 깨고 여성으로서의 자존감을 회복하며, 성평등 의식을 높일 수 있도록 한다. 그러므로 저개발국에서 경제적으로 어려움에 처해 있는 여성들에 대한 교육의 기회를 높이는 것이 열악한 상황에 처해 있는 여성들의 삶의 질을 개선하기 위해 가장 시급한 문제이다.

가장 열악한 처지에 있는 여성들의 한 예를 살펴보자(Snarr & Snarr, 2014). 아프가니스탄은 오랜 기간 동안의 전쟁으로 인해 국가 전체가 황폐화되었다. 소련이 아프가니스탄 침공을 하여 1979년부터 10년간 점령하였고, 그 이후 폭력적인 극단적 이슬람 집단인 탈레반이 1996년 아프가니스탄을 장악해서 엄격한 이슬람 율법을 강제하였다. 이 과정에서 여성의 권리는 거의 박탈되었다. 부르카(burqa)로 불리는 온몸을 천으로 감싸는 이슬람 전통의상을 입도록 여성들에게는 강요되었다. 여성의 사회적 참여는 물론 직장을 갖는 것조차 금지되었으며, 교육의 기회와 의료보건 서비스를 받는 것도 제한되었다. 9.11 테러사건이 발생한 후 미국은 아프가니스탄에 대해서 군사행동을 개시하였고 탈레반은 산악지역으로 숨어들었다. 수많은 미군과 나토군 등이 아프가니스탄에 주둔하고 있지만 산악지역과 농촌지역을 중심으로 여전히 탈레반의 영향력 아래 이슬람 율법을 엄격하게 적용하는 곳이 존재한다. 그곳에서 여성에 대한 인권 탄압도 여전히 자행되고 있는 실정이다.

이러한 탈레반의 여성 인권 억압에 대항하고자 세계 여러 곳의 단체들이 아프가니스탄에 원조와 지원인력을 파견하여 교육과 보건 의료를 지원하고 있다. 이들 중 가장 적극적으로 활동하고 있는 단체는 '케어(CARE)'인데 빈곤 퇴치를 위해 국제적으로 활동하고 있는 비정부단체이다. 케어는 아프가니스탄의 빈곤 문제해결을 위해서 특별히 여성의 역할에 주목하였다. 여성이 제대로 된 자원을 가지게 된다면 가족 전체를 가난으로부터 벗어나게 할 수 있다고 믿었기 때문이다. 그래서 여성의 교육을 위한 학교와 도서관을 설립하고 교사를 육성하며 모든 사람에게 글을 가르치는 등 여성의 교육과 교육 전반에 관한 지원 활동을 전개했다. 그러나 교육시설에 대한 탈레반의 공격은 빈번하게 행해져서 지원활동에 어려움을 겪는 일이 많다. 그러므로 장기적인 관점에서는 지역공동체가 중심이 되어 그 지역의 교육을 담당하고 정책을 수행할 수 있도록 지원하고 도움을 주는 것이 중요하다.

3) 아동의 인권 - 빈곤

전 세계적으로 헐벗고 굶주림에 처한 아이들의 수는 상당히 많다. 아이들은 사회에서 가장 연약한 존재이기 때문에 자신들에게 행해지는 억압과 불합리 그리고 차별에 저항할 수 있는 힘도 의지도 가지고 있지 않다. 투표권도 없기 때문에 자신들을 위한 정책 입안에 압력을 행사할 수도 없다. 따라서 아이들은 학대와 차별에 가장 빈번히 노출될 수밖에 없다. 아동의 빈곤 문제는 저개발국들에서 대부분 발견되지만 선진국이라고 해도 예외는 아니다. 선진국에서 발견되는 아동의 빈곤 문제는 주로 빈곤계층의 가족에서 나타나는 현상이다. 그러므로 아동의 복지 향상을 위해서 선진국들은 우선적으로 빈곤계층에 초점을 맞춘 복지 정책을 수행하면 최악의 상태는 피할 수 있다. 그러나 빈곤문제가 심각한 저개발국들의 입장은 전혀 다르다. 이들 국가에서 빈곤의 문제는 국가가 재정적으로 해결할 수 없는 문제이기도 하지만 빈곤의 정도도 아주 심각해서 물과 식량의 공급조차 제대로 할 수 없는 형편에 처해 있다. 그 중에서 가장 사회적 약자라고 할 수 있는 아동들의 상태는 더욱 심각하다.

UN 통계에 따르면, 2015년 기준으로 세계적으로 79,500만 명이 충분한 음식을 공급받지 못한다고 한다.[25] 지구상의 인구 9명 중 1명꼴로 그런 셈이다. 그 중 영양실조나 영양결핍에 처한 사람들의 98%는 저개발 국가 사람들이다. 지역적으로 보면 아시아가 52,560만 명으로 가장 많고, 그 다음이 사하라 남부지역으로 21,400만 명, 라틴 아메리카와 캐리비언 지역이 3,700만 명이 있다. 2012년 기준으로 빈곤으로 어려움을 겪고 있는 사람들 중 여성이 60%로서 남성들보다 더 많다.[26] 그리고 2016년에는 저개발국의 임신한 여성들 중 절반가량이 적절한 임산부 돌봄을 받지 못하고, 그중 30만 명이 출산으로 인해 사망했다.[27]

UNICEF 보고서에 따르면 5세 이하에서 사망하는 아이들의 절반이 영양결핍 때문이다. 이렇게 죽는 아이들이 해마다 3백만 명에

---

[25] "The State of Food Insecurity in the World." Meeting the 2015 International Hunger Targets: Taking Stock of Uneven Progress. Food and Agriculture Organization of the United Nations. Rome, 2015. http://www.fao.org/3/a-i4646e.pdf
[26] "Facts & Figures." UN Women. 2012. http://www.unwomen.org/en/news/in-focus/commission-on-the-status-of-women-2012/facts-and-figures
[27] "Despite Accelerated Recent Progress, Millions of Births Occur Annually without Any Assistance from a Skilled Attendant at Birth." 2017. UNICEF, http://data.unicef.org/topic/maternal-health/delivery-care/

이른다.28) 발육부진인 아이들은 2016년 22.9%로서 4명 중 1명꼴이다. 그러나 2000년 발육부진 아이들이 32.7%였던 것을 감안하면 점점 나아지고 있다고 볼 수 있다. 그런데 지역적으로 발육부진 아이들의 인구가 집중되어 있는 것이 문제이다. 2016년 기준으로 인도, 방글라데시 등이 속해져 있는 서남아시아에서는 아이들의 절반가량이, 사하라 남부지역에서는 3명당 1명꼴이 발육부진 아이들이다. 저체중으로 발육부진인 아이들은 여러 가지 질병을 앓을 확률이 높고, 사회적 인지적 발달에서도 심각한 지체 현상이 나타날 확률이 높다. 이렇듯 영양실조 상태에 있는 어린이들이 특정 국가에 몰려 있다. 최빈국인 36개 국가에 영양실조 상태에 있는 어린이 90% 정도가 살고 있다. 아동들이 처한 심각한 상황은 엄청나게 높은 아동 사망률을 살펴보면 더욱 실감나게 알 수 있다. 유니세프의 통계에 따르면 1960년대 이후 5세 이하 아동의 사망자 수는 지속적으로 감소하고 있다. 그러나 여전히 아동 사망자 수는 세계 전체 인구 사망의 3분의 1을 차지할 정도로 많다. 선진국들의 평균 아동사망이 차지하는 비율이 2~3%밖에 안 된다는 것을 감안하면 저개발국에서의 아동 사망률이 얼마나 높은지를 알 수 있다. 저개발국의 아동 사망률은 전체 사망률의 절반이상을 차지한다.

아동의 빈곤 문제는 이렇게 경제적 양극화와 밀접하게 관계되어 있다. 또 다른 유니세프 보고서에 따르면,29) 전 세계적으로 볼 때 5세 이하의 부유한 집안 아이들의 79%는 출생신고가 되어 있지만, 빈곤한 집안의 아이들은 단지 51%만 출생신고가 되어 있다. 빈곤한

---

28) "Undernutrition Contributes to Nearly Half of All Deaths in Children Under 5 and Is Widespread in Asia and Africa." 2017. UNICEF, http://data.unicef.org/topic/nutrition/malnutrition/#
29) "Reimagine the Future: Innovation for Every Child." The State of the World's Children 2015: Executive Summary, UNICEF. https://www.unicef.org/publications/files/SOWC_2015_Summary_and_Tables.pdf

집안의 아이들의 사망률이 훨씬 높다는 것을 감안하면, 빈곤과 영양결핍을 겪는 아이들의 상당수는 출생신고조차 되지 않은 상태에서 죽어가고 있다. 또한 발육부진을 겪는 아이들도 경제적으로 하위 20%에 속하는 아이들은 상위 20%에 속하는 아이들보다 두 배나 더 많다. 저개발국 안에서도 빈부의 격차는 심해서 가장 가난한 나라에서 조차 경제적 상위 20%에 들어가는 가족의 아이들은 90%가 학교교육을 받고 있지만 하위 20%의 경우에는 60%의 아이들만 학교교육을 받는다. 이러한 차이는 저개발국들 중 형편이 조금 더 나은 국가들에서도 마찬가지이다. 예컨대 나이지리아에서는 부잣집 아이들의 94%는 학교에 다니고 있지만 가난한 집 아이들 중에서 학교에 다니고 있는 경우는 겨우 34%에 불과하다.

4) 아동의 인권 - 아동노동

아이들이 학대받는 가장 대표적인 것이 아동의 노동력 착취이다. 아이들이 일하는 것 자체가 문제가 되고 나쁜 것은 아니다. 아이들은 집안일을 할 수도 있고 파트타임으로 가정 외에서도 일할 수도 있다. 그러한 노동은 아이들에게 약간의 수입도 가져다주지만 사회적인 일을 배우는 교육적 역할도 한다. 또한 저개발국 빈곤계층에서 아동의 노동은 자신과 가족이 살기 위한 생계 수단이 되기도 한다. 그런데 아이들의 노동이 문제가 되는 것은 아이들이 학대와 착취 속에서 일을 하는 경우이다. 흔히 이러한 것을 아동노동(child labor)이라고 부른다.

인도에서는 가난한 마을을 중심으로 아동 노동자의 밀매가 성행하고 있다. 아동노동은 납치에 의해서도 일어나지만 인도에서 일어나는 아동노동은 빈곤 계층의 가족이 돈을 받고 아이들을 팔아넘기는 경우가 대부분이다. 인도의 아이들은 소보다도 싼 가격으로 팔리고 있으며 대부분이 면화를 비롯한 농사일을 하는 담보노동자이다. 담보노동이란 고용주가 피고용인에게 선불금을 지급하고 피고용인은 자신의 임금에서 미리 받은 돈을 갚아나가는 방식이다. 일반적으로 피고용인은 아주 낮은 임금을 지불받기 때문에 그가 미리 받은 돈을 다 갚는다는 것은 상당히 어렵다. 게다가 노동을 하는 동안 필요한 숙식 등도 임금에서 모두 제하기 때문에 빚을 갚는다는 것은 불가능하다. 또한 이것은 피고용자가 죽는다고 해결되는 문제도 아니다. 왜냐하면 빚이 자녀와 그 이후 세대에게도 승계되어서 세대에서 세대로 노예와 다름없는 생활을 하게 되는 경우가 허다하다. 수많은 인도의 아동노동자는 가난한 가족이 지고 있는 빚에 의한 담보 노동자로 팔려나간다. 예컨대 인도에서는 30만 명의 아이들이 카펫공장에 아동노동자로 붙잡혀 있다고 한다. 대부분은 카스트제도의 하층계급에 속한 힌두 아이들이다. 가난한 부모들이 아이들과 돈을 맞교환하였기 때문에 임금을 받지 못하는 것은 물론이다. 하루에 12시간에서 15시간, 일주일 7일 동안 휴식 없이 매 맞기도 하고 고문도 당하며 노예처럼 붙잡혀서 일한다. 그 중에서 운 좋은 아이들은 구출되기도 하지만 아직 많은 아이들이 고통과 어려움에 처해 있다(Bales & Trodd, 2008).

　아동노동은 최근에 일어난 것이 아니라 서구에서도 오랜 역사를 지니고 있다. 산업혁명 이전에는 사실 아동이라는 개념 자체가 불명확하였다. 아이들이 13세 정도만 되면 어른 취급을 받았고 하는 일도 거의 차이가 없었다. 물론 이 시대에는 아이들이 학교 갈 필요도 별로 없었다. 그러나 산업혁명이 본격적으로 시작된 것은 경제적으로 크게 도약한 계기가 된 것이지만 노동착취의 역사도 이와 같이 시작한다. 아동노동으로 인한 착취와 학대가 시작된 것도 바로 이 시기이나. 아이들은 공상은 물론이거니와 광산 등시에서 위험한 일들을 열악한 환경에서 하였다(Thompson, 1968). 길거리 청소, 신발 닦기, 성냥팔이 등 할 수 있는 일은 무엇이든지 하였다. 대량 생산 공장 노동이 시작되면서 아이들의 노동력은 산업혁명시기에 주요한 역할을 하였다. 아이들의 임금은 어른들에 비하면 보잘 것 없었다. 20세기에 들어서도 여전히 아동노동은 계속되었다. 유리를 만드는 공장, 담배공장, 그리고 가족단위로 운영하는 사업체 등에서도 아동노동은 계속되었다. 21세기에 들어와서 선진국들에서의 아동노동은 20세기 중반에 금지되었기 때문에 거의 사라졌지만 저개발국을 중심으로 여전히 수많은 아이들이 아동노동에 처해 있는 것이 현실이다.

ILO(International Labour Organization)의 통계에 따르면,[30] 세계적으로 아동노동의 수는 줄어들고 있다. 2000년에는 24,600만 명의 아이들이 아동노동에 처해 있었지만 2012년에는 16,800만 명으로 줄어들었다. 그러나 여전히 많은 아이들이 아동노동에 처해 있는 것이 현실이다. 특히 절반이 넘는 850만 명의 아이들이 아주 위험한 환경 속에서 노동을 하고 있다. 지역적으로도 아시아 태평양 지역이 가장 많은 수인 7,800만 명의 아이들이 아동노동에 처해 있는데 그 지역 아동 인구의 9.3%에 달한다. 라틴 아메리카와 캐리비안 지역에서는 아동인구의 8.8%에 해당하는 1,300만 명이, 그리고 중동과 북아프리카지역은 8.4%에 달하는 920만 명의 아이들이 아동노동에 처해져 있다. 모든 지역 중에서 인구비례 당 아동노동에 처한 아이들의 수가 가장 많은 곳은 가장 가난한 지역이라고 할 수 있는 아프리카 사하라 남부지역으로 총 5,900만 명의 아이들이 아동노동에 처해 있는데, 그 수는 이 지역 전체 아동인구의 21%에 해당한다.

---

30) "Child Labour: Facts and Figures." International Labour Organization,
   http://www.ilo.org/global/topics/child-labour/lang-en/index.htm

아동노동이 가장 많이 행해지는 산업부분은 농업으로 9,800만 명의 아이들이 농업 노동자로 일하고 있으며 전체 아동 노동의 59%를 차지한다. 예컨대 에콰도르에서는 바나나, 이집트에서는 면화, 콜롬비아에서는 꽃 재배, 브라질에서는 오렌지, 아이보리코스트에서는 코코아, 아르헨티나와 방글라데시에서는 차 농사, 미국에선 과일과 채소 재배, 이외에도 커피, 고무 등 등 다양한 작물들을 재배하는 농장에서 주로 일을 하고 있다. 아이들이 상업적인 농업에서 일하는 환경은 좋을 수가 없다. 오랜 시간동안 높은 온도에서 노동을 해야 하고, 살충제나 제초제 등과 같은 농약에 쉽게 노출되고, 매우 낮은 임금을 받으면서 적절한 음식과 물을 제대로 공급받지 못하고 있다.

농업분야 외에도 여전히 아동노동이 존재하는데 서비스 부문에 5,400만 명이 일하고 있다. 크고 작은 집안일부터 호텔, 식당, 수많은 소매상점들이 여기에 포함된다. 산업체 공장 등에도 1,200만 명의 아이들이 노동에 처해 있다. 인도, 파키스탄, 이집트에서 카펫을 만들고, 방글라데시에서는 옷, 인도와 필리핀에서는 신발 공장에서 노동자로 일하고 있다. 인도에서는 유리와 벽돌 공장에서 일한다. 중국, 도미니카 공화국, 엘살바도르, 과테말라, 인도, 페루에서는 불꽃놀이 폭죽 공장에서, 그리고 파키스탄에서는 축구공과 외과 수술용 도구를 생산하는 공장에서 작업을 하고 있다. 특히 광산에서 일하는 아동들은 가장 위험하고 열악한 환경에 처해 있다. 콜롬비아에서는 금광과 에메랄드 광산, 브라질과 엘살바도르에서는 숯, 짐바브웨에서는 크롬광산, 코트 디브와르(Cote d'Ivoire)에선 다이아몬드 광산, 그리고 몽골에서는 석탄광산이 아동노동이 일어나는 현장들이다.[31]

---

[31] "What is Child Labor?" Child Labor Public Education Project, https://www.continuetolearn.uiowa.edu/laborctr/child_labor/about/what_is_child_labor.html

아동노동의 문제는 가난한 국가에서만 일어나는 것이 아니다. 미국과도 같은 선진국에서도 빈번히 일어난다. 선진국에서 일어나는 아동노동의 문제는 계급적인 문제와 관련되어 있다. 사회계급의 사다리에서 가장 하위 층에 있는 사람들은 빈곤에 허덕이고 있는 경우가 많다. 어른의 노동만으로는 충분치 않기 때문에 특히 10대 청소년들이 집 밖에서 일하는 경우가 더러 있으며, 이들이 일하는 환경도 그리 좋지 못한 곳이 대부분이다. 아이들이 일하는 노동 상황은 사실 다양하다. 자발적으로 용돈을 벌기위해 잠시 일하는 것부터 시작해서, 경험을 쌓기 위해 교육의 일환으로 파트타임으로 일하는 것, 그리고 살기 위해서 일할 수밖에 없는 환경에 처해 있는 것까지. 그러나 아동노동이 문제가 되는 것은 비자발적으로 좋지 않은 환경에서 어쩔 수 없이 일할 수밖에 없을 때이다.

아동을 학대하는 상황에 대해서 보다 구체적으로 살펴보자. 첫째, 아동들이 도망갈 수 없도록 감금하거나 통제하여 노동 시키면 분명한 학대라고 할 수 있다. 성인들과 마찬가지로 아동들도 일을 그만둘 수 있는 자유와 이동의 자유가 보장되어야 한다. 둘째, 노동의 환경이 좋지 않아 위험한 환경에서 작업을 하거나, 작업 자체가 건강에 해로운 경우 또한 명백한 학대이다. 셋째, 제대로 된 식사를 제공하지 않고 적절한 휴식도 보장하지 않으면서 장시간 노동시킬 때도 아이들 건강에 심각하게 나쁜 영향을 준다. 넷째, 아이들에게 나이에 맞는 적절한 교육을 제공하지 않고 유년 시절을 노동으로만 보내게 할 경우도 학대에 들어간다. 모든 아이들은 적절한 교육을 받을 권리가 있기 때문이다. 다섯째, 돈을 받고 아이를 고용주에게 팔거나 넘기는 경우이다. 만약 아이들이 그러한 방식으로 팔려서 노동을 하게 된다면 노예와 마찬가지의 대접을 받을 가능성이 매우 크다. 그래서 가장 먼저 근절시켜야 할 것이 있다면 바로 아이의 의지와 상관없이 아이의 노동력을 돈의 대가로 팔아넘기는 '담보노동'이다. 여섯째, 아이들의 육체적, 정신적, 감정적인 안녕을 위협하는 모든 노동조건도 해당된다. 마지막으로 국가가 법으로 정해놓은 노동할 수 있는 최소 연령법을 위반한 경우이다. 이러한 요건들 중 단 하나라도 적용된다면 노동현장에서 아동들에 대한 착취와 학대가 이루어지고 있다고 보면 된다.

아동노동에 대한 문제가 세계적으로 커지자 1999년에 ILO(International Labour Organization)가 주관으로 한 아동노동에 관한 "the Worst Forms Convention"에서 아동노동의 최악의 형태에 대해서 서술하고 그것을 금지하는 협약에 151개국이 서명하였다.32) 이 회의에서 구체화된 금지되어야 할 아동 노동의 최악의 형태를 간략히 살펴보면 다음과 같다. 담보노동과 아이들 인신매매, 모든 형태의 노예와 노예식 노동, 분쟁지역에서의 강압적인 군사징발, 매매춘, 포르노그래피 산업, 마약 생산과 마약밀매, 그리고 위험이 따르는 어떠한 작업도 아이들이 해서는 안 되는 것으로 규정하였다. 그럼에도 불구하고 저개발 국가들을 중심으로 아직도 많은 아이들이 최악의 조건에서 강요받은 노동을 현재도 하고 있다.

5) 아동의 인권 - 아동 성매매

아동학대의 또 다른 형태로는 아동 성매매가 있다. 아동이 자신이나 다른 사람들의 물질적 이익을 목적으로 성행위에 빠지게 되는 상황을 아동 성매매라고 한다. 아동 성매매는 아동에 대한 성폭력의 가장 극단적인 형태이다. 아동 성매매는 강제적으로 아동을 성

---

32) "From the Sweat of Our Children." Child Labor Facts and Statistics, 2014. The World Counts. http://www.theworldcounts.com/stories/Child-Labor-Facts-and-Statistics

행위 대상으로 삼는 경우도 있지만 아동이 자발적으로 물질적 이익을 위하여 성매매 행위를 일삼기도 한다. 그러나 어느 경우에서든지 그 책임은 아동에 있기 보다는 아동이 성매매 행위를 할 수 밖에 없는 환경과 그것을 이용하는 성인들에게 있다고 할 것이다. 아동들은 보다 쉽게 다룰 수 있는 대상임과 동시에 새로운 경험에 대한 욕망, 성병 등에 감염되지 않을 것이라는 헛된 믿음 등이 복합적으로 얽혀서 성구매자들이 아동 성매매를 찾게 된다.

유니세프 통계에 따르면, 글로벌 섹스 산업과 연계되어 성매매 활동에 종사하는 아이들의 수는 200만 명에 이르고 있으며, 해 마다 120만 명의 아이들이 인신매매 된다고 한다. 그 중에 50-60%에 이르는 아이들이 16세 이하이다.33) 그러나 아동 성매매나 인신매매는 비밀리에 행해지는 것이 대분이기 때문에 정확한 수치는 이것보다 더 많은 것으로 추정해 볼 수 있다. 한 연구에서는 전 세계적으로 섹스 산업과 관련한 성매매에 종사하는 아동들이 1,000만 명에까지 이르고 있다고 보고하고 있다(Willis & Levy, 2002). 아동을 이용한 성매매 사업은 대부분 아동들을 감금하거나 자유를 통제한 채 이루어지고 있으며, 아동들은 주로 길거리, 사창가, 클럽, 마사지샵, 바, 호텔, 식당 등 다양한 곳에서의 성매매 산업에 매여 있다. 아동들은 자발적으로 성매매 산업에 참여하는 것보다는 주로 가난한 가족들이 팔아넘기거나 아니면 빚이나 경제적 어려움 때문에 생존을 위해 종사하게 된다. 성매매 행위는 아동들이 다른 노동을 통해서 얻을 수 있는 수입보다는 더 큰 수익을 가져다준다. 예컨대 케냐에서는 16살의 어린 소녀가 성매매를 통해 얻는 수입이 적게는 16유로(euro)에서 많게는 60유로까지 받지만, 일반적인 케냐 사람들이 평균적으로 얻는 수입은 하루에 4유로밖에 되지 않는다.34) 또 한편,

---

33) "Child Sext Trafficking: The Facts." oprah.com,
http://www.oprah.com/oprahshow/child-sex-trafficking-the-facts

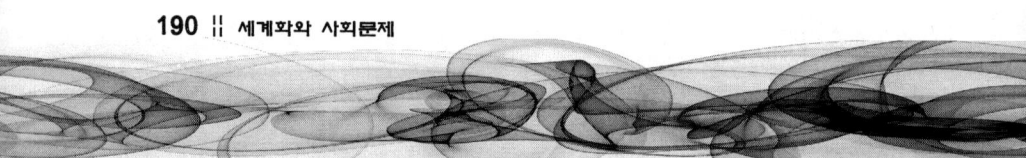

전쟁, 자연재난, 전염병 등의 확산은 많은 고아를 만들어 낸다. 고아는 사회적으로 가장 약한 존재이기 때문에 그들에게 놓여 진 운명은 어떻게 살아남느냐하는 것이다. 성매매는 고아들이 살아남기 위한 하나의 수단으로 이용된다. 인신매매 또한 성매매의 주요한 통로이다. 매년 세계적으로 수많은 아이들이 납치되어 강제적으로 성매매 산업의 그물망으로 들어오게 된다. 더구나 세계적으로 성산업은 지속적으로 성장하여 기업화 되고 있으며 확산 일로에 있다. 흔히 섹스 관광이라는 이름으로 아동 성매매가 활발히 이루어지는 국가로 여행을 떠나 성매매를 하는 사람들이 늘어나고 있는 것도 이와 맥락을 같이 한다.

　아동들이 성매매 산업에 종속되어 오랜 기간 지속되면 육체적, 정신적 질병과 같은 문제를 갖게 될 뿐만 아니라, 마약, 원치 않는 임신과 중절, 영양실조, 사회적 차별과 배척 그리고 사망에 이르기까지 인권이 완전히 박탈되는 상황에 처하게 된다. 예컨대 아동 성매매의 80.9%는 강도사건과 관련 있고, 성매매 아동의 59.3%는 마약 중독에 빠지며, 42.5%는 육체적 학대를 경험한다고 한다.35) 또한 스스로 이성적으로 판단할 수 있는 능력이 미숙한 아동들을 대상으로 성매매 행위를 하는 것은 아동에 대한 착취라고 할 수 있다. 일부 국가에서는 문화의 일부분으로 오랜 기간 동안 뿌리내리고 있는 전통으로 존재하기도 하는데, 태국이나 인도가 그 대표적인 국가이며 현지에서 아동 성매매가 빈번하게 이루어지고 있는 실정이다. 그러나 아동 성매매의 폐해와 심각성은 너무 크기 때문에 전통이나 문화 그리고 산업 등 어떠한 이유를 막론하고 아동을 상대로 하

---

34) "Child Prostitution: the Curse Affecting Every Continent, Humanium. http://www.humanium.org/en/child-prostitution/
35) "Child's Prostitution with Social Problems." Wikigender, http://www.wikigender.org/wiki/childs-prostitution-with-social-problems/

는 성매매가 합리화 될 수는 없다.

　빈곤계층의 아동이나 저개발국들의 아동들이 성매매의 대상이 될 확률이 대체로 높지만, 꼭 그런 것만은 아니다. 아동 성매매가 가장 높은 비율로 발생하는 나라 5개국은 스리랑카, 태국, 브라질, 미국 그리고 캐나다라는 보고는 주목할 필요가 있다(Iaccino, 2014). 아동 성매매 비율이 높은 나라는 이같이 저개발국부터 선진국까지 모두 포함하고 있다. 먼저 스리랑카는 성매매를 하는 아동들 4만 명이 섹스 산업과 섹스 관광에 의해 성적으로 착취당하고 있다. 여자아이들만이 아니라 남자아이들도 상당수가 섹스 관광의 대상이 된다고 한다. 주로 거대한 플랜테이션에서 아동노동에 처해 있던 아이들이 인신매매를 통해 섹스 산업으로 빠져들고 있다. 태국은 2004년 기준으로 80만 명의 16세 이하의 아이들이 성매매에 관련되어 있었다. 그러나 보다 최근에는 3만에서 4만 명의 아이들이 성매매에 의해 성적으로 착취되고 있다. 태국에서 아동들에 대한 성적 착취는 스리랑카와 마찬가지로 섹스 관광객들에 의해 주로 이루어진다. 브라질의 경우도 성과 관련한 인신매매가 갈수록 큰 문제로 부상하고 있다. 50만 명 정도의 아동이 성관련 일들을 하고 있다. 브라질의 높은 실업률과 빈곤의 문제는 아이들을 성매매의 시장으로 몰아넣고 있다. 브라질의 아동 성매매 심각성은 브라질 월드컵 당시 세계에서 모인 축구선수들이 브라질로 아동 성매매를 하러 오는 사람들에게 경고하는 캠페인에 동참하게 만들 정도였다.

　한편, 선진국이라고 할 수 있는 미국 안에서 아동 성매매를 하는 아이들의 수는 보고서에 따라 적게는 1,400명에서 많게는 240만 명까지 이른다. 아동 성매매는 비밀리에 이루어지기 때문에 정확한 통계를 내기가 쉽지 않다. 그렇지만 일반적으로 30만 명에서 60만 명 정도로 추정되고 있다. 보다 구체적 통계인 FBI 보고에 따르면 2011년 미국에서만 293,000명이 성과 관련하여 착취되거나 인신매매 되었다고 한다(Goldberg, 2015). 미국에서 아동 성매매 구매자는 저개발국과는 달리 외국에서 온 관광객이 아니라 대부분 미국인 성인남자들이다. 동시에 미국인들은 세계적으로 섹스관광을 하는 사람들의 수로 따질 때 가장 큰 비율을 차지한다. 미국 내에서의 아동 성매매에 대한 수요가 많기 때문에 미국에서의 아동 성매매는 섹스 산업의 주요 대상이 되는 것이다.

캐나다는 한 해에 16,000명의 아이들이 인신매매 된다고 사회복지 단체에서 추정하고 있지만 정확한 수치는 아동 성매매의 비밀성 때문에 파악하기 힘들다. 캐나다에서는 원주민인 이누잇(Inuit) 아이들이 가족들에 의해서 팔려나가거나 섹스 산업 시장으로 내몰리는 경우가 많다. 2009년 캐나다 상원 커미티에서 조사한 보고서에 다르면 한 해에 약 9,000명의 아이들이 성적학대를 받는다고 한다. 그 중 상당 부분이 원주민 공동체에서 일어나고 있는데, 그나마 성적 학대의 대부분은 제대로 보고되지도 않는다고 한다. 이러한 나라 외에 저개발국이 모여 있는 아프리카와 서남 아시아지역의 여러 나라들은 아동 성매매가 빈번히 행해지고 있다. 예컨대 인도에서만 27만 명에서 40만 명의 아이들이 아동 성매매에 관련되어 있다고 한다.36)

아동 성매매를 근절시키는 것은 힘들고 어려운 일이다. 무엇보다도 은밀하게 진행되고 있기 때문에 정확한 실체를 파악하기도 힘들다. 그렇다면 아동 성매매를 어떻게 방지할 수 있는가? 여러 방법 중 하나는 아동들이 성매매 시장에 들어오게 되는 이유를 중심으로 해결 방법을 모색해 보는 것이다. 아이들이 아동 성매매를 하게 되는 동기는 두 가지로 나누어 볼 수 있다. 첫째는 아동의 자발적인

---

36) "Child Prostitution-The Facts", Restless Beings.
http://www.restlessbeings.org/projects/dhaka-street-children/child-prostitution-the-facts

선택에 의해 이루어지는 경우이다. 물론 아동이 완전히 자발적으로 성매매 시장에 뛰어드는 경우는 거의 없다. 그가 처한 가족의 형편, 사회적 환경 등에 의해 어쩔 수 없이 성매매 시장에 뛰어들지만 그럼에도 자신의 선택으로 자발적으로 들어간 것을 말한다. 둘째는 자신의 의지와는 전혀 상관없이 강제로 섹스산업에 들어가게 된 경우이다. 이러한 경우도 다시 둘로 나누어 볼 수 있는데 하나는 가족 등에 의해 팔려나가는 것, 다른 하나는 납치 등에 의해 인신매매 되는 경우이다.

이러한 이유 등에 기초하면, 아동이 자발적으로 성매매를 하게 되는 것은 대부분이 경제적인 문제 때문이다. 그리고 가족에 의해 팔려나가는 것도 가족의 빈곤이 주된 원인이다. 따라서 아동의 빈곤 문제, 그리고 가족의 빈곤 문제를 해결하기 위한 정책을 세우고 실천하는 것은 아동 성매매를 방지하기 위한 첫 번째 방법이다. 무엇보다 저개발 국가들의 경제적 빈곤 문제가 완화될 수 있도록 정부 간의 국제적 공조와 국제기구, NGO 단체들을 통한 지원이 절실히 필요하다. 빈곤과 아동 성매매는 떼려야 뗄 수 없는 관계이기 때문에 더욱 그러하다. 특히 가난한 가족들의 아이들을 위한 적절한 교육을 제공할 필요가 있다. 강제적 납치나 인신매매 등을 근절시키기 위해서는 인신매매와 관련한 개인이나 조직들을 엄하게 처벌하는 법을 제정하거나 개정하여 법적 제도를 정비하고 보완하는 것이 가장 먼저 되어야 할 일이다. 그리고 조직화 되고 국제화 되어가는 범죄 조직의 척결을 위해 세계적인 차원에서 국가와 국가 간의 긴밀한 협력이 이루어져야 한다. 인신매매를 근절하기 위한 공적, 사적 조직이 협력하여 인신매매에 대해서 공동 대처를 할 필요가 있으며, 공동체 내에서도 인신매매 방지를 위한 지식과 정보의 공유가 가능한 체계를 구축할 필요가 있다.

6) 아동의 인권 - 무력분쟁과 아동학대

　전쟁을 포함한 무력분쟁은 아동들에게 치명적인 폭력을 가하여 생명을 빼앗거나 불구를 만든다. 무력분쟁이 일어나더라도 민간인들에 대한 공격은 금지되어 있지만 실제 전쟁이나 무력분쟁 과정에서 민간인들에 대한 공격은 의도적이든 그렇지 않든 간에 피할 수 없다. 아이들은 어른이 갖는 전쟁의 공포를 그대로 경험한다. 그리고 전쟁에 의한 피해는 아이들에게 더 치명적인 피해를 가져다준다. 전쟁 중 식량이 부족하다면, 성장기에 있는 아이들은 어른들 보다 더 큰 육체적 피해를 보게 되고, 좋지 않은 환경에서 발생하기 쉬운 전염병 등에도 아이들의 저항력은 더 떨어진다. 그리고 전쟁이 가져다주는 폭력과 잔인한 죽음 등을 목격한 아이들은 정신적 상처가 커서 평생 동안 그 상처에서 헤어나지 못할 수도 있다.

　과거에는 민간인들이 사는 마을을 떠나 전쟁 지역에서 군인들 끼리 전쟁을 하였기 때문에 전쟁을 하더라도 민간인의 피해는 적었다. 그러나 현대에 들어오면서 전쟁의 양상은 도시 중심의 민간인 밀집지역에서 이루어지고 있다. 게다가 민간인들을 인질로 삼아 그 지역을 점령하고 대치하는 경우가 늘어나고 있어 민간인들의 피해가 점점 더 커지고 있다. 도시 지역을 상대로 한 공습과 폭격은 무차별적인 희생자를 낳기 때문에 아이들의 피해도 커질 수밖에 없다. 어린아이들은 자신을 보호할 수 있는 능력이 가장 미약한 존재이기 때문에 오늘날 일어나는 무력분쟁에서 가장 큰 희생자가 된다. 전쟁 이후에도 전쟁 시 설치한 지뢰나 폭탄 등에 의해서 많은 어린이들이 목숨을 잃기도 한다. 유니세프의 통계에 따르면 1980년대 중반부터 1990년대 중반까지 10년 동안 전쟁이나 분쟁과 관련하여 200만 명의 아이들이 사망하였다고 추정하고 있다. 장애가 된 아이들은 400-500만 명이나 되고, 집을 잃어버려서 홈리스가 된 아이들은 1,200만 명에 이른다. 적어도 100만 명 이상이 아이들이 고아가 되거나 부모와 헤어지게 되었으며, 1,000만 명 정도의 아이들이 정신적인 트라우마를 겪었다고 밝히고 있다.37)

최근 들어 전쟁이 일어나는 양상은 국가 간에 발생하는 것 보다는 한 국가 안에서 서로 다른 정치적, 종교적 입장을 지닌 집단끼리 내전으로 인한 것이 더 많다. 내전은 군대와 군대가 서로 맞붙는 것이 아니라 전쟁의 양상이 더욱 복잡하다. 군대와 시민들 사이에, 시민과 시민들 사이에 전쟁이 발생하기도 하고, 전투가 일어나는 곳도 도시지역, 도시교외지역의 길거리, 주택가 등 명확한 구별이 있는 것도 아니다. 말하자면 삶의 터전이 곧 전쟁터가 된다. 이러한 내전은 민간인들의 피해를 더 크게 만든다. 또한 내전의 특수성에 따라 종교나 인종적 민족적 배경의 차이가 주된 원인이 된다면 민간인들에게 피해를 주는 것이 전쟁 자체의 목적이 되기 때문에 그 피해의 정도는 더 심각해진다. 예컨대 한 국가 안에서 서로 다른 민족끼리 전쟁이 났다고 한다면, 전쟁의 목표는 적 자체를 말살시키는 것이다. 그러므로 어른이든 아이든 할 것 없이 모두 인종청소의 대상이 된다. 이러한 전쟁이 발생하면 가장 큰 피해는 아이들에게 돌아 갈 수밖에 없다.

예를 들어 앙골라 내전은 1975년부터 2002년 까지 30년 가까이 정부군과 반군 간에 이데올로기 체제 전쟁이 진행되었으며, 50만 명이 사망하고 450만 명이 집을 잃었다(조상현, 2016). 가장 큰 피해자는 아이들이었으며, 전쟁 후 지금까지 기아와 가난으로 수많은 아이들이 죽거나 최악의 삶의 상황에 놓여 있다. 아프가니스탄 내전도 2001년부터 시작되어 현재까지도 완전히 끝나지 않고 있다.

---

37) "Children in War." The State of the World's Children 1996. UNICEF.
https://www.unicef.org/sowc96/1cinwar.htm

그 동안 여러 국가들이 내전에 참전하는 등 국토 전체가 전쟁터로 유린되었으며, 여전히 지금까지도 테러집단의 근거지들이 곳곳에 있어 크고 작은 전투가 일어나고 있는 상황이다. 민간인 사상자는 점점 늘어나는 추세로 2009년에는 총 사상자가 5,969명이었는데 2016년 한 해 동안에만 3,498명의 민간인이 죽고, 7,920명이 부상을 입어서 총 11,418명의 사상자가 나서 한 해 동안의 사상자 수로는 최고치를 기록했다. UN 통계에 따르면 이중에서 아이들이 24%를 차지해서 923명이 사망했고 2,589명이 부상을 입었다.38) 이 긴 내전의 과정에서 아프가니스탄의 아이들은 최대의 피해자일 수밖에 없었다.

보스니아내전은 20세기 일어난 전쟁 중 가장 악명 높은 전쟁으로 이름을 남길 만하다. 1992년부터 1995년 동안 민족문제, 종교문제, 정치문제 등이 얽혀 일어난 전쟁 속에서 무차별적 도시 폭격, 대학살, 인종청소 등이 발생하여 10-11만 명이 죽고 220만 명이 난민이 되었다. 무슬림 8,000명이 인종청소라는 이름으로 학살당했고, 전체 사망자 중 무슬림 어른과 아이들이 65%나 되었다.39) 인종청소라는 명목으로 전쟁을 하게 되면 어른과 아이를 가리지 않고 타인종에 대한 무차별적인 제거가 전쟁의 목표가 된다. 결국 저항하기 어려운 수많은 아이들이 죽거나 불구가 되었다. 이외에도 2004년 수단의 다르푸르(Darfur)에서는 아이들이 대량학살 당하기도 했으며, 같은 해 체첸 반군의 베슬란 학교 인질극으로 수백 명의 아이들이 살해되기도 하였다. 일단 전쟁이나 무력분쟁이 나면 군인들 보다 민

---

38) "Afgan Civilian Casualties at Record High in 2016: UN." Aljazeera. 2017. February 7.
http://www.aljazeera.com/news/2017/02/afghan-civilian-casualties-2016-170206062807210.html
39) "Bosnia War Dead Figure Announced." BBC News. 2007. June 21.
http://news.bbc.co.uk/2/hi/europe/6228152.stm

간인들의 피해가 더 크고 그 중 어린 아이들의 사망이 많은 부분을 차지할 수밖에 없다.

특히 테러집단이나 극단주의 무력 단체 등에서는 어린아이들을 강제로 전투에 투입시키기도 하고, 소년 군대 등을 조직하여 적의 공격에 방패막이로 사용하기도 한다. 10대 중후반의 청소년들이 전투에 보다 적극적인 자세로 뛰어드는 경우도 많다. 어린이들은 무력 분쟁 속에서 여러 가지 상황에 처하며 인권을 유린당한다. 예를 들어 무슬림 극단주의 점령지에서는 청소년들이 성전에 참전하도록 교육 받고 또 강요당한다. 자살폭탄 테러의 수행자로 선발되기도 한다. 또 다른 전쟁지역에서는 아이들이 군수품을 나르는 짐꾼의 역할도 한다. 직접 사람을 죽이고 폭력적인 행동을 하도록 강요받고 훈련받기도 하지만, 요리사, 메신저, 정보원이나 스파이 등 다양한 부분에 아이들을 이용한다.40) 유니세프에 따르면 우간다에서는 수천 명의 아이들을 유괴하는 사건이 일어나기도 했는데 유괴된 아이들 중 소년은 게릴라 반군에 입대시키고 소녀들은 게릴라 군인과 강제로 결혼시키기도 하였다. 또한 소말리아 등에서는 소년병을 조직하여 전투에 참가시켰다.

아이들을 군인으로 훈련시키거나 참전시키고, 아니면 군사적 목적으로 이용하는 것은 아이들의 건강과 발달 그리고 삶의 질에 큰 해가 된다. 아이들이 군인으로 사람을 죽이는 것을 목격하거나 그 과정에 참여하게 될 경우 심리적으로 또 감성적으로 완전히 발달이 되지 않은 아이들에게 심각한 영향을 미칠 것이라는 것은 명백하다. 물론 어떠한 아이들은 그러한 상황에 잘 적응하거나 대처할 수 있지만, 대부분의 아이들은 그러하지 못하다. 그러나 정신적, 심리적 혼란을 완화하거나 치료할 수 있는 여건은 전혀 마련되어 있지

---

40) "Who Are Child Soldiers?", Child Soldiers International, https://www.child-soldiers.org/who-are-child-soldiers

않다. 구체적으로 아이들에게 해가 되는 부분을 살펴보면 다음과 같다.41) 먼저, 군사교육은 아이들이 명령에 무조건적으로 복종하도록 해서 아이들이 심리적으로 굴복하게 만든다. 이러한 훈련은 장기적으로 아이들의 성격을 바꿀 수 있다. 둘째, 아이들은 왕따, 육체적 폭력, 성적 희롱 등과 같은 좋지 않은 군대 문화의 일방적인 희생자가 쉽게 될 수 있다. 셋째, 대부분의 경우 군대에 한번 입대하게 되면 일반적인 직장과는 달리 일정기간 동안 무조건적으로 복무해야 한다. 심지어 몇 년 동안 본인의 의사와는 관계없이 군대에 매여 있게 되어 그만 둘 수 있는 권리가 아이들에게는 없다. 넷째, 아이들을 군인으로 모집할 경우에 대부분 빈곤한 지역이나 문제가 많은 가족 출신들이 많다. 그렇기 때문에 이들은 주로 최전방에 위치될 확률이 높고 가장 위험부담이 많은 역할을 맡게 된다. 결국 가장 어려운 환경에 처해 있던 아이들이 군대에서도 가장 위험한 처지에 놓이게 된다. 또한 전쟁과 무력분쟁 중에는 식량공급이 어려워지고 의료서비스도 제대로 되지 않기 때문에 아이들에게 큰 위해가 된다. 전쟁이나 내전이 끝난 후에도 전쟁을 발발시킨 국가나 무력분쟁을 야기한 국가에 대해서 국제적으로 경제적 제재를 가하게 되면 아이들은 간접적이지만 치명적인 피해를 입게 된다.

7) 아동문제 해결을 위한 노력

아동문제의 해결을 위해 비정부단체들과 각국의 정부기관은 여러 서비스 프로그램을 운영하고 있다. 그런데 문제는 프로그램의 혜택이 어려움에 처한 모든 아동들에게 균등하게 제공되는 것이 아니라

---

41) "How is Recruiting Children Harmful?", Child Soldiers International, https://www.child-soldiers.org/how-is-recruiting-children-harmful

상황에 따라 제각기 적용된다는 것이다. 자선단체와 활동이 집중되는 지역에는 그 만큼 혜택이 크고 그렇지 않은 곳에서는 여전히 열악하다. 또 세계의 관심이 집중되는 지역에서는 지원이 집중되지만 관심에서 소외된 지역으로의 지원은 상대적으로 적을 수밖에 없다.

아동의 권리에 대한 논의는 오래 전부터 있어왔다. 1923년 아동복지연맹총회(General Council of the Union for Child Welfare)가 주도한 제네바 선언(Declaration of Geneva on the Rights of the Child)은 유엔의 전신이라고 할 수 있는 국제연맹(League of Nations)에서 1924년에 '아동권리에 관한 제네바 선언(Geneva Declaration on the Rights of the Child)으로 채택되었다. 이후 유엔 총회에서 '아동권리선언(Declaration of the Rights of Child)'이 채택되어 아동의 권리에 관해서 10가지 원칙을 제시하였다. 그러나 이 원칙은 법적 구속력이 없었기 때문에 이 원칙의 실행을 강제할 수는 없었다. 세계인권선언이 1948년 유엔 총회에서 승인된 후 '국제시민정치권리협약(International Covenant on Civil and Political Rights)'과 '국제경제사회문화권리협약(International Covenant on Economic, Social, and Cultural Rights)'이 1966년 체결되어 1976년 발효되었다. 아동의 권리가 이 협약에서 구체적으로 명시되었다(Snarr & Snarr, 2014).

유엔총회는 1989년에 '아동권리협약'을 채택하여 1990년에 20개국이 비준에 참여하여 정식으로 발효되었다. 이 협약은 기존의 국제선언문들에서 논의되었던 아동권리에 대한 것을 하나로 만든 것으로 시민적, 정치적, 경제적, 사회적, 문화적 권리 등이 망라되어 있다. 음식, 물, 의료 서비스와 같이 생존과 관련된 기본적인 것 외에도 폭력, 소외, 착취로부터 보호받을 권리, 그리고 교육 받을 수 있는 권리, 사회, 종교, 정치, 경제활동 등에 참여할 수 있는 권리 등을 모두 포함한다. 이 협약은 서명한 모든 국가들에게 적용되는 법적 구속력을 갖기 때문에 아동의 권리 보호를 위한 강제적 조항이라고 할 수 있다. 그리고 이 협약의 이행을 위해 '아동권리위원회 (Committee on the Rights of the Child)'의 설립을 규정에 두어 아동권리의 실태에 관한 보고를 접수하고 전달하는 일을 할 수 있도록 하였다.

협약에 따라 비준한 국가는 가입 뒤 2년 안에 그리고 그 다음으로 매5년 마다 아동의 인권 상황에 대한 보고서를 제출해야 한다. 유엔아동권리위원회는 그 국가보고서를 심의해서 아동의 인권 보장에 있어서 문제점을 분석하고 개선 방안을 해당국 정부와 함께 논의한다. 소말리아와 미국은 유엔 '아동권리협약'을 그동안 비준하지 않았다. 소말리아는 정부의 기능이 제대로 작동하지 않았기 때문에 비준 절차를 밟지 못하는 어려움이 있었다. 그러나 소말리아는 2015년에 '아동권리협약'을 비준하여 현재 미국을 제외한 유엔 가입 196개국이 모두 비준한 상태이다.

미국은 1995년 아동권리협약에 서명은 하였으나 상원의 동의를 얻지 못했기 때문에 법적 구속력은 없다. 미국 정부가 아동권리협약을 비준하지 않는 이유를 공식적으로 밝히지는 않고 있지만 몇 가지 이유를 살펴보면 다음과 같다(Snarr & Snarr, 2014). 첫째 연방정부와 주정부 사이의 힘의 균형의 문제이다. 아동의 권리 등은 주로 주법 등으로 규정하고 있는데 연방정부가 국제조약을 할 수 있는 권한을 이용하여 연방정부의 관할 사항으로 가져감으로써 주법을 무력화 시킬 수 있다는 우려가 존재한다.

둘째, 미국은 선진국으로는 드물게 사형 제도를 가지고 있는 나라이다. 사형 제도는 주법에 따라 규정되기 때문에 사형이 없는 주도 있고 사형을 적극적으로 집행하고 있는 주도 있다. 2005년 이전까지 미국은 만 18세가 되기 전에 행한 범죄에 대한 책임을 물어 사형을 집행하는 주들이 있었다. 사형제도는 연방의 관할이 아니라 주의 관할이기 때문에 아동권리협약을 비준하게 되면 법석 강제력이 주에까지 미쳐 사형 제도에 대한 주의 권한을 침해할 수 있는 여지가 있었다. 그러나 2005년 미국 연방대법원은 18세 이하 미성년이 저지른 범죄에 대해 사형 집행 하는 것을 위헌 판결을 내려 금지시킴으로써 국제법을 결과적으로 수용하게 되었다.

셋째, 낙태에 관한 권리의 문제이다. 아동권리협약의 전문은 아동이 출생 후 뿐만 아니라 출생 전에도 법적인 보호를 포함한 특별한 보호와 주의가 필요하다고 규정하고 있다. 규정으로만 보면 출생 전도 언급하기 때문에 낙태반대 입장을 지지하는 것 같다. 그렇지만 미국의 낙태반대 운동가들은 출생 전 태아의 권리에 대한 명확한 내용이 없기 때문에 아동권리협약을 그대로 받아들이는 것은 어렵다고 판단하고 있다. 미국에서는 낙태에 대한 찬반론이 명확하게 대립하고 있으며 사회적 분열을 초래할 수도 있는 핫 이슈이기 때문에 그 만큼 민감할 수밖에 없다.

마지막으로 복지에 대한 이념적인 문제이다. 미국은 아동권리협약에 명시된 아동의 시민적 권리와 정치적 권리에 대해서는 인정하고 있지만, 사회적, 경제적 권리에 대해서는 유보적인 입장을 보이고 있다. 예컨대 아동권리협약은 생존과 관련된 기본적인 음식과 의료서비스의 제공과도 같은 것을 보장하고 있기도 하지만 "가능한 최고 수준의 건강을 향유"할 권리와 같은 경제적 권리도 함께 강조하고 있다. 미국의 보수주의자들은 국민의 기본적인 생존권을 위한 사회복지 프로그램은 지지하고 있지만 그것을 넘어서는 서비스에 대해서 어떠한 권리와 자격을 갖는다고 규정하는 것에는 회의적인 시각을 가지고 있다. 따라서 미국 보수주의자들의 반대에 의해 미국의 아동권리협약의 비준은 여전히 의회에서 승인을 얻지 못하고 있다.

아동의 권리를 보호하기 위해서는 아동권리협약을 비준하고 그것을 철저히 준수하는 것이 필요하다. 그렇지만 이것은 개인적인 노력으로만 이루어질 수 있는 것은 아니다. 정부와 모든 국제기구가 처참하고 힘든 상황에 처해 있는 세계의 아동들이 기본적인 생존권을 누리고 또 그 이상의 복지를 누릴 수 있도록 적극적으로, 그리고 지속적으로 감시하고 지원하는 노력을 기울일 때만이 가능한 일이다.

Chapter 9.
세계화와 환경문제

1) 인간과 환경

　지구촌 인구가 지속적으로 증가하고 있고, 경제체제인 자본주의의 속성은 끊임없는 개발활동으로 인해 팽창하는 것이기 때문에 그 과정에서 석유, 석탄, 물, 나무 등과 같은 다양한 자연자원을 사용할 수밖에 없다. 공장들이 새로 세워지고 공산품은 대량으로 쏟아지고 있는데, 그 제품들의 원료가 하늘에서 그냥 떨어질 리가 없는 것이다. 지구가 가진 자원이 얼마나 더 남아 있는지는 모르지만 제한적인 것만은 분명하다. 언젠가는 자원의 고갈시대가 올 것이다. 또 한편 개발과정에서 자연환경은 파괴되고 있고, 쓰고 남은 폐기물들은 점점 많이 쌓여져 가고 있지만 폐기물을 저장하거나 보관할 수 있는 지역은 점점 사라져 가고 있다. 이러한 우려가 있음을 알고 있지만 그렇다고 경제성장을 위한 개발을 멈출 수는 없는 일이기 때문에 어느 순간엔가 지구에 큰 재앙이 닥쳐오리라는 것을 예견하는 것은 그리 어렵지 않다.

그러나 한편으로 인간은 지구상에 존재하는 다른 종과는 달라서 환경변화에 적응하는 것이 예외적으로 뛰어나기 때문에 충분히 그러한 변화를 감내할 수 있다는 낙관적인 주장도 존재한다. 인간은 다른 종들이 환경변화에 영향을 받는 것과는 전혀 다르게 대처할 수 있다는 것인데 그것을 "인간 예외주의(human exemptionalism)"라고 지칭하기도 한다(Carl, 2013: 217). 이 개념에 의하면, 인간은 혁신적이고 창의적인 능력을 소유하고 있으며 기술의 발달과 문화적 유연성으로 인해 환경변화에 적절하게 적응해 나갈 수 있다는 것이다. 그래서 자원의 고갈이나 다양한 환경문제에 예외적으로 적응 가능하다는 주장이다. 예컨대 어느 지역에 가뭄이나 자연재해가 나타나서 농작물의 수확량이 급격하게 줄어들었다고 하자. 만약 다른 동물들이 그러한 식량의 일시적인 부족 현상을 겪었다면 개체 수가 급감하든지, 최악의 경우에는 멸종하게 될 것이다. 그러나 인간은 자신이 살고 있는 지역과 전혀 다른 지역에서 농산물을 수입해서 충분히 살아남을 수 있다. 가뭄이나 자연재해가 매년 일어나는 것은 아니므로 일시적인 어려움을 무사히 극복한 인간은 지속적인 생존이 가능하다. 말하자면 다른 동물들이 가지고 있는 환경적응에 대한 유연성과는 비교할 수 없을 정도의 환경적응 능력을 인간은 소유하고 있다.

그러나 인간의 환경적응 능력이 아무리 뛰어나다고 할지라도 두 가지 조건이 나타난다면 그 한계에 도달할 수밖에 없다. 첫째, 문제의 계속적 발생과 동시다발적 발생이다. 위의 예에서 농작물 생산량의 급감이 한두 해 정도만 나타난다면 견딜 수 있지만 계속적으로 같은 현상이 일어나면 그 지역의 사람들은 큰 타격을 받을 수밖에 없다. 동시에 지구 전체에서 그러한 현상이 발생해서 다른 지역에서 수입해 올 식량이 없다면 문제의 심각성은 더 커진다. 둘째, 수용능력의 한계에 부딪히게 되었을 때이다. 다른 동식물들과 마찬가지로 인간도 수용능력이 있다. 수용능력이란 주어진 환경에서 특정한 종이 살아남을 수 있는 필수적인 공간을 말한다. 서울에 살고 있는 1,000만 명의 사람이 울릉도로 모두 이주해서 살 수는 없을 것이다. 이러한 것을 인구과잉이라고 한다. 만약 실제로 이러한 일이 일어난다면 어떻게 될 것인가? 식량과 물을 비롯하여 자원은 금방 고갈되고 수많은 사람들이 고통을 겪을 것임은 분명하다. 그런데 문제는 오늘날 지구 전체에 이 두 가지 조건이 함께 발생할 수 있는 가능성이 점점 커지고 있으며 그 한계에 도달하는 것은 시간문제라는 것이다. 자원의 부족 현상은 그 자체가 주는 어려움에만 그치지 않고 제한된 자원의 확보를 위한 분쟁과 전쟁의 발발요인이 되며, 제한된 자원을 더욱 소모하게 만들어 결국에는 지구사회 전체가 파괴될 수 있다는 심각성을 더한다.

그렇지만 그렇게 비관적으로만 보지 않은 의견들도 존재한다. 지구는 아직까지 수용능력이 충분하고 수용능력의 한계가 도달하기 위해서는 아직까지 많은 시간이 남아있다는 것이다. 자원이 고갈되는 것도 걱정하는 만큼 심각한 것이 아니다. 예컨대 산업발전의 중요한 자원인 석유는 벌써 오랜 전부터 자원의 고갈이 우려되어 대체 에너지 개발 등이 적극적으로 제안되고 또 확대되어 왔다. 그러나 세계 석유 매장량은 1980년대 이후 지금까지 연평균 2.6% 정도로 지속적인 성장세에 있다.42) 이같이 석유 매장량이 계속적으로 늘어나는 것은 석유시추 기술이 발달하여 예전에는 알지 못했던 곳에서 새로운 유정이 발견되어 생산가능하게 되었고, 셰일가스·오일 혁명으로 석유의 추출방법이 다양해져서 생산량이 늘어나게 된 것이다. 반면에 세계석유소비는 전통적으로 석유소비량이 많던 미

---

42) "통계로 본 세계 석유시장." SK Innovation.
http://skinnovation-if.com/%ED%86%B5%EA%B3%84%EB%A1%9C-%EB%B3%B8-%EC%84%B8%EA%B3%84-%EC%84%9D%EC%9C%A0%EC%8B%9C%EC%9E%A5/

국, 캐나다 등 북미대륙과 선진국들이 모여 있는 유럽, 그리고 일본의 석유소비량이 떨어지거나 정체되어 있다. 중국, 인도 등 거대 신흥국들이 모여 있는 아시아지역의 석유소비량은 급격하게 늘고 있지만 아직은 감내할 만한 수준이고, 따라서 세계 석유가격도 최근 들어서는 안정적이거나 하향추세를 기록하고 있다.

그러므로 낙관적인 사람들은 언젠가는 자원의 고갈이 온다는 것은 인정하지만 그 시간이 오려면 아직까지 멀었다고 주장한다. 자원고갈이 오기까지 인류는 대체자원을 개발하거나 이용할 수 있게 만들 수 있는 기술적인 능력이 있다고 믿고 있다. 그리고 자원부족 현상이 발생하면 인류는 바뀐 환경에 적응할 수 있는 방법을 배우고 대처할 수 있도록 행동양식도 변화한다는 것이다(Carl, 2013). 그래서 일부 학자들과 정책입안자들은 인간의 노력에 의해서 앞으로 다가 올 재앙을 피할 수 있다고 주장한다. 그들의 주장은 환경을 해치지 않으면서 동시에 경제성장을 할 수 있는 지속가능한 개발(sustainable development)이[43] 가능하다는 것이다. 지속가능한 개발이 정확하게 무엇을 말하는지는 여전히 모호하다. 지속가능한 개발이라는 정의에서 지속가능에 강조점을 둔다면 생태 환경의 보호와 자원의 보존에 힘을 기울이는 것을 말하는 것이고, 개발에 강조점을 둔다면 과학과 기술 발전에 의한 성장을 염두에 두는 것으로 최소한의 환경파괴와 자원 사용이라는 것을 의미 하는 것으로 보인다. 어쨌든 경제적인 발전과 생태환경 사이에 존재하는 긴장관계를 적절한 방법으로 해소해 나가려는 노력인 것만은 분명하다. 그렇지만 회의론자들은 여전히 지속가능한 개발 자체가 불가능한 것이라고 주장하고 있다. 이 두 주장들이 서로 부딪히고 있지만 세계는 그것과는 상관없이 계속적으로 개발을 추구하고 있고 실제로 진행되고 있다. 반면 현실적으로 개발을 지금 당장 멈추는 것이 가능한 것인

---

43) "지속가능한 발전"이라고도 한다.

가라고 질문한다면 아무도 자신에게 그렇다고 대답하긴 힘들 것이다. 따라서 개발을 멈출 수 없는 한 지구의 환경과 자원을 최대한 보존할 수 있는 차원에서 이루어지는 것이 마땅하고 그러기 위해서 한 국가만의 노력을 넘어서는 전 지구적 협력이 필요하다.

2) 지속가능한 개발을 위한 노력

지속가능한 개발을 위한 국제적인 노력으로 브룬트란트위원회(Brundtland Commission)라고 불리기도 하는 세계환경개발위원회(World Commission on Environment and Development)에서 "미래 세대의 필요를 충족시킬 수 있는 능력을 저해하지 않으면서, 현재 세대의 필요를 만족시키는 개발"의 필요성을 주창하고 환경과 개발에 관한 행동강령을 포함한 장기적인 계획을 세우기 위한 회의가 열렸다. 지속가능한 개발은 환경에만 초점을 맞추는 것이 아니라 환경, 경제, 사회적 부분을 모두 포함한다. 왜냐하면 지속가능한 개발이 가능하기 위해서는 경제성장, 자연환경과 자원의 보존, 그리고 사회개발 등 이 세 가지 영역의 활동을 통합하여 살펴보아야 되기 때문이다. 따라서 지속가능한 개발에 관해서 학자들은 다음과 같이 정의를 내린다. 환경적, 사회적 제약조건들을 충족시키지 않고서는 경제적 기준이 극대화될 수 없고, 경제적, 사회적 제약조건들을 충족시키지 않고서는 환경적 혜택이 극대화될 수 없으며, 경제적, 환경적 제약조건들을 충족시키지 않고서는 사회적 혜택이 극대화 될 수 없다(Rogers, Jalal, & Boyd, 2006: 46).

이러한 개념 정의에 따르면 지속가능한 개발이 실현성이 있는지 회의적이다. 예를 들어 신선한 공기와 물, 식량, 의식주를 위한 자연자원의 공급 등은 인간의 생명 유지를 위해 필수적인 것이다. 그러므로 이러한 자원을 인간은 소비할 수밖에 없다. 그러나 동시에 그것을 보존하도록 노력해야 한다. 그러나 무역과 기술의 발달은 생태계를 교란시키거나 해치는 것에 큰 영향을 끼친다. 오존층의 파괴, 산성비, 기후변화 등은 산업화가 배출하는 오염물질에 의해서 이루어지기 때문에 인간의 생명 유지를 위한 자연자원의 공급이 차질을 빚을 수밖에 없다. 그러므로 "지속가능"과 "개발"의 문제는 상충된다. 하지만 근본적으로는 지속가능한 개발 자체가 모순적이라고 해도, 그것을 통한 국제적 협력과 노력들이 경제적인 발전과정에서 지구환경과 자원의 파괴 속도를 느리게 할 수는 있다. 그래서 지구가 닥친 환경 문제는 세계화 과정에서 한 국가의 노력만으로는 해결될 수 없는 것이므로 국제적인 공조를 위한 노력이 필수적이다.

  지구환경 보호를 위한 국제적인 노력이 본격적으로 관심을 끌게 된 것은 1972년 개최된 스톡홀름회의44) 부터이다. 스톡홀름회의는 국제환경회의는 아니었지만 환경문제의 해결을 위해 정치, 사회, 경제 분야의 문제들을 함께 조명한 대규모 국제회의였다. 이 회의에서 스톡홀름 선언이 채택되었는데, 그 서문에서 "인간환경의 보호와 개선은 인간의 복지와 인류의 발전을 위한 중요한 주제"임을 표방하였다(서원상, 2013). 특히 이 회의에서는 국가 간 개발에 따른 공평성의 문제가 거론 되었다. 선진국은 이미 산업화가 이루어진 반면, 개발도상국들은 산업화에 박차를 가하고 있는 시기이기 때문에 모든 국가에게 동일하게 환경 규제에 대한 원칙을 적용하는 것은 무리가 있다는 것이다. 따라서 글로벌 경제관계와 환경, 정치 부문에서 국가들 간의 이견이 컸다. 선진국들은 환경오염, 자연자원의 보존, 인구증가, 성장의 한계 등과 같은 문제들을 주요 논제로 제시했으나 개발도상국들은 주택, 식량, 식수 등의 문제도 함께 포함시

---

44) "유엔인간환경회의"라고도 한다.

키는 더 포괄적인 아젠다를 수용하길 요구하였다(McCormick, 1989).
 한편, 스톡홀름회의의 성과로서 '유엔환경계획(United Nations Environment Programme: UNEP)'이 설립되었다. 유엔환경계획은 유엔 안에서 환경정책을 조정하고 환경정책 아젠다를 수립하는 것과 같은 중요한 역할을 맡아오고 있다. 스톡홀름회의는 환경문제가 국제적으로 그리고 정치적으로도 주목받는 아젠다가 될 수 있도록 하는데 기여하였고, 환경문제에 대해서 국가들 간에 협력과 조약을 체결할 수 있는 계기를 마련해 주었다(Snarr & Snarr, 2014). 스톡홀름회의 이후 1987년 유엔환경계획의 브룬트란트위원회[45]에서는 국가들 사이에 생태적 상호의존성이 점점 커지고 있다는 것을 파악하고, 환경문제와 경제개발 간의 연관성을 강조하였다. 생태계가 수용할 수 있는 폐기물의 양이 제한적이라는 것을 인식하는 개발 전략이 모든 국가들에게 필요하다는 점을 강조하였다. 브룬트란트위원회는 지속가능한 개발을 지구환경과 관련한 경제적, 사회적, 문화적 권리의 확보와 연결시키면서, 그러한 권리가 미래에도 지속적으로 실현 될 수 있도록 보장하기 위한 것이라고 명시하고 있다. 브룬트란트위원회는 지속가능한 개발이라는 용어를 널리 알렸으며, 개발과 환경문제에 대한 본격적인 논의가 될 수 있는 장을 국제적으로 만드는데 기여하였다.
 스톡홀름선언 이후 환경에 대한 세계적인 인식의 고조와 국제법 등을 통한 환경오염의 규제 등의 노력이 있었음에도 전 세계에 걸쳐서 환경문제는 악화일로로 계속되었다. 왜냐하면 환경문제와 그와 관련된 국가 발전문제가 각국마다 모두 달라서 공통적인 내용을 가진 국제환경조약의 합의가 쉽지 않았기 때문이다. 그래서 1992년

---

[45] 세계환경 및 개발위원회(WCED)가 원래 명칭이지만 당시 위원장이 노르웨이의 수상 브룬트란트의 이름을 따서 브룬트란트위원회라고 불리며 발간한 보고서도 마찬가지로 브룬트란트 보고서라고 불린다.

브라질 리우에서 '지구정상회의(Earth Summit)'라고 불리는 '유엔환경개발회의(United Nations Conference on Environment and Development: UNCED)'가 열렸다. 114개국 국가정상과 183개국 정부대표, 3만여 명의 환경전문가 및 수천 명의 환경관련 NGO 대표자들과 언론인들이 참석한 대규모회의였다(서원상, 2013). 이 회의에서 선진국과 개발도상국의 견해 차이는 매우 컸다. 산업화 과정을 이미 거친 선진국들은 오존파괴, 지구온난화, 산성비, 산림파괴 등의 문제에 집중한 반면, 개발도상국들은 자신들의 부진한 경제성장과 선진국의 경제정책 간의 관계에 대해 조사하길 원했다. 개발도상국들은 지구상에서 국가들 간의 현저한 불평등이 존재하는 상태에서 환경적으로 건강한 지구를 만드는 것은 어렵다는 우려를 제기하였다.

지구정상회의는 환경과 개발에 대한 국가 간의 우선순위에 대한 차이는 극복하지 못했지만 환경의 지속가능성이라는 대전제를 공동목표로 설정하는 것에는 합의를 이루었다. 그리고 그 대전제 아래에서 발전과 성장의 문제가 다루어져야 한다는 것에는 공감대를 형성하였다. 그 결과 지구정상회의는 '아젠다(Agenda) 21'이라는 협약을 제시하였다.46) 이것은 지속가능한 개발을 위한 국제적인 차원에서의 행동강령이라고 할 수 있는데 강제적인 협약은 아니다.

제1항에는 사회, 경제 영역으로써 개발도상국에서 지속가능한 개발을 촉진시키기 위한 국제 협력과 빈곤퇴치, 인구동태, 보건과 인간정주개발, 의사결정과정에서의 환경과 개발의 통합에 관한 내용을 다루고 있다. 제2항에서는 발전을 위한 자원의 보존과 관리에 대해서 다루고 있다. 주로 대기환경 보호, 토지계획과 관리, 산림파괴 억제, 사막화와 가뭄을 대비하기 위한 생태계 관리, 생물다양성

---

46) Agenda 21, United Nations Conference on Environment & Development, Rio de Janerio, Brazil, 3 to 14 June 1992, United Nations Sustainable Development.
https://sustainabledevelopment.un.org/content/documents/Agenda21.pdf

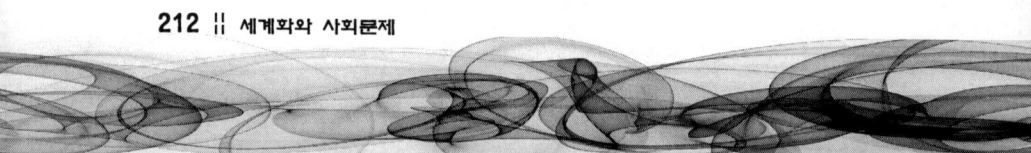

보존, 해양 및 연안 호수 보호와 담수자원 관리, 유해 폐기물관리 등에 관한 사항이 명시되어 있다. 제3항에는 주요 집단의 역할 강화에 관한 내용이 들어가 있다. 여성, 아동, 청소년, 토착원주민, 비정부기구, 지방자치단체, 노동조합, 과학 기술 커뮤니티, 경제계와 산업계, 농민 등에 이르기까지 집단에 따르는 지속가능 개발을 위한 내용이 담겨 있다. 마지막으로 제4항에는 이행수단을 다루고 있다. 재정 자원, 환경 친화적 기술과 과학, 교육, 국제적인 제도조직, 국제법률, 개발도상국의 역량개발을 위한 국제협력 방안 등이 포함되었다.

지구정상회의에서 다룬 중요한 문제 중 하나는 소비유형에 관한 것이었다. 지속가능한 소비는 미래 세대의 수요를 침해하지 않고 생애주기 동안 배출하는 폐기물과 오염물질을 최소화하면서 기본적인 수요는 충족하는 것이다. 그런데 선진국이 현재 행하고 있는 생산과 소비유형이 지속가능한 소비와는 거리가 멀기 때문에 지구환경의 문제가 심각해지고 있다. 선진국의 생산과 소비유형은 빈곤과 불균형을 더욱 악화시킬 뿐 아니라 자원의 고갈과 생태계의 문제와도 직접적으로 연결되어 있다.

예컨대 북미와 서유럽의 선진국 국민들은 전체 인구에서 12%에 불과하지만 세계 전체 개인소비지출의 60%를 차지하고 있다. 반면 서남아시아와 아프리카에 살고 있는 사람들의 3분의 1은 개인 소비지출이 3.2%밖에 되지 않는다. 세계인구의 5%에 불과한 미국인들은 전 세계 화석연료자원의 25%를 사용하고 있는데, 세계 석탄의 25%, 석유의 26%, 천연가스 27%를 소비하고 있다. 세계 환경이 최근 악화된 것은 선진국의 소비가 지난 50년 동안 급격하게 늘어난 것에 기인한 바가 크다. 또 한편, 중국이나 인도와 같이 거대한 인구를 가진 국가의 경제적인 부상은 소비와 관련한 문제에 큰 전환점을 가져다주고 있다. 예컨대 중국은 미국을 누르고 곡물 등과 같은 기초 소비품목에서의 최대 소비국으로 등장했다. 석탄 사용량도 미국을 누르고 세계 1위 소비국이 되었다. 그리고 이와 더불어 기후변화에 영향을 주는 온실가스의 최대 생산국 또한 중국이 되었다. 한 예측에 따르면 2031년이 되면 14억 5천만 명에 이를 것으로 예상되는 중국 인구가 세계 곡물 소비의 3분의 2를 차지하게 되고 현재 세계 전체 석유생산량을 넘어서는 석유를 소비할 것이라고 한다(Snarr & Snarr, 2014).

이러한 소비의 증가는 지구가 감내할 수 있는 수준을 넘어서는 것이다. 그러나 세계 각국들은 자신들에게 유리한 입장을 고수하면서 환경문제에 대해 뚜렷한 해결점을 아직 찾지 못하고 있는 형편이다. 유엔의 2016년 인간개발보고서(Human Development Report: UNDP 2016)에 의하면, 세계적으로 ⅓의 사람들이 여전히 인간개발지수(Human Development Index)에서 낮은 단계에 머물고 있다. 말하자면, 세계적 차원에서 소비와 무역의 불평등 정도는 아주 극심하다. 따라서 환경과 관련한 지속가능 개발의 문제는 선진국들과 급부상하고 있는 중국, 인도와 같은 거대한 인구를 가진 신흥 국가들이 어떠한 노력을 기울이느냐에 따라 그 결과는 크게 달라질 수 있다.

3) 세계 경제 변화와 환경정의(Environment Justice)

세계 경제는 최근 들어 크게 변화하고 있다. 정보통신기술의 발달과 인터넷 등으로 인해 세계 자본흐름이 바뀌고 세계가 그 어느 때보다 긴밀하게 연결되어 있다. 세계무역 규모도 점점 커지고 있으며, 중국, 인도, 브라질과 같은 신흥시장이 새로운 활력을 불어넣고도 있다. 세계 경제의 지배질서는 더욱 탄탄해 진 반면, 불평등, 빈곤, 환경에 관련된 문제는 크게 개선되지 않고 있다. 세계화로 대변되는 급속한 경제성장과 문화, 제도의 통합 등이 새로운 기회를 가져다주는 것으로 여겨졌다. 그러나 그러한 생각은 일부 국가에서만 가능한 일이었고 대부분의 국가에서는 결과적으로 하나의 환상에 지나지 않았다. 노동환경은 더욱 악화되었고 불평등은 심해졌으며, 이에 의한 갈등과 사회적인 분열은 세계 곳곳에서 일어났다. 그래서 환경주의자들은 세계화에 따른 무역자유화는 지구의 환경과 자원, 생태계의 문제에 악영향을 끼치고 있는 것으로 보고 있다. 더 많은 자원의 소비, 수송물량의 증대에 따른 오염물질 배출의 증가, 돈이 되는 작물만 재배함으로써 저개발 국가들에서 불균형적인 농산물 생산 촉진 등이 그러한 증거들이다.

따라서 많은 전문가들은 지금과 같은 방식으로 지속적으로 환경이 나빠지는 것을 계속 방치해서는 안 된다고 입을 모은다. 미래의 경제발전은 산업구조와 에너지 구조, 운송, 화학분야와 농업분야에서 괄목할 만한 변화를 이루어 내지 않으면 인류의 삶의 질과 지구의 생태체계에 위협을 줄 수 있다는 것이다(Kendall, 2013). 그런데 이러한 환경적 피해는 주로 가난한 사람들에게 집중된다. 가난한 사람들은 환경에 대한 정보도 상대적으로 적고, 설사 알고 있다고 하더라도 오염된 지역에서 다른 곳으로 옮길 수 있는 수단이나 여유가 없다. 그래서 오염된 물을 마시고, 공해 가득한 지역에서 살아갈 수밖에 없다. 말하자면, 환경문제가 모든 사람들에게 공평하게 적용되지 않는다는 것이다. 따라서 사회적 계급, 인종, 출신 국가, 수입 등 다양한 개인적 특성에 따라 환경적 요인의 영향이 차별적으로 작용하는지를 살펴보는 것이 중요한데 이것을 '환경정의(environmental justice)'라고 한다.[47] 모든 사람이 좋지 않은 환경 때

---

47) "Environmental Justice," Environment Protection Agency, http://www.epa.gov/oecaerth/environmentaljustice

문에 발생하는 문제들로부터 동일한 보호를 받을 수 있고, 건강한 환경에서 생활하고, 배우고, 일할 수 있도록 추진하기 위한 의사결정과정에도 동일하게 접근할 수 있도록 하는 것이 환경 정의의 실현 목표라고 할 수 있다.

그러나 모든 사람들에게 환경 정의가 실현되는 것은 그렇게 쉬운 일이 아니다. 미시적 차원에서 환경정의에 관한 문제는 같은 국가, 또는 같은 지역 안에서 공동체 또는 개인별로 처한 상황에 따라 환경문제에 대한 피해가 차별적으로 나타나는지 살펴보는 것이다. 그렇지만 보다 거시적인 차원에서도 환경정의와 관련한 문제가 발생한다. 다시 말하면 세계적 차원에서 국가와 국가 간의 차이에 따라 또는 세계 지역과 국가 간의 차이에 따라 환경문제의 피해가 다르게 나타날 수 있다. 예컨대 선진국과 저개발국은 각각 상이한 환경문제에 직면하고 있고 그 해결책도 다르다. 국가의 인구구조와 산업형태에 따라서 환경문제를 바라보는 인식도 다르다. 국가 간의 환경에 대한 국제조약이 쉽게 체결될 수 없는 이유도 여기에 있다. 모든 나라에 같은 기준을 두고 오염배출 기준이라든지 환경에 관한 국제적인 규제를 동일하게 하는 것이 과연 정당한가의 문제는 거시적인 측면에서의 환경정의와 직결된다.

이미 산업화가 이루어진 선진국들이 한참 오염물질들을 배출하면서 경제발전을 이루었을 때는 환경에 대한 적절한 규제가 상대적으로 적었다. 더구나 현재 지구의 환경이 위기에 처한 것도 선진국들의 무분별한 산업화의 결과로 나타난 측면이 있다. 지금의 선진국들은 환경에 저해되는 굴뚝산업을 탈피하여 서비스 업종과 청정산업으로 성공적으로 전환해 가고 있다. 하지만 이제 막 산업화가 시작되거나 산업화가 한참 진행되고 있는 개발도상국들의 입장에서 환경 규제는 국가 산업발전과 직접적으로 연결되어 있는 문제이다. 말하자면 경제발전과 환경문제의 연관성이 선진국보다 저개발국이

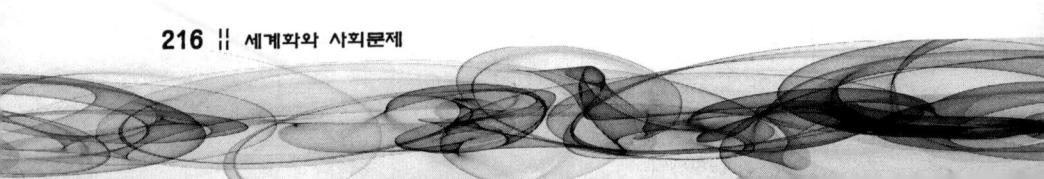

나 개발도상국이 더 크다는 것이다. 그렇다면 환경정의의 차원에서 저개발국에는 환경규제를 약하게 적용하고 선진국에게는 아주 엄격하게 적용시키는 것이 보다 공평한 것인가? 과거 선진국들이 산업화를 진행 할 때는 나머지 국가들은 산업화 이전이었기 때문에 산업화로 인해 야기되는 여러 가지 환경문제가 지구 전체적으로 봐서는 그렇게 심각하지 않을 수 있었다. 그러나 현재 저개발국과 개발도상국이 산업화 되는 과정에서 발생시키는 환경문제는 과거의 몇몇 선진국들이 만들어 내던 오염물질 양보다 비교가 되지 않을 정도로 규모도 크고 양도 훨씬 더 많다. 또한 선진국들도 여전히 오염물질을 배출하고 있어서 전 세계 거의 모든 국가가 경제발전 과정에서 오염물질들을 배출해 내고 있다. 그렇기 때문에 전 지구적으로 환경오염 물질 배출을 줄이지 않으면 안 될 형편에 처해 있다. 그럼 선진국, 저개발 국가, 개발도상국들을 분류하여 각 국가마다 오염물질을 배출할 수 있는 기준을 달리해서 규제하는 것이 공평한 것인가? 그렇다면 그 기준은 또 어떻게 정해야 하는가?

한편으로 과학과 기술의 발전이 오염물질 배출을 줄이고 환경을 보존하는데 기여할 것이라는 믿음이 있다. 청정기술을 개발하고, 오염물질을 사용가능한 물질로 바꾸고, 폐기물을 리사이클링 하고, 화석연료 사용을 줄이는 대체 에너지를 개발하고, 적은 양의 자원을 사용하여 큰 효율을 만들어 낼 수 있는 기술을 개발하는 것 등이 그것이다. 일정부분 이러한 과학 기술의 발전이 지구 생태계와 환경을 보존하는데 기여할 수 있는 것은 사실이다. 그럼에도 불구하고 여전히 어려운 점은 존재한다.

첫째, 이러한 기술을 개발하기 위한 비용이 많이 든다는 것이다. 더구나 고비용으로 기술을 개발해도 기술이 가져오는 효용성은 비용을 투자한 것 보다 크지 않은 경우가 많아서 정부나 단체의 지원 없이는 기술개발이 용이하지 않다. 예컨대 환경오염을 줄이기 위해

전기자동차를 개발해서 상용화해도 가격이 너무 비싸기 때문에 정부의 지원 없이는 소비자가 쉽게 구입할 수 없어서 일반자동차와 경쟁자체가 불가능해 진다.

둘째, 이러한 기술은 대부분 선진국들에서 개발되는데 정작 이 기술이 필요한 것은 산업화가 한창인 개발도상국들이라는 점이다. 개발도상국의 환경오염 문제가 더 심각하기 때문에 적절한 기술이전이 필요하지만, 선진국이 많은 비용을 들여 개발한 기술을 개발도상국에 헐값에 이전을 해 줄 수 있느냐의 문제가 발생한다. 환경정의의 차원에서 보면 환경문제가 상대적으로 덜 심각한 선진국 국민들은 새로운 기술의 혜택을 보아서 더 좋은 환경에 살 수 있는 반면 그 기술이 더욱 절실하게 필요한 저개발국이나 개발도상국의 국민들은 기술의 혜택을 상대적으로 보지 못한다는 점에서 형평성의 문제가 발생한다. 그렇다고 해서 선진국이 지구전체를 위해서 그러한 기술을 개발도상국에 무상으로 제공할 것인가? 선진국 국민들이 저개발국 국민들을 위해 그만큼의 경제적 부담을 허용할 정도의 합의가 쉽게 이루어질 수 있을 것인가의 문제는 여전히 남아있다.

마지막으로 기술이전을 하더라도 이전을 받는 국가의 상황에 맞게 적용되어야 하는데 단순한 기술이전 만으로는 그러한 것을 달성할 수가 없다. 저개발국이나 개발도상국 구성원들이 환경문제에 대한 심각성을 깨닫고 규제의 필요성에 동의하며, 이전된 기술을 적극적으로 이용하여 국가적으로 환경문제를 해결하려는 노력이 없는 한, 단순 기술이전은 큰 효과를 볼 수가 없다. 환경문제는 지구촌 전체의 경제 발전, 행동양식과 문화의 변화, 제도와 법 등의 복잡한 구조와 밀접하게 얽혀 있기 때문에, 개인, 공동체, 국가 수준의 노력뿐만 아니라 선진국과 개발도상국들이 서로가 처한 상황을 이해하고 국제적으로 긴밀한 협조 없이는 달성하기 어렵다.

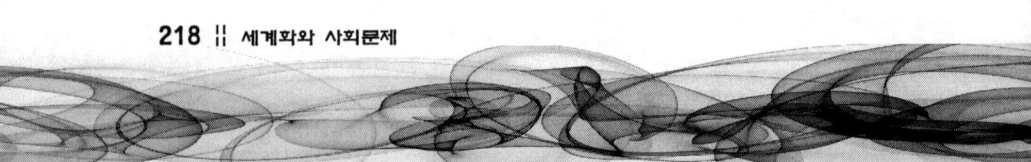

4) 수자원 보존과 수질 오염

　지구생태계를 어떻게 보존할 것이냐의 문제는 환경문제 해결의 가장 근본적인 목적이라고 할 수 있다. 그리고 이와 더불어 자원을 효과적으로 관리함으로써 인류가 지속적이고 조화로운 발전을 해 나가도록 하는 것이다. 그러나 오늘날 세계가 접하고 있는 현실은 그 목적과는 상당히 동 떨어져 있는 것이 사실이다. 특히 인류의 생존에 가장 중요한 물, 공기, 토지의 오염 등이 당면한 심각한 과제로 떠오르고 있다.

　물은 인류 생존에 없어서는 안 될 가장 중요한 자원이다. 지구 표면 전체의 70%가 물로 덮여져 있지만 대부분의 물은 그냥 마실 수가 없는 물이다. UN 통계에 따르면 지구에 존재하는 물 중 97%는 바닷물이고, 2%는 빙하이다. 사람과 동식물 등 지구생태계가 이용할 수 있는 물은 단 1%에 불과하다(Kendall, 2013). 물 공급의 원천은 주로 비, 강, 호수, 지하수 등인데 현재 세계 강들의 절반가량이 물이 말랐거나 오염되었다고 한다. 지상에 있는 물이 부족하자 지하수 개발을 남발하여 지하수의 고갈도 점점 심화되고 있다. 모든 대륙에 걸쳐서 자연적으로 발생하는 비소로 오염된 물에 의해 모든 대륙에 걸쳐서 70개의 나라 1,400만 명이 영향을 받으며, 그나마 호수, 저수지 등을 비롯한 습지가 1900년 이후 50%가 사라졌다(UNESCO, 2009). 또한 유해한 해조류로 덮인 호수의 수는 2050년까지 적어도 20%는 더 늘어날 전망이다(UNESCO, 2015).

　지구생태체계의 변화에 따른 물 부족 현상은 세계 곳곳에서 나타나고 있다. 세계 인구 중 약 20억 명의 사람들이 물이 심각하게 부족한 지역에서 살아가고 있고, 16억 명의 사람들이 사회기반시설을 위한 충분한 물이 공급되지 못하는 나라에 거주한다(FAO, 2007). 그리고 43개국의 약 7억 명의 사람들이 물 부족으로 고통 받고 있다

(Global Water Institute, 2013). 또한 세계 인구의 ⅔가 적어도 일 년에 한 달 정도는 물 부족을 경험하고 있다(Mekonnen & Hoekstra, 2016). 그런데 세계적인 물 부족 현상은 앞으로 해결되기 보다는 더 악화될 것이라는 전망이 지배적이다. 유네스코의 전망에 따르면, 지금의 기후변화 시나리오가 그대로 진행된다면 2030년에는 전 세계 인구의 절반이 심각한 물 부족 현상을 겪을 것이라고 전망하고 있다(UNESCO, 2009). 그리고 2025년까지 18억 명의 사람들이 절대적 물 부족 현상을 겪는 지역에 거주하게 될 것이며, 세계 인구 ⅔가 물 부족으로 인해 스트레스를 받게 될 것이라고 한다(UNESCO, 2012).

물 부족 현상으로 인한 어려움을 세계 모든 국가가 동일하게 겪고 있는 것만은 아니다. 지역에 따라 심각하게 물 부족 현상을 겪고 있는 나라가 있는 반면, 상대적으로 어려움이 적은 나라도 있다. 그래서 각 국가마다 저마다의 물과 관련한 정책을 세우고 있지만, 물이 인류의 생존에 심각하게 부족한 자원이라는 점은 공통적으로 인식하고 있다. 특히 물 부족 현상은 저개발국과 개발도상국이 더 심각하게 겪는다. 특히 급격하게 성장하고 있는 개발도상국의 도시 지역에서 물 부족 현상이 도시의 확장과 발전을 저해할 정도로 심각한 영향을 미치는 곳이 점점 늘어나고 있다. 그래서 더 강력한 수리정책을 수행해야 한다는 요구가 점점 커지고 있으며 통합된 수자원 관리가 국가 간에 그리고 정부, 공동체, 개인 차원에서 각각 이루어질 필요가 있다.

물의 공급에 차질을 주는 주된 요인은 인간에 의한 물의 오염이다. 물은 다양한 경로를 통해 오염될 수 있지만 하수시설의 부족이나 관리의 실패에 의한 오염, 공장 등의 산업시설에서 나오는 폐수에 의한 오염이 가장 대표적이다. 도시지역 뿐만 아니라 농촌지역에서도 심각하게 수자원이 오염되는데, 농약이나 질소비료 등 농사를 위해 사용하는 약품과 비료 등이 물과 함께 씻겨 져 내려가면서 하천이나 지하수를 오염시킨다. 지구 전체적으로 폐수의 80%가 어떠한 처리나 재사용 없이 곧 바로 생태계로 흘러들어간다. 몇몇 저개발 국가들에서는 그 수치가 95%에 이른다(UNESCO, 2017). 폐수를 하나의 자원으로 삼고 제대로 된 방법으로 관리하고 기술적으로 처리하면 지속적인 물 자원으로 이용할 수 있다. 그러나 물을 재사용하고 처리하기 위한 폐수관리에는 많은 비용이 들어간다. 기술과 자금이 부족한 저개발국의 경우에는 그렇게 하는 것이 아주 힘들다. 그렇지만 폐수의 적절한 처리와 물의 재사용 비용은 인간의 건강, 경제발전, 그리고 환경 유지와 같은 지속가능한 개발의 측면에서는 필수불가결하다. 또한 물의 재사용과 관련한 새로운 사업과 환경관련 일자리가 늘어나서 장기적으로 보았을 때 그 비용 보다 훨씬 큰 이익을 볼 수 있다. 그렇지만 단기적으로 그 효과가 뚜렷하게 나타나지 않고, 직접적 비용이 크기 때문에 저개발국들이 적절하게 수자원 관리를 실시하기 위해서는 여전히 많은 도전이 따른다.

5) 대기오염과 기후변화

토지나 물의 오염 문제는 그것이 전 지구적인 문제가 되기도 하지만 우선은 특정지역, 특정 사람들에게 보다 더 심각하게 영향을 미친다. 그렇지만 대기오염은 그것보다는 확산의 속도가 더 빠르고, 더 광범위한 지역, 더 많은 사람들에게 순식간에 영향을 미친다. 대기오염은 20세기가 시작되면서 급격히 증가해서 지구 전역에 걸쳐 만연해 졌다. 19세기 후반과 20세기 초반 산업화와 함께 집, 공장, 자동차 등에서 오염물질이 공기 중으로 급격하게 쏟아졌던 것이다. 현재 도시지역 대기오염의 85%는 내연기관이 달린 자동차나 다른 운송수단에 의한 것이다. 자동차 배기가스 규제와 같은 새로운 법과 규제가 만들어져서 자동차 배기가스가 내뿜는 오염물질을 줄여 보려는 노력을 하고 있지만 여전히 많은 사람들이 대기오염 정도가 높은 지역에서 살고 있다. 예컨대 2014년 기준으로 세계 인구의 92%가 세계보건기구(WHO)가 권장하는 대기오염의 안전기준에 미치지 못하는 지역에서 살아가고 있다.[48)]

대기오염이 개인의 건강의 문제와 밀접한 관련이 있다는 것은 우리가 익히 알고 있는 바이지만 이것이 개인의 문제를 넘어 사회문제가 되는 것은 두 가지 이유 때문이다. 첫째, 개인이 아무리 노력해도 공해가 많은 지역에서 살고 있다면 그렇지 않은 지역에서 아무런 노력 없이 살아가는 사람보다 대기오염의 피해를 더 많이 받을 수 있다는 것이다. 그러므로 대기오염은 개인의 문제라기보다는 집단의 문제이고 그 해결책도 집단적 협력으로 이루어질 수밖에 없다. 둘째, 한 지역이나 국가가 심각한 대기오염 물질을 배출한다면 대기오염을 전혀 배출하지 않는 개인이나 국가라고 할지라도 순식간에 영향을 받을 수 있다. 그래서 오염물질을 배출하는 개인이나 국가에게 협력을 구하거나 압력을 행사하지 않으면 문제 해결을 할 수가 없다. 그러므로 다른 환경문제와 마찬가지로 대기오염과 건강의 문제도 단순한 개인의 문제를 넘어서는 것이다.

대기오염은 모든 생명과 지구생태계에 심각한 영향을 미친다. 특히 대기오염으로 인한 산성비는 숲, 강물, 호수 등을 비롯하여 동식물을 포함한 생태시스템을 직접적으로 파괴한다. 대기오염의 주범은 공장 등에서 배출하는 유해한 화학물질 등을 포함한 가스, 미세먼지, 유해한 물질을 품은 습기 등이라고 할 수 있다. 오염된 공기

---

48) "Ambient(outdoor) Air Quality and Health.", Fact Sheet, 2016. World Health Organization(WHO).
   http://www.who.int/mediacentre/factsheets/fs313/en/

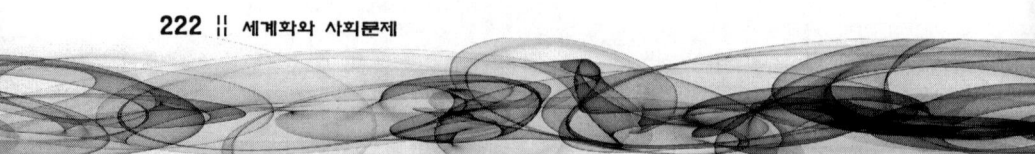

속에 포함된 유해한 화학물질은 이미 잘 알려진 석면, 수은은 물론이고 프레온 가스, 일산화탄소, 아황산가스, 이산화질소 등이다.[49] 특히 냉장고 등의 냉매로 이용되는 프레온 가스는 지구의 오존층을 파괴할 수 있다고 한다.

오존층은 지구를 둘러싸고 있는 대기층인데 태양 빛에서 나오는 해로운 자외선으로부터 지구를 보호하는 역할을 한다. 그리고 태양에서 나오는 방사선을 흡수하는 유일한 대기층이기 때문에 오존층이 완전히 파괴된다면 지구상의 생명체도 대부분 사라지게 된다. 오존층이 엷어지면 피부암 등이 쉽게 생기며, 바다 생물에 심각한 영향을 미치고 농산물의 생산량도 떨어진다. 오존층의 파괴를 막기 위해서는 어느 한 국가만의 노력으로 이루어질 수 없다. 오존층이 엷어지고 있는 사태의 심각성은 1987년 몬트리올 의정서(Montreal Protocol)를 이끌어 내었다. 오존층을 보호하기 위한 국제환경협약으로 오존층을 파괴할 수 있는 가스의 배출을 국제적으로 규제하기 위한 것이다. 오존층 파괴 원인 가스의 배출을 단계적으로 제한하고 서명하지 않은 비가입 국가들에 대해서는 통상제재를 하는 강제적인 조약이다. 처음에는 46개국이 의정서에 서명했으며 발효는 1989년부터 되었다. 오존층 파괴에 관한 새로운 정보가 생기면 거기에 따라 규제수단을 재평가해서 몇 번에 걸쳐서 개정되었고 현재 유엔 회원국 대부분이 가입되어 있다. 몬트리올 의정서는 모든 국제조약 중 지구상의 대부분의 나라가 협력한 대표적으로 성공적인 조약임과 동시에 그 결과 남극의 오존 홀이 서서히 회복되고 있는 등 대체로 효과적인 결과를 보여주고 있다. 이 프로젝트의 목표는 지속적인 협력과 노력으로 2050년에서 2070년에 이르면 1980년대

---

49) "Criteria Air Pollutants." United States Environmental Protection Agency(EPA)
https://www.epa.gov/criteria-air-pollutants

수준으로 오존층을 회복시키는 것이다.50)

최근에는 미세먼지의 위험성이 부각되고 있다. 미세먼지는 무엇보다 사람들의 건강과 직결 되는 것으로 알려졌다. 미세먼지는 단순한 황사와는 다르다. 황사는 풍화현상에 의해 모래 등이 많이 포함된 대기의 이동을 말하는 것이지만, 미세먼지는 중금속과 같은 공해물질이 공기 중의 수분 등과 합쳐져서 만들어진 것이다. 미세먼지는 공사판, 비포장도로 등의 먼지 등에서도 발생하지만 주로 발전소, 공장, 자동차 등의 매연 등에서 아황산가스, 이산화 질소 등을 비롯한 중금속이 포함된 미세먼지가 발생한다.51) 오랜 시간 동안 반복적으로 유해한 중금속 등이 포함된 미세먼지에 노출되면 당장은 눈이 불편하거나 코와 목구멍 등과 같은 호흡기 질환과, 두통, 메스꺼움, 알러지와 같은 증상이 발생하며 천식과 같은 질병이 악화될 수 있다. 그러나 장기적으로 미세먼지는 만성호흡기 질환, 폐암, 심장병을 비롯하여, 뇌와 신경, 간과 콩팥에 이르기까지 보다 심각한 질병을 발생시킨다. 특히 면역력이 약한 어린아이와 노인들은 미세먼지에 더욱 치명적이다.52) 이러한 미세먼지는 한 지역에서만 나타나서 국지적으로 피해를 주는 것이 아니라, 아주 광범위하게 영향을 미친다. 예를 들어 미세먼지의 최대 발생국인 중국에서 발생한 미세먼지는 이웃하고 있는 한국은 물론이고 일본에까지 피

---

50) "Ozone Layer on Track to Recovery: Success Story Should Encourage Action on Climate." UN Environment, UNEP Newscentre. September 10. 2014.
51) "Particulate Matter(PM) Basics." United States Environmental Protection Agency(EPA)
   https://www.epa.gov/pm-pollution/particulate-matter-pm-basics#PM
52) "Health and Environmental Effects of Particulate Matter (PM)." United States Environmental Protection Agency(EPA),
   https://www.epa.gov/pm-pollution/health-and-environmental-effects-particulate-matter-pm

해를 주고 있다. 그래서 미세먼지를 완화하기 위해서는 국제적인 협력이 필수적이다.

　한편, 이산화탄소 증가는 지구의 온도를 높이는 지구온실효과의 주범이다. 인간을 비롯하여 지구 위에 살아있는 동물들 대부분이 이산화탄소를 내뿜고 있지만, 자동차, 비행기, 공장, 석유와 천연가스 등의 화석연료 사용 등에 의해서 가장 많이 발생한다. 특히 최근 150년 동안에 배출된 이산화탄소의 양은 과거 수 만년 동안 지속되었던 공기 중 이산화탄소의 양을 아주 높은 수준으로 끌어올렸다. 지구온실효과를 가져오는 또 다른 요소는 메탄가스이다. 메탄가스는 주로 폐기물, 음식물 쓰레기, 가축의 배설물과 가축들이 내뿜는 가스 등에 의해 발생한다. 이외에도 아산화질소(N2O), 수소불화탄소(HFCs), 과불화탄소(PFCs), 육불화황(SF6) 등이 교토의정서 규제 대상 온실가스의 주된 구성 물질이다.53) 이산화탄소를 포함한 온실가스는 짧은 파장의 태양에너지는 통과시켜 지구에 들어올 수 있게 하는 반면, 지구로부터 나가려는 긴 파장을 가진 적외 복사 에너지는 흡수하여서 지구의 자연적 온실효과를 배가시켜 지구 온난화 현상을 발생시킨다.

　온난화 현상에 의해 지구의 기온이 급격하게 상승하게 되자 기후변화를 초래하고 있다는 우려를 낳았다. 하지만 다른 학자들은 지구온난화가 생각보다 심각한 문제는 아니라고 주장하기도 한다(Kerr, 1989; Michaels, 1992). 이들은 지구의 대기가 자연스럽게 순환하면서 온난화의 효과를 억제할 수 있을 것이라고 주장한다. 또 다른 학자들은 지구 온난화가 지구 역사의 순환과정으로 자연적인 기온의 변화라고 주장한다. 지구의 온도는 주기적으로 변화되어 왔고 온난화도 그러한 변화 속에서 나타나는 현상이라는 것이다(Bellamy,

---

53) "온실효과." 국토환경테마정보, 국토환경정보센터.
　　http://www.neins.go.kr/etr/climatechange/doc03a.asp

2004). 그러나 이러한 다른 주장에도 불구하고 현재 일어나는 지구의 기온변화는 그 폭이 가장 크다. 19세기 말 이후부터 약 0.74℃가 상승하였고, 지난 25년 동안에는 매 10년마다 0.2℃씩 상승하고 있다는 통계는 지구가 온난화되고 있다는 것을 뒷받침하고 있다.54) 연료연소에 의한 세계 이산화탄소 배출량이 1990년에는 205억 톤 정도였다면 2014년에는 324억 톤으로 57.9%나 증가하였다(노동운·이효선, 2017). 북극의 얼음이 녹는 속도도 점점 빨라지고 있어서 향후 40-50년 이내 얼음이 모두 녹아내릴 것이라고 노르웨이 과학자들은 예측하고 있다(Dunn, 2001). 그래서 지구의 온난화가 지구의 역사 속에 순환과정으로 나타나는 것이라고 하더라도 산업화와 경제개발에 따른 온실가스의 배출은 지구온난화를 더욱 급격하게 만드는 원인으로 크게 영향을 미치고 있다는 점을 부정할 수는 없다.

지구온난화는 세계 기후변화에 영향을 미쳐 어떤 지역에서는 폭우가 내려 홍수가 나게 하고, 또 다른 지역에는 극심한 가뭄을 가져다준다. 불규칙한 강우량은 농산물의 생산에도 큰 피해를 가져다준다. 빙하가 녹고 기후가 변화함에 따라 해수면도 높아져서 태평양의 작은 섬나라들은 영토가 모두 바닷물에 잠길 지경에 이르렀다. 여름이 더 길어지고 따뜻해지고 있으며, 폭풍우가 더 잦아지고 있다. 가뭄도 더 많은 지역에 피해를 주고 있는데 특히 아프리카 지역의 국가들에서 극심해서 기아와 빈곤에서 탈피할 수 없게 만든다.

기후변화로 인한 피해는 특히 저개발국에 집중적으로 나타나고 있다. 1995년에서 2015년에 이르기까지 날씨변화와 관련된 재난으로 피해를 입은 사람들은 인구 10만 명당 기준으로 아프리카의 에리트레아(Eritrea)가 31,000명으로 가장 많고, 그 다음이 몽골리아 21,000명, 레소토(Lesotho)가 12,000명 순으로 가장 큰 피해를 본 국

---

54) "기후변화 경향." 기상청, http://web.kma.go.kr/4rivers/sub_02_01.jsp.

가 10개국 중 6개국이 아프리카에 속해 있다. 아시아에서는 몽골리아 외에 중국과 캄보디아가 유럽에서는 몰도바가 포함되어 있다.55) 자연재난 피해 국가의 대부분이 저개발국이나 개발도상국가다. 선진국들은 자연재난에 대한 대비가 상대적으로 잘되어 있는 반면 저개발국들은 대비할 만한 여건을 제대로 갖추지 못했기 때문이다. 이러한 변화는 인간에게만 영향을 미치는 것이 아니라 동식물 등의 생태계에도 큰 피해를 가져다주고 있으며, 생물종 들이 멸종의 위기를 맞고 있는 경우도 많다.

---

55) "The Human Cost of Weather Related Disasters 1995-2015." Centre for Research on the Epidemiology of Disasters(CRED), UNISDR,
https://www.unisdr.org/2015/docs/climatechange/COP21_Weather DisastersReport_2015_FINAL.pdf.

<표 4> 연료연소에 의한 세계 이산화탄소 배출량 (단위: 백만tCO2)

	1990	2000	2010	2013	2014	증감율(%) '90-'14
중국	2,076	3,086	7,707	8,980	9,087	337.7
미국	4,803	5,642	5,347	5,103	5,176	7.8
인도	530	890	1,594	1,853	2,020	280.8
러시아	2,163	1,474	1,529	1,535	1,468	-32.2
일본	1,041	1,141	1,112	1,230	1,189	14.2
독일	940	812	759	764	723	-23.1
한국	232	432	551	572	568	145.0
캐나다	420	516	526	550	555	32.2
이란	171	312	498	535	556	224.9
사우디	151	235	419	471	507	235.3
OECD	10,996	12,451	12,323	12,027	11,856	7.8
비OECD	8,877	9,840	17,001	18,997	19,395	118.5
세계전체	20,503	23,145	30,450	32,129	32,381	57.9

출처: 노동윤 · 이효선(2017)56)

지구온난화의 주범으로 지목받고 있는 이산화탄소의 배출은 세계적으로 보았을 때 점점 늘어나고 있다. <표 4>는 1990년부터 2014

---

56) 표의 원자료는 IEA, CO2 Emissions from Fuel Combustion(2016)

년까지 연료연소에 의한 세계 이산화탄소 배출량의 변화 추이를 나타낸 것이다. 2014년 기준으로 연료 사용에 의한 이산화탄소 최대 배출국은 중국으로 전체의 28%인 약 91억 톤을 배출하였다. 그 다음이 미국으로 전체 16%인 약 52억 톤을 배출해서 두 나라의 배출량 합인 143억 톤은 세계 전체 배출량의 44%를 차지하였다. 이산화탄소 배출 상위 10개국이 67%인 218억 톤의 이산화탄소를 배출하였는데 〈표 4〉에 나타난 인도, 러시아, 일본, 독일, 한국, 캐나다, 이란, 사우디아라비아가 상위 10개 다배출 국가에 포함된다(노동운·이효선, 2017). 중국, 미국, 인도 이 세 나라의 이산화탄소 배출량만 합해도 나머지 전 세계국가가 이산화탄소를 배출한 것보다 더 많다. 주목할 점은 선진국들의 이산화탄소 배출량은 줄어들거나 정체되어 있는 반면 개발도상국들의 배출량은 급격하게 증가하고 있다는 것이다. 1990년에서 2014년 사이 미국의 배출량은 7.8%정도만 증가하였다. 그러나 배출량 1위 국가인 중국은 1990년에는 러시아보다 적은 3위 배출국이었지만 2014년에는 그때보다 무려 337%가 늘어나서 부동의 1위 자리를 고수하였다. 인도는 같은 기간 동안 280%, 사우디아라비아는 235%, 이란은 225%, 한국은 145%가 증가하였다. 그러나 같은 기간 러시아는 32%가 줄어들었고 독일도 23%가 줄었다. 일본은 14% 증가하는데 그쳤으며 캐나다도 32%만 증가하였다. 선진국들은 이미 산업화가 마무리 되어서 이산화탄소의 배출량을 적절한 수준에서 통제할 수 있지만 개발도상국은 산업화가 빠른 속도로 진행되는 과정에 있기 때문에 이산화탄소의 배출량이 많을 수밖에 없다. 대체로 선진국들이 가입하고 있는 OECD 국가들의 평균적인 이산화탄소 배출량은 같은 기간 동안 7.8% 증가하는데 그쳤는데 그것도 2000년 이후 부터는 지속적으로 감소하고 있는 추세이다. 2013년과 2014년 사이에는 1.4%가 감소했다. 그러나 OECD에 가입하지 않은 비회원국들의 평균은 같은 기간 동안 118.5%가

증가했다. 2013년에서 2014년 사이 한 해 동안도 2.1%가 늘어났다. 중국과 인도의 이산화탄소 증가율이 전체 증가율에 상당부분 기여했을 것이다. 어쨌든 경제발전과 산업화 그리고 지구온난화는 비례하고 있는 셈이다.

그런데 중국과 인도는 인구의 수가 많기 때문에 1인당 이산화탄소 배출량으로만 보면 그렇게 높은 편은 아니다. 2013년 기준으로 중국은 1인당 이산화탄소를 7.6톤을 배출했고 인도는 1.6톤에 불과하다. 그러나 전체 배출량 2위인 미국은 16.4톤을 배출하였으며, 캐나다가 13.5톤을 배출하여서 북미 선진국의 1인당 배출량이 상대적으로 더 많다.[57] 대체로 선진국의 국민들이 개발도상국의 국민들보다 1인당 더 많은 이산화탄소를 배출하고 있다. 그만큼 에너지를 비롯한 자원을 선진국 국민들이 더 많이 쓴다는 의미이다. 하지만 다행인 것은 선진국 국민들의 1인당 배출량이 정체되어 있거나 줄어들고 있다는 것이다. 예컨대 1990년에서 2014년 사이 러시아는 30%, 미국은 16% 정도 1인당 이산화탄소 배출량이 감소하였다. 그러나 급격히 경제가 성장한 중국은 1인당 배출량이 같은 기간 세 배 이상 증가했고, 인도는 2배가 증가했다. 주로 선진국들의 1인당 배출량은 1990년 이후 전반적으로 하락하는 추세이지만 아시아, 중남미, 아프리카 등 개발도상국의 1인당 배출량은 상승세를 보이고 있다(노동운·이효선, 2017). 말하자면 선진국들과 개발도상국들의 이산화탄소 배출량의 증감은 국가별로 편차가 크다.

---

[57] "CO2 Emissions (metric tons per capita)." The World Bank Data, Carbon Dioxide Information Analysis Center, Environmental Sciences Division, Oak Ridge National Laboratory, Tennessee, United States. http://data.worldbank.org/indicator/EN.ATM.CO2E.PC?name_desc=false

6) 온실가스 감축과 기후변화 대응 노력

온실가스에 의해 발생하는 지구 온난화를 줄이고 기후변화에 적절하게 대응하기 위해 세계 각국 지도자들은 1992년 브라질의 리우에 모여서 유엔환경개발회의(The United Nations Conference on Environment and Development: UNCED)를 개최하였다. 에너지 과소비와 이산화탄소 등 온실가스의 증가가 기상변화의 주된 요인임을 지적하고 지구 전체에 큰 재앙이 오기 전에 국제적인 협력을 통하여 대응방안을 마련하기로 약속하면서 '기후 변화에 관한 유엔 기본 협약(United Nations Framework Convention on Climate Change: UNFCCC)'이 체결되었다. 기후변화협약은 당사국총회를 최고 의사결정기구로 두고 협약이행 및 논의는 당사국들의 합의로 결정하기로 하였다.

당사국을 부속서(annex) I 국가, 부속서 II 국가, 그리고 비부속서 I 국가로 나누어 각각 다른 의무를 이행하도록 규정하였다. 부속서 I 국가는 협약체결 당시의 OECD 24개국과 EU, 동구권 국가 등을 포함한 40개국이며 온실가스배출량을 1990년 수준으로 감축하기로 노력해야 한다. 부속서 II 국가는 부속서 I 국가들 중 동구권 국가를 제외한 OECD 24개국과 EU 국가들로서 개발도상국에 온실가스 감축을 위한 재정지원과 기술이전의 의무를 가졌다. 비부속서 I 국가는 부속서 I에 포함되지 않은 국가들로서 온실가스 배출량 등에 관한 통계와 정책이행에 관한 국가보고서를 제출하는 정도였다. 이 협약은 1994년 3월에 발표되었으나 조약의 강제성은 부과하지 않았다. 또한 온실가스를 줄이는데 있어서 협약상의 온실가스 감축의무만으로는 부족함을 인지하여서 선진국들을 중심으로 보다 구속력이 있는 이산화탄소 배출량의 감축 목표를 설정하는 교토의정서를 1997년 채택하였다.[58]

교토의정서에는 온실가스의 원인이 되는 이산화탄소, 메탄, 아산화질소 등에 대한 배출량 감소를 목표로 법적 구속력을 가진 내용을 담고 있다. 의정서가 채택되기까지 감축 목표와 일정, 참여국가 등의 문제로 선진국들 간, 그리고 선진국과 개발도상국들 간의 의견 차이가 커서 어려움이 있었지만 2005년 2월 16일 공식 발표되었다. 주된 내용은 의무이행국인 미국, 호주, 캐나다, 일본, 유럽연합 회원국 등을 포함하여 선진국 총 37개국이 2008~2012년까지 온실가스 배출량을 1990년과 비교해서 평균 5.2% 감축하는 것이다. 각국의 목표량은 형편에 따라 차별적으로 적용되었다. 예컨대 유럽연합은 8%, 일본은 6%의 온실가스를 감축하는 것이 목표로 설정되었다. 그러나 당시 최대 탄소 배출국인 미국은 자국의 산업보호를 위한 명분으로 교토의정서가 발효되기도 전인 2001년 3월 탈퇴하였다. 또한 온실가스배출량이 가장 많은 국가들 중 하나인 중국과 인도도 개발도상국이라는 이유로 교토의정서에 포함되지 않았다. 말하자면 이산화탄소를 가장 많이 배출하는 국가들이 교토의정서에서 빠진 것이다. 결국 교토의정서는 시작과는 달리 그 효과적인 측면에서는 일정정도의 성과는 있었지만 당초의 목표를 달성하지는 못하였다. 그렇지만 교토의정서는 온실가스 배출량의 감소를 위해 배출량이 많은 선진국들이 법적 구속력이 있는 목표를 설정한 최초의 기후변화 대응 국제협약이라는 점에서 중요한 의미를 갖는다.

이후 2012년에 제18차 유엔기구변화협약 당사국총회가 카타르 도하에서 열려서 다시 2013~2020년까지 8년 동안 감축공약기간으로 정하고 유럽연합과 호주, 스위스 등 37개국이 참가했다. 그러나 온실가스 배출량이 많은 미국, 러시아, 일본, 캐나다 등이 불참하여서 온실가스 배출량의 감소 노력이 쉬운 일이 아니라는 점을 확인하는

---

58) "국제협약과 정책." 국토환경테마정보, 국토환경정보센터,
  http://www.neins.go.kr/etr/climatechange/doc06a.asp

데 그쳤다. 게다가 2008~2012년까지의 1차 공약기간은 각국 의회의 승인을 받아서 법적 구속력이 있었다면, 2013~2020년까지의 2차 공약기간은 정부가 약속한 것으로 법적 구속력은 없어서 목표 달성 여부가 더욱 불분명하였다. 이산화탄소 배출 문제는 산업화, 경제발전과 아주 밀접한 관계가 있을 수밖에 없기 때문에 선진국이든 개발도상국이든 서로 갈등의 소지가 늘 잠재해 있다.

가장 최근인 2015년, 가장 많은 수인 196개국 대표가 프랑스 파리에서 유엔기후변화협약 당사국총회를 열어 지구온난화와 기후변화를 억제하기 위한 온실가스 감축 협약을 성공적으로 채택하게 되었다. 이로써 교토의정서 체제는 공식적으로 끝나게 되었고 새로운 기후체제가 등장하게 된 것이다.59) 흔히 '파리협정(Paris Agreement)'이라고 부르는 기후협약은 무엇보다 지구의 평균온도가 2℃ 이상 상승되지 않도록 온실가스 배출량을 줄이는 것을 목표로 삼았다. 이러한 목표온도 설정은 이전의 기후협상에서도 논의 된 것이지만 파리협정에서는 처음으로 법적 구속력이 있는 문서에 명시되었다는 점에서 다르다. 교토의정서가 온실가스 배출량을 줄이는 것에 주로 집중하였던 것에 반하여 파리협정은 온실가스 배출량의 감축은 물론이고 목표를 달성하기 위한 수단으로 재원, 기술, 역량배양, 적응, 그리고 투명성을 강조한다. 또한 각 국가가 기후변화에 대응하기 위해 제출한 목표를 중심으로 감축 목표를 스스로 설정하게 하여 국가의 자발성을 강조하였다.60) 예컨대 중국은 2030년까지 60-65%를 감축하겠다고 목표를 제출하였고, 미국은 26-28%, 캐나다는

---

59) "교토의정서 이후 신 기후체제: 파리협정 길라잡이." 2016. 환경부
https://www.me.go.kr/home/file/readDownloadFile.do?fileId=130470&fileSeq=1&openYn=Y
60) 기후변화에 대응하기 위해 국가가 분야별로 취할 노력을 스스로 결정하여 제출한 목표로 NDC(Nationally Determined Contribution: 국가결정기여)라고 한다.

30%, 인도는 33-35%, 한국은 37%의 감축 목표를 제시하였다.

〈표 5〉는 교토의정서와 파리협정의 주요 내용을 비교해 놓은 것이다. 파리협정은 모든 국가들에게 동일한 수준의 의무를 부과하지는 않는다. 선진국은 온실가스 배출량의 절대량을 경제 전반에 감축해야 하는 의무를 갖지만 개발도상국에게는 그러한 방식을 사용하도록 권장하는 수준에 머문다. 선진국은 저개발국이나 개발도상국에게 재원지원과 기술이전의 추가적인 의무도 지게 되었다. 또한 감축공약 기간을 정한 것이 아니라 5년마다 주기적으로 이행 상황을 점검하고 당사국이 그것을 바탕으로 새로운 목표를 설정해서 NDC를 제출하도록 하였기 때문에 종료 시점이 없이 지속적으로 기후변화에 대응하도록 하였다. 또한 국가이외의 다국적기업, 민간 부문, 시민사회 등 이해관계자들이 함께 기후변화 대응 협력을 할 수 있도록 만들었다.

〈표 5〉 교토의정서와 파리협정의 비교

교토의정서	구분	파리협정
온실가스 배출량 감축 (1차: 5.2%, 2차: 18%)	목표	2℃ 목표 1.5℃ 목표 달성 노력
주로 온실가스 감축에 초점	범위	적응, 재원, 기술이전, 역량배양, 투명성 등을 포괄
주로 선진국	감축 의무국가	모든 당사국
하향식	목표 설정방식	상향식
징벌적 (미달성량의 1.3배를 다음 공약기간에 추가)	목표 불이행시 징벌여부	비징벌적
특별한 언급 없음	목표 설정기준	진전원칙
종료 시점이 있어 지속가능한지 의문	지속가능성	종료 시점을 규정하지 않아 지속가능한 대응 가능
국가중심	행위자	다양한 행위자의 참여 독려

출처: 환경부 (2016)

파리협정은 교토의정서보다 진일보적인 기후협정으로 미국, 중국, 인도 등 주요 온실가스 배출국들이 적극적으로 비준에 나서서 2016년 11월 정식으로 발효되어 국제법적 효력을 갖게 되었다. 마침내 2020년 효력이 만료되는 교토의정서를 대체하는 새로운 기후변화

체제가 시작된 것이다. 그렇지만 파리협정도 여전히 한계가 있다. 무엇보다 각국이 제시한 목표를 달성하지 못하거나 약속을 지키지 않아도 제재할 수 있는 구체적인 방법이 없다는 것이다. 하지만 그 덕분에 세계 대부분의 국가들이 협정에 서명할 수 있었던 점도 존재한다. 무엇이 더 중요한지는 논외로 하더라도 적어도 각국이 스스로 정한 목표를 내놓고 달성 여부를 국제사회에서 검증 받는 것만이라도 큰 의미를 부여할 수 있다.

환경문제는 한 국가나 지역이 협력해서 해결할 수 있는 성질의 것은 아니다. 특히 대기오염 등과 관련된 기후의 변화는 지구 전체에 관련된 문제이기 때문 인류 모두가 협력하지 않으면 해결될 수가 없다. 파리협정의 성공 여부도 각국이 얼마나 협조적으로 주어진 목표를 위해 노력하느냐에 달렸다. 특히 온실가스 배출대국들의 역할이 중요하다. 그런데 2017년 6월 트럼프 미국대통령은 미국이 파리협정을 탈퇴할 것이라고 선언했다.61) 그리고 새로운 기후변화 협정을 위한 협상에 나설 것이라고 주장하면서 파리협정의 모든 이행을 중지할 것이라고 선언했다. 트럼프 대통령은 전임 대통령인 오바마 대통령이 서명한 파리협정이 미국에게 지나치게 불리하게 작용하는 것이라고 밝히면서 미국인들의 일자리를 빼앗고 다른 나라에게는 불공정한 이익을 준다고 주장했다. 트럼프 대통령이 미국의 이익을 따지면서 파리협정의 파기를 주장한 것에는 여러 가지 국내 정치에 관련한 문제들이 영향을 미쳤겠지만 무엇보다도 미국의 제조업 부흥을 공약으로 내세운 그의 정치적 행보와 밀접한 관련이 있다. 트럼프의 주된 지지 세력인 백인노동자들을 끌어안기 위해서는 그들에게 약속한 철강, 자동차, 석탄 등을 비롯한 대표적

---

61) "Trump Will Withdraw U.S. From Paris Climate Agreement." The New York Times, 2017. June 1.
https://www.nytimes.com/2017/06/01/climate/trump-paris-climate-agreement.html?_r=0

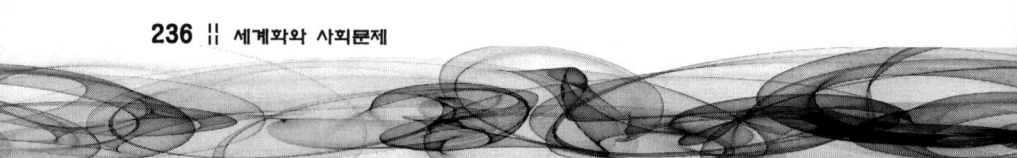

인 굴뚝산업을 부흥시켜야 하는 것이 그의 과제이다. 굴뚝산업은 온실가스 배출과 바로 직결되기 때문에 온실가스 배출을 감축하는 파리협정을 이행하는 것은 불가능하게 된다. 결국 미국의 국내 산업과 정치적 이유로 파리협정 탈퇴를 선언하게 된 것이다. 물론 트럼프가 주장한대로 파리협정의 탈퇴가 미국의 산업을 보호하고 제조업의 일자리를 늘릴 수 있을지는 확실하지 않다.

미국의 파리협정 탈퇴는 국제사회에서 미국의 리더쉽을 크게 훼손하는 역할을 하였다. 미국의 이러한 탈퇴 결정에도 불구하고 나머지 국가들은 여전히 파리협정을 변함없이 유지하기로 하였다. 미국의 탈퇴에도 불구하고 세계 각국들이 기후협약의 이행의 필요성을 주창하는 것은 기후변화와 관련한 재난을 예방하기 위해서든 아니면 재생가능 에너지 국가로 국가의 에너지 정책을 바꾸든 인류전체 차원에서, 또 국가적 차원에서 그것이 더 큰 이익으로 돌아오기 때문이다. 어떤 방향이 제대로 된 방향인지는 모두들 인식하고 있지만 그러한 방향으로 언제, 어떤 방식으로 나갈지는 각 국가들의 형편에 따라 다를 것이다. 그렇지만 세계가 어렵게 협력하여 만들어 놓은 새로운 기후 체제가 이행된다면 장기적으로 인류전체의 생존에 큰 역할을 하리라는 것은 분명하다.

7) 기술과 환경

기술의 발달은 환경의 문제와 관련해서 두 가지 쟁점이 있다. 하나는 기술의 발달과 환경문제의 심각성은 비례한다는 것이다. 1900년 이후 산업의 발달과 새로운 기술의 발달이 환경오염의 주된 원인을 제공해 온 것은 주지의 사실이다. 그러나 또 다른 쟁점은 기술의 발달이야 말로 환경오염을 줄이고 인류를 큰 재난에서 구할 수 있는 유일한 도구라는 점이다. 환경오염을 줄이는 자원의 재생, 재생에너지 등도 모두 기술의 발달로 이루어진 것이다.

기술의 발달로 인해 가장 심각한 환경오염이 우려되는 것은 핵폐기물이다. 핵무기 생산이나 핵발전소의 운용으로 인해 발생되는 핵폐기물은 아주 적은 소량에도 불구하고 치명적인 환경오염을 일으킨다. 그리고 한번 오염되면 그것이 다시 회복되기까지 아주 오랜 시간이 걸린다. 핵폐기물은 고준위 방사성폐기물과 중저준위 방사성폐기물로 나눌 수 있다.62) 고준위 방사성폐기물은 원자력발전소, 연구용 원자로, 사용후핵연료재처리 시설 등에서 발생한 사용후핵연료와 원전해체 폐기물로서 관리기간이 1만년 이상이 소요된다. 중저준위 방사성폐기물은 원자력발전소를 비롯한 방사성동위원소를 이용하는 산업체나 병원 등에서 생기는 작업복, 장갑 등으로 최소 100년에서 300년 정도의 관리기간이 필요하다. 따라서 핵폐기물을 어떻게 보관하고 관리해야 하는지는 국가적으로 결정해야 하는 아주 중요한 문제이다. 국토가 아주 넓은 국가들은 상대적으로 핵폐기물의 처리에 유연성이 있다. 국토가 좁고 사람들의 밀집도가 높은 국가들은 그렇지 못해서 핵폐기물 처리시설의 위치를 결정하는 것에서부터 지역 간의 갈등이 크게 일어날 수 있다. 예를 들어 한국에서도 경주지역에 중저준위 방사성폐기물 처리장을 건설하기까지 많은 국민적 갈등이 있었다.

기술과 관련한 재난 중 해상 기름 유출은 환경에 큰 영향을 미친다. 대표적으로 2010년 미국 루이지애나 주 멕시코 만에서 딥워터 호라이즌(Deepwater Horizon) 석유시추선이 해상에서 화재가 났다. 가스가 유정에 새어 들어가서 폭발이 일어났고 해상의 석유시추선에

---

62) "방사성폐기물." 방사성폐기물 안전관리 통합정보시스템, wacid, 한국원자력안전기술원,
    http://wacid.kins.re.kr/RW/rw02.aspx

까지 화재가 난 것이다. 영국최대기업이자 세계 2위 석유회사인 BP(British Petroleum)가 주된 개발자였는데 시추공에서 원유가 멕시코 만으로 흘러들어가서 해상 기름 유출사고 역사상 최악의 피해를 냈다. 피해가 커진 것은 기름이 유출되는 곳이 너무 깊어서 유출을 막기 위한 덮개를 설치하는데 어려움을 겪었기 때문이다. 수개월 간의 노력 끝에 더 이상의 유출은 막을 수 있었지만 이미 주변의 거대한 지역의 바다환경과 생물체들에게 막대한 피해를 주고 난 후였다.[63]

한국에서도 2007년 홍콩 선적의 유조선인 '허베이 스피릿(Hebei Spirit)'호와 삼성물산 소속의 '삼성 1호'가 충청남도 태안군 앞바다에서 충돌하여 유조선 탱크에 가득 실려 있던 원유가 태안반도 인근 해역까지 유출되었다. 조류가 심해서 인근 서해안의 상당히 많은 부분이 오염되었으며 다량의 어패류가 폐사하고 어장이 황폐해졌다. 바다 생태계가 크게 파괴되는 등 한국에서 일어난 해상 기름 유출사고 중 최악의 피해를 주었다. 그 이전인 1995년에도 유조선 '씨프린스호(Sea Prince)'가 전남 여수 앞바다에서 암초에 부딪혀 침몰하여 유조선에 싣고 있던 기름이 유출되어 큰 피해를 냈다. 해상 기름 유출로 인한 환경 피해는 그 범위도 넓을 뿐 아니라 방제하기도 쉽지 않다. 타르 덩어리 등이 조류나 바람으로 인해 주변 바다에 빠르게 퍼져나가기 때문이다. 또한 유출된 기름으로 오염된 환경은 자연정화에 의해 회복되는데 걸리는 시간이 아주 길다. 예컨대 씨프린스에 의해 누출된 기름띠가 사고 발생 10년 후에도 바다 밑바닥에서 발견되었다고 한다(김규한·신범식, 2008).

---

[63] "Deepwater Horizon Oil Spill of 2010: Environmental Disaster, Gulf of Mexico.", Pallardy, Richard. Encyclopedia Britannica, https://www.britannica.com/event/Deepwater-Horizon-oil-spill-of-2010.

해상 기름 유출사고 보다 더 심각한 기술적 재난 사건은 2011년 일어난 일본의 후쿠시마 원전사고이다. 후쿠시마 원전 사고는 3월 11일에 진도 9에 이르는 동일본대지진이 발생한 후 그 여파로 나타난 쓰나미가 직접적인 원인이었다. 후쿠시마 제1원전은 지진이 일어난 후 운전이 자동으로 정지되었으나 쓰나미가 원전에 덮치면서 지하에 설치되어 있던 비상용 디젤 발전기가 침수되어 작동하지 않으면서 심각한 문제가 발생하였다. 원전의 냉각시스템이 돌아가야 하는데 전기가 공급되지 않으면서 달아오른 핵연료를 제때 식히지 못한 것이다. 원자로를 식히기 위해 여러 기술적 시도를 하였지만 원자로 1호기가 폭발하고, 원자로 3호기와 4호기가 폭발하면서 방사능 물질의 방출량은 급격하게 증가해서 주변 현장에의 접근조차 어려워지는 상황을 맞았다. 피해를 막기 위한 기술적 한계에 부딪치게 되자 일본 국민들은 극도의 불안감에 휩싸였다. 이후 특수 펌프차 등이 투입되어 물을 방수해서 급박한 사태는 어느 정도 안정되었다. 후쿠시마 원전사고는 그 이전까지 최악의 원전사고로 기록되었던 체르노빌 사고와 같은 수준인 7등급으로 일본정부는 발표하였다(김준섭, 2015). 그러나 후쿠시마 원전사고는 아직까지 완전히 복구되지 않고 있고, 복구자체가 기술적으로 쉽지 않다. 원전사고로 인한 피해도 계속적으로 진행 중이어서 주변 해양생태계의 방사능 오염문제는 태평양을 건너 미국 서해안에 이를 정도로 아주 심각한 수준이다.

단 몇 개의 대표적인 재난만 살펴보았지만 크고 작은 기술적 재난은 세계 곳곳에서 수 없이 많이 발생하고 있다. 사회학자 에릭슨(Erikson)은 기술적 재난을 시스템 작동실패, 인간의 실수, 잘못된 설계나 디자인, 기계작동의 오류 등 기술과 연관된 체계가 실패할 경우 인류와 환경에 심각한 피해를 가져오는 것으로 규정한다(Erikson, 1994). 멕시코 만의 기름유출 사고도 기술적 시스템의 실패로 발생하였고, 사고 발생 후에도 조기에 수습할 수 있는 적절한 기술적 시스템이 작동하지 않아서 큰 피해를 가져왔다. 한국에서 일어난 유조선 기름 유출사건도 사람이 기술을 제대로 사용하지 못했든지, 아니면 기계가 제대로 작동하지 않아서 발생한 재난이다. 이들 사건 역시 사고가 난 후 피해의 최소화를 위한 적절한 기술이 부재하여 피해가 커졌다. 일본의 후쿠시마 원전 사고는 대표적인 기술실패 사고이다. 쓰나미를 전혀 대비하지 못한 잘못된 설계, 유사시 대응할 수 있는 보조 시스템의 실패, 사고의 수습을 위한 기술의 부재로 일어난 기술적 재난이 인류에게 얼마나 심각한 피해를 가져다주는지 적나라하게 보여주고 있다.

그렇지만 기술은 여전히 양면성을 가지고 있다. 기술의 실패에 의해 큰 재난과 환경파괴가 나타날 수 있지만 그것을 예방하고 막을 수 있는 것도 기술이기 때문이다. 인류의 문명은 기술의 발전을 떼어놓고는 이야기할 수가 없다. 그렇다면 문제는 안전하고 정확한 기술을 개발하고 제대로 이용하느냐에 달려있다. 이것은 인류가 지속가능한 개발을 진행할 수 있는지의 문제와도 직결되는 것이다. 사회학자인 기든스(Giddens)가 주장하듯 산업과 기술이 발전하면 할수록 인류는 점점 위험사회 속에서 살아갈 수밖에 없다(Giddens, 1998). 기술에 의존하면 할수록 기술에 조그마한 오류라도 발생하면 그 피해의 크기는 막대하다. 예컨대 컴퓨터와 인터넷의 발달이 삶을 더욱 편리하고 효율적으로 만들었지만, 만약 대형 컴퓨터 서버가 고장이 난다든지, 해킹 등에 의해서 심각한 기능적 오류가 발생하면 걷잡을 수 없는 피해가 발생할 수가 있다. 보다 극단적인 예는 핵무기의 사용이다. 지구 환경 보존을 위해 아무리 노력을 많이 한들 핵무기 몇 개에 의해 인류의 존재 자체가 멸망할 수 있는 시기에 우리는 살아가고 있는 것이다. 그러므로 기술적 발전에는 윤리와 도덕, 사회적 규범과 그것을 제어할 수 있는 제도가 반드시 따라야 한다. 제어 없는 기술의 개발과 발전은 인류에게 큰 이익을 한꺼번에 안겨 줄 수도 있지만 동시에 회복할 수 없는 재앙도 줄 수 있다는 것을 기억해야 한다.

References
참고문헌

국토환경정보센터. "국제협약과 정책." 국토환경테마정보, http://www.neins.go.kr/etr/climatechange/doc06a.asp.

기상청, "기후변화 경향.", http://web.kma.go.kr/4rivers/sub_02_01.jsp.

기획재정부. 2016. "1인당 CO_2 배출량." 국가경쟁력통계 3.1.2.

김규한·신범식. 2008. "유류유출이 연안 생태계에 미치는 영향." 2008년도 한국해양과학기술협의회 공동학술대회 자료집.

김정규. 2016a. "외국인 이주자, 북한이탈주민, 그리고 다문화에 대한 포섭과 배제 : 민족주의, 문명우월주의, 선진국 담론의 검증을 중심으로."『사회이론』49: 167~213.

김정규. 2016b.『미국의 인종과 민족: 갈등과 변화』에듀컨텐츠휴피아.

김준섭. 2015. "후쿠시마 원전사고의 문제점과 시사점."『일본학보』104: 245~258.

노동은·이효선. 2017. "2014년 세계 이산화탄소(CO_2) 배출 현황과 구조변화 분석." 세계 에너지시장 인사이트 제17-3호. 2.6.

서원상. 2013. "지속가능한 개발 원칙: 북극의 지속가능한 개발을 중심으로", 『국제법평론』 38: 63~88.

슈퇴버, 베른트. 2008. 『냉전이란 무엇인가: 극단의 시대 1945 ~ 1991』 최승완 옮김. 역사비평사.

조상현. 2016. "세계분쟁 25시: 앙골라 내전 종식? 불씨는 여전해." 『통일한국』 (10월 1일).

http://unikorea21.com/?p=12960

연합뉴스. 2017 4. 26. "북한 사이버 공격 집단, 세계은행들 상대 1천억 탈취."

http://www.yonhapnews.co.kr/bulletin/2017/04/26/0200000000AKR20170426119151017.HTML.

한국원자력안전기술원. "방사성폐기물." 방사성폐기물 안전관리 통합정보시스템, wacid,

http://wacid.kins.re.kr/RW/rw02.aspx.

환경부. 2016. "교토의정서 이후 신 기후체제: 파리협정 길라잡이."

https://www.me.go.kr/home/file/readDownloadFile.do?fileId=130470&fileSeq=1&openYn=Y.

Aljazeera. 2017. "Afgan Civilian Casualties at Record High in 2016: UN." Feb.7.
http://www.aljazeera.com/news/2017/02/afghan-civilian-casualties-2016-170206062807210.html.

Bales, Kevin, and Zoe Trodd. 2008. *"Child Slavery." To Plead Our Own Cause: Personal Stories by Today's Slaves*. Ithaca: Cornell University Press.

BBC News. 2007."Bosnia War Dead Figure Announced." June 21.
http://news.bbc.co.uk/2/hi/europe/6228152.stm.

Bellamy, David. 2004. "Global Warming? What a Load of Poppycock!" Daily Mail (July 9). http://fridayoffcuts.com/pix/Global-Warming-

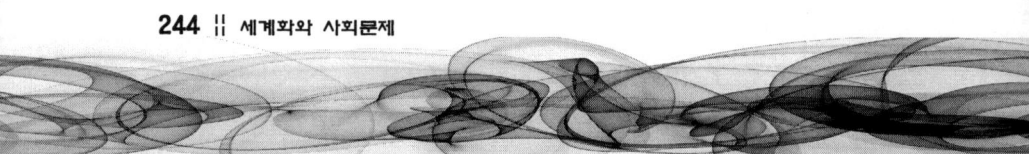

David%20Bellamy.pdf.

Blumstein, Alfred, and Joel Wallman. 2000. "Disaggregating the Violence Trends." In Alfred Blumstein and Joel Wallman(ed.). *The Crime Drop in America*. New York: Cambridge University Press.

Camarota, Steven A. 2006. "Immigration's Impact on Public Coffers." Center for Immigration Studies (August 24).

https://cis.org/Immigrations-Impact-Public-Coffers.

Carl, John D. 2013. *Think Social Problems 2013*. Pearson.

Child Labor Public Education Project, "What is Child Labor?" https://www.continuetolearn.uiowa.edu/laborctr/child_labor/about/what_is_child_labor.html.

Child Soldiers International. "How is Recruiting Children Harmful?",
https://www.child-soldiers.org/how-is-recruiting-children-harmful.

Child Soldiers International. "Who Are Child Soldiers?
https://www.child-soldiers.org/who-are-child-soldiers.

Colhoun, J. 1992. "Census Fails to Quash Report on Iraqi Death." *The Guardian*(April 22): 5.

Conklin, John E. 2003. *Why Crime Rates Fell*. Boston, MA: Pearson Education, Inc.

Crossette, Barbara. 1996. "Agency Sees Risk in Drug to Temper Child Behavior: Worldwide Survey Cities Overuse of Ritalin." New York Times (February 29): A7.

Damphouse, Kelly R. and Brent L. Smith. 2004. "Terrorism and Empirical Testing: Using Indictment Data to Assess Changes in Terrorist Conduct." in *Terrorism and Counter-Terrorism: Criminological Perspectives*. Philadelphia, PA: Elsevier Science.

Dowling, Timothy C. (ed). 2015. *Russia at War: From the Mongol Conquest to Afghanistan, Chechnya, and Beyond.* ABC-CLIO.

Dunn, Seth. 2001. "Decarbonizing the Energy Economy." In Lester R. Brown, Christopher Flavin, and Hilary French, eds., *State of the World 2000.* New York: Norton.

Ehrlich, Paul and Anne Ehrlich. 2009. "The Population Bomb Revisited." *Electronic Journal of Sustainable Development* 1(3): 67-71. http://www.ejsd.org.

Erikson, Kai T. 1994. *A New Species of Trouble Explorations in Disaster, Trauma, and Community.* New York: Norton.

FAO. 2007. *Coping with Water Scarcity: Challenge of the Twenty-First Century.* World Water Day. March 22.
http://www.fao.org/3/a-aq444e.pdf.

Ferran, Lee. 2011. "Former CIA Counter-Terror Chief: Al Qaeda Will Go Cyber." ABC News, Aug. 4. 2011.
http://abcnews.go.com/Blotter/cia-counter-terror-chief-al-qaeda-cyber/story?id=14224256.

Food and Agriculture Organization of the United Nations. 2015. "The State of Food Insecurity in the World." Meeting the 2015 International Hunger Targets: Taking Stock of Uneven Progress. Rome, 2015.
http://www.fao.org/3/a-i4646e.pdf.

Friedman, Thomas. 2013. 『세계는 평평하다: 세계는 지금 어디로 가고 있는가?』이건식역, 21세기북스.

Giddens, Anthony. 1998. *The Politics of Risk Society.* In A. Giddens and C. Pierson(Eds.), "Conversation with Anthony Giddens: Making Sense of Modernity"(pp. 204~217). Stanford, CA: Stanford University Press.

Global Water Institute. 2013. Future Water (In)Security: Facts, Figures, and Predictions. http://www.gwiwater.org/sites/default/files/pub/FUTURE%20WATER%20 (IN)SECURITY..pdf.

Goldbert, Eleanor. 2015. "When Kids Are Sold for Sex-They're Not 'Child Prostitutes,' They're Victims.", Huffpost. 1. 26. http://www.huffingtonpost.com/2015/01/26/sex-trafficking-children_n_6547668.html.

Hirschman, Charles, Samuel Preston and Vu Manh Loi. 1995. "Vietnamese Casualties During the American War: A New Estimate," *Population and Development Review*, Dec. Vol. 21(4): 783-812.

Humanium. "Child Prostitution: the Curse Affecting Every Continent, http://www.humanium.org/en/child-prostitution/.

Hynes, Samuel. 1997. *The Soldier's Tale: Bearing Witness to Modern War*. New York: Allen Lane/Penguin.

Iaccino, Ludovica. 2014. "Top Five Countries with Highest Rates of Child Prostitution." *International Business Times*. Feb. 6. http://www.ibtimes.co.uk/top-five-countries-highest-rates-child-prostitution-1435448.

International Labour Organization. 2012. "Child Labour: Facts and Figures." http://www.ilo.org/global/topics/child-labour/lang—en/index.htm.

International Migration Report 2015, UN.

Inter-Parliamentary Union(IPU). "Women in National Parliaments." http://www.ipu.org/wmn-e/arc/world010517.htm.

Investopedia. "Foreign Direct Investment-FDI." http://www.investopedia.com/terms/f/fdi.asp.

Kendall, Diana. 2013. *Social Problems in a Diverse Society*. 6th ed. Pearson.

Kerr, Richard A. 1989. "Greenhouse Skeptic Out in the Cold." *Science* (December).

Lacina, Bethany and Nils Petter Gleditsch. 2005. "Monitoring Trends in Global Combat: A New Dataset of Battle Deaths," *European Journal of Population* 21: 145-166.

Laqueur, Walter. 1999. *The New Terrorism: Fanaticism and the Arms of Mass Destruction*. New York: Oxford University Press.

Lipman, Francine. 2008. *The Undocumented Immigrant Tax: Enriching Americans from Sea to Shining Sea. Chapman University Law Research Paper*. no.2008.

Mamdani, Mahmood. 1996. *Citizen and Subject: Contemporary African an the Legacy of Late Colonialism*. Princeton: Princeton University Press.

Martinez, Ramiro, Jr. 2002. *Latino Homicide: Immigration, Violence and Community*. New York: Routledge Press.

McCormick, John. 1989. *Reclaming Paradise: The Global Environmental Movement*. Bloomington: Indiana University Press.

Mekonnen, Mesfin M. and Arjen Y. Hoekstra. 2016. "Four Billion People Facing Severe Water Scarcity." *Science Advances,* Vol.2, no.2, Feb. 12.

http://advances.sciencemag.org/content/2/2/e1500323/tab-figures-data.

Michaels, P. 1992. *Sound and Fury: Science and Politics of Global Warming*. Washington, DC: Cato Institute.

Mid-Year Trends 2016, The UN Refugee Agency(UNHCR).

Milanovic, Branko. 2011. *The Haves and Have-Nots: A Brief and Idiosyncratic History of Global Inequality*. New York: Basic.

Miller, G. and J. A. Holstein, (Eds.). 1993. *Constructionist Controversies: Issues in Social Problems Theory*. New York: Aldine de Gruyter.

Mills, C. Wright. 2000. *The Power Elite. A New Edition.* New York: Oxford University Press.

Obermeyer, Ziad, Christopher J. L. Murray, Emmanuela Gakidou. 2008. "Fifty Years of Violent War Deaths from Vietnam to Bosnia: Analysis of Data from the World Health Survey Programme." BMJ. 336 (7659): 1482-6. PMC 2440905 Freely accessible. PMID 18566045. doi:10.1136/bmj.a137.

Oprah.com. "Child Sext Trafficking: The Facts."
http://www.oprah.com/oprahshow/child

Pallardy, Richard. "Deepwater Horizon Oil Spill of 2010: Environmental Disaster, Gulf of Mexico.", Encyclopedia Britannica,
https://www.britannica.com/event/Deepwater-Horizon-oil-spill-of-2010.

Pilkington, Ed. 2011. "Washington Moves to Classify Cyber-Attacks as Acts of War." the Guardian, May 31.
https://www.theguardian.com/world/2011/may/31/washington-moves-to-classify-cyber-attacks.

Prud'Homme, Alex. 2011. "Drought A Creeping Disaster." New York Times (July 16).
http://www.nytimes.com/2011/07/17/opinion/sunday/17drought.html.

Reid, T. R. 2004. *The United States of Europe: The New Superpower and the End of American Supremacy.* New York: Penguin.

Reid, Lesley Williams, Harald E. Weis, Robert M. Adelman, and Charles Jaret. 2005. "The Immigration-Crime Relationship: Evidence Across U.S. Metropolitan Areas." *Social Science Research* 34(4): 757~780.

Renner, Michael. 1993. *Critical Juncture: The Future of Peacekeeping.* Washington D.C. Worldwatch Institute.

Restless Beings. "Child Prostitution-The Facts", http://www.restlessbeings.org/projects/dhaka-street-children/child-prostitution-the-facts.

Rogers, Peter P., Kazi F. Jalal, and John A. Boyd. 2006. *An Introduction to Sustainable Development.* Cambridge: Harvard University Press.

Roser, Max and Esteban Ortiz-Ospina, 2017 "World Population Growth". Published online at OurWorldInData.org. Retrieved from: https://ourworldindata.org/world-population-growth/ [Online Resource].

Stowell, Jacob I., Steven F. Messner, Kelly F. McGeever, and Lawrence, E. Raffalovich. 2009. "Immigration and the Recent Violence Crime Drop in the United States: A Pooled, Cross-Sectional Time-Series Analysis of Metropolitan Areas." *Criminology* 47(3): 889~928.

Sampson, Robert J. 2006. "Open Doors Don't Invite Criminals: Is Increased Immigration Behind the Drop in Crime?" *New York Times* March 11:A27.

Sampson, Robert J., Jeffrey D. Morenoff, and Stephen W. Raudenbush. 2005. "Social Anatomy of Racial and Ethnic Disparities in Violence." *American Journal of Public Health* 95: 224~232.

Shah, Anup. 2010. "Percent of People in the World at Different Poverty Levels." www.globalissues.org/article/26/poverty-facts-and-stats.

Shibutani, Tamotsu. 1970. "On the Personification of Adversaries." In Tamotsu Shibutani(ed.), Human Nature and Collective Behavior. Upper Saddle River, NJ: Prentice Hall: 223-233.

SIPRI (Stockholm International Peace Research Institute). 2011. *SIPRI Yearbook 2011.* London: Oxford University Press.

SIPRI (Stockholm International Peace Research Institute). 2017. "World Military Spending: Increases in the USA and Europe, decreases in

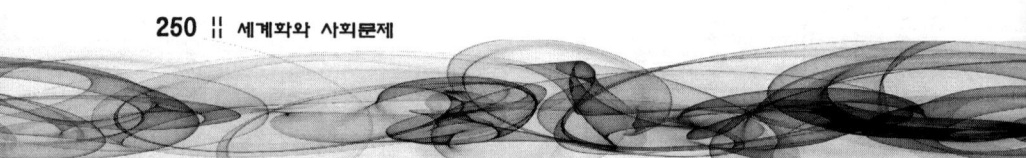

Oil-Exporting Countries."
https://www.sipri.org/media/press-release/2017/world-military-spending-increases-usa-and-europe.

Sivard, Ruth L. 1991. World Military and Social Expenditure-1991. Washington, DC: World Priorities.

Sivard, Ruth L. 1993. World Military and Social Expenditure-1993. Washington, DC: World Priorities.

Sivard, Ruth L. 1996. World Military and Social Expenditure-1996. Washington, DC: World Priorities.

Snarr, Michael T. & D. Neil Snarr. 2014. 『세계화와 글로벌 이슈』 김계동, 민병오, 윤미경, 차재권 옮김. 명인문화사.

Solivetti, Luigi M. 2010. *Immigration, Social Integration and Crime: A Cross-National Approach*. New York: Routledge.

Spector, M. and Kitsuse, J. I. 1987. *Constructing Social Problems*(2rd ed.), New York: Aldine de Gryter.

SK Innovation. "통계로 본 세계 석유시장."
http://skinnovation-if.com/%ED%86%B5%EA%B3%84%EB%A1%9C-%EB%B3%B8-%EC%84%B8%EA%B3%84-%EC%84%9D%EC%9C%A0%EC%8B%9C%EC%9E%A5/.

Statistics Times. "Projected GDP per Capita Ranking(2016-2020).",
http://statisticstimes.com/economy/projected-world-gdp-capita-ranking.php

The New York Times, 2017. "Trump Will Withdraw U.S. From Paris Climate Agreement." June 1.
https://www.nytimes.com/2017/06/01/climate/trump-paris-climate-agreement.html?_r=0

The World Bank Data. "CO2 Emissions (metric tons per capita).", Carbon Dioxide Information Analysis Center, Environmental Sciences Division, Oak Ridge

National Laboratory, Tennessee, United States.

http://data.worldbank.org/indicator/EN.ATM.CO2E.PC?name_desc=false

The World Bank Data. "Foreign Direct Investment, Net Inflows(BoP, current US$)."

http://data.worldbank.org/indicator/BX.KLT.DINV.CD.WD.

The World Counts. 2014. "From the Sweat of Our Children." Child Labor Facts and Statistics. http://www.theworldcounts.com/stories/Child-Labor-Facts-and-Statistics.

The World's Cities in 2016. http://www.un.org/en/development/desa/population/publications/pdf/urbanization/the_worlds_cities_in_2016_data_booklet.pdf.

E. P. Thompson. 1968. *The Making of the English Working Class*, Penguin. pp. 366-367.

Turk, Austin. 2004. "Sociology of Terrorism." *Annual Review of Sociology*, 30: 271-286.

UN Environment. 2014. "Ozone Layer on Track to Recovery: Success Story Should Encourage Action on Climate." UNEP Newscentre. September 10. 2014. http://www.unep.org/newscentre/ozone-layer-track-recovery-success-story-should-encourage-action-climate.

UN Women, "Facts and Figures: Ending Violence against Women." http://www.unwomen.org/en/what-we-do/ending-violence-against-women/facts-and-figures.

UN Women. 2012. "Facts & Figures." http://www.unwomen.org/en/news/in-focus/commission -on-the-status -of-women-2012/facts-and-figures.

UNESCO. 2006. *Water in a Changing World*.

http://www.unesco.org/new/en/natural-sciences/environment/water/wwap/wwdr/wwdr3-2009/downloads-wwdr3/

UNESCO. 2012. *Managing Water under Uncertainty and Risk.* The United Nations World Water Development Report 4. vol.1. http://unesdoc.unesco.org/images/0021/002156/215644e.pdf.

UNESCO. 2015. *Water for a Sustainable World,* The UN World Water Development Report. http://unesdoc.unesco.org/images/0023/002318/231823E.pdf.

UNESCO. 2017. Wastewater: The Untapped Resource, UN World Water Development Report, http://unesdoc.unesco.org/images/0024/002471/247153e.pdf.

UNICEF. "Children in War." The State of the World's Children 1996. https://www.unicef.org/sowc96/1cinwar.htm.

UNICEF. 2017. "Despite Accelerated Recent Progress, Millions of Births Occur Annually without Any Assistance from a Skilled Attendant at Birth." http://data.unicef.org/topic/maternal-health/ delivery-care/.

UNICEF. 2017. "Undernutrition Contributes to Nearly Half of All Deaths in Children Under 5 and Is Widespread in Asia and Africa." http://data.unicef.org/topic/nutrition /malnutrition/#.

UNICEF. 2015. "Reimagine the Future: Innovation for Every Child." The State of the World's Children 2015: Executive Summary, https://www.unicef.org/publications /files/SOWC_2015_Summary_and_Tables.pdf.

UNISDR. "The Human Cost of Weather Related Disasters 1995-2015." Centre for Research on the Epidemiology of Disasters(CRED), https://www.unisdr.org/2015/docs/climatechange/COP21_WeatherDisastersReport_2015_FINAL.pdf.

United Nations Sustainable Development. *Agenda 21*, United Nations Conference on Environment & Development, Rio de Janerio, Brazil, 3 to 14 June 1992. https://sustainabledevelopment.un.org/content/documents/Agenda21.pdf

United States Environmental Protection Agency(EPA). "Criteria Air Pollutants." https://www.epa.gov/criteria-air-pollutants.

United States Environmental Protection Agency(EPA). "Particulate Matter(PM) Basics."
https://www.epa.gov/pm-pollution/particulate-matter-pm-basics#PM.

United States Environmental Protection Agency(EPA), "Health and Environmental Effects of Particulate Matter (PM)."
https://www.epa.gov/pm-pollution/health-and-environmental-effects-particulate-matter-pm.

Useem, Bert, and Anne M. Piehl. 2008. *The Challenge of Mass Incarceration*. New York: Cambridge University Press.

Wadsworth, Tim, and Charis E. Kublin. 2007. "Hispanic Suicide in U.S. Metropolitan Areas: Examining the Effects of Economic Disadvantage, Immigration, and Cultural Assimilation." American Journal of Sociology 112(6): 1848~1885.

Wallerstein, Immanuel 1974. *The Modern World-System I: Capitalist Agriculture and the Origins of the European World-Economy in the Sixteenth Century*. New York: Academic Press.

Wallerstein, Immanuel. 1980. *The Modern World System II: Mercantilism and the Consolidation of the European World-Economy, 1600-1750*. New York: Academic Press.

Wallerstein, Immanuel 1989. *The Modern World-System III*. San Diego: Academic Press.

Weeks, John R. 2012. *Population: An Introduction to Concepts and Issues*(11th ed.). Belmont, CA: Cengage/Wadsworth.

Willis, Brian M. and Barry S. Levy. 2002. "Child prostitution: global health burden, research needs, and interventions." *Lancet*. 359 (9315): 1417-1422.

Wintemute, Garen. 2000. "Guns and Gun Violence." In Afred Blumstein and Joel Wallman (ed.). *The Crime Drop in America*. New York: Cambridge University Press.
Wikigender, "Child's Prostitution with Social Problem."
  http://www.wikigender.org/wiki/childs-prostitution-with-social-problems/.
World Health Organization(WHO). 2016. "Ambient(outdoor) Air Quality and Health." Fact Sheet, http://www.who.int/mediacentre/factsheets/fs313/en/.
World Migration Report 2015, *International Organization for Migration*.
Zimring, Franklin E. 2007. *The Great American Crime Decline*. New York: Oxford University Press.

세계화와 사회문제

저　자 | 김정규 지음

발 행 처 | 에듀컨텐츠휴피아
발 행 인 | 李 相 烈
발 행 일 | 초판 1쇄 • 2017년 6월 28일

출판등록 | 제22-682호 (2002년 1월 9일)
주　소 | 서울 광진구 자양로 30길 79
전　화 | (02) 443-6366
팩　스 | (02) 443-6376
e-mail | huepia@daum.net
web | http://cafe.naver.com/eduhuepia
만든사람들 | 기획·김수아 / 책임편집·이지원 김연경 유현주 황혜영
　　　　　 디자인·김미나 / 영업·이순우

정　가 | 19,000원
ISBN | 978-89-6356-208-7 (93300)

※ 책의 일부 또는 전체에 대하여 무단복사, 복제는 저작권법에 위배됩니다.

[저자소개: 김 정 규]

연세대학교 사회학과를 졸업하고 같은 학교 대학원 사회학과에서 석사를 마쳤다.

미국 버펄로 소재 뉴욕주립대학교(University at Buffalo, The State University of New York)에서 사회학 박사학위를 받았다.

현재 계명대학교 국제지역학부 교수로 재직하고 있다.